[加] 董毓 著

批判性思维十讲
从探究实证到开放创造

目 录

前言 / 001

第一讲　批判性思维：必要性和本质　001

1.1　创新和文明呼唤批判性思维　001
- 1.1.1　只有批判性思维才有科技创新发展　002
- 1.1.2　理性社会和人的发展　003
- 1.1.3　西方用批判性思维教育来发展人和国家　004

1.2　什么是批判性思维　006
- 1.2.1　批判性思维的定义和解读　006
- 1.2.2　批判性思维本质：始于反思自我的开放理性　007
- 1.2.3　批判性思维的品德　008
- 1.2.4　批判性思维的技能　010

1.3　理解和运用批判性思维　011
- 1.3.1　批判性思维者是品德和技能的结合　011
- 1.3.2　批判性思维不是什么　012
- 1.3.3　批判性思维的广泛需要和运用　014

目录

　　1.3.4　快速运用批判性思维的三大启动问题　　015
　　1.3.5　总结：批判性思维特征　　016
思考题 / 017

第二讲　批判性思维进程：探究和实证　　018

2.1　批判性思维的理性和实现　　018
　　2.1.1　批判性思维基础：理性、理由和真理　　018
　　2.1.2　论证：批判理性的载体和对象　　020
　　2.1.3　论证和解释　　021
　　2.1.4　好论证的基本标准　　022
　　2.1.5　批判性思维的好论证：辩证和发展的实证　　024
　　2.1.6　批判性思维的过程：思维图　　024
2.2　探究实证：从问题开始　　026
　　2.2.1　什么是好的探究问题　　026
　　2.2.2　如何分析问题　　029
　　2.2.3　全面探索问题：二元分析法　　030
　　2.2.4　问题分析案例　　033
思考题 / 035

第三讲　批判性阅读和论证分析　　037

3.1　批判性阅读　　037
- 3.1.1　真正知识来自理解　　037
- 3.1.2　批判性阅读目标和阶段　　038
- 3.1.3　批判性阅读：一、理解　　039
- 3.1.4　批判性阅读：二、评判和发展　　039
- 3.1.5　怎样批判性阅读科学技术知识　　040

3.2　论证分析　　041
- 3.2.1　如何发现一个论证　　042
- 3.2.2　论证标准化表达　　044
- 3.2.3　论证的基本结构　　047
- 3.2.4　论证分析：补充隐含的内容　　050
- 3.2.5　论证评估：五大方向　　052

3.3　批判性阅读和论证分析实例　　054
- 3.3.1　北京奥运会的污染会影响运动成绩吗？　　054
- 3.3.2　阅读理解：找出论证　　055

	3.3.3 阅读发展：评估论证	057
3.4	论证的图尔敏模型	059
	3.4.1 图尔敏模型	059
	3.4.2 图尔敏模型的特点和优点	060

思考题 / 062

第四讲　澄清概念，具体思维　064

4.1	消除论证中的概念谬误	064
	4.1.1 模糊性	065
	4.1.2 偷换概念（利用歧义）	066
	4.1.3 意义歪曲（强词夺理）	067
	4.1.4 抽象、晦涩和空洞	068
	4.1.5 不一致和自我矛盾	069
	4.1.6 充分和必要的关系	070
4.2	思考的具体性	073
	4.2.1 具体：具体实例的证明	073
	4.2.2 具体：根据语境理解和判断	074
4.3	澄清意义	075

4.3.1	澄清意义的需要	075
4.3.2	合适地澄清和定义	076
4.3.3	说明和定义的方式及其考虑	077

思考题 / 079

第五讲　求真：探求信息、评估信息　082

5.1	真的必要和虚假的原因	082
5.1.1	真,是生存、知识和文明的核心	083
5.1.2	虚假为什么泛滥	085
5.1.3	虚假的社会原因：三座大山	086
5.1.4	虚假的认知原因：人是片面的观察者	087
5.1.5	间接信息的双重污染：传播扭曲	088
5.2	辨别虚假信息的两类标准	090
5.2.1	辨别真伪的基本原则	091
5.2.2	考察信息的来源	093
5.2.3	衡量信息本身的质量	094
5.3	求真：探究全面信息	095

目录

5.3.1	搜索信息：搜索全面的信息	095
5.3.2	信息探究的全面性原则	098

思考题 / 098

第六讲　推理：相关、充分和谨慎　　101

6.1	推理：相关性和充足性	102
6.1.1	推理以相关性为起点	102
6.1.2	无关谬误一：对推理的非理性关注	103
6.1.3	无关谬误二：简单和绝对的思想方式	104
6.1.4	充足性	105
6.1.5	推理的类型	106
6.2	演绎推理	109
6.2.1	演绎推理的有效性	109
6.2.2	评估演绎推理	110
6.2.3	演绎推理的几个有效形式	113
6.2.4	常见的无效推理形式	115
6.2.5	多重方式理解有效和无效推理	117
6.3	归纳推理	119

6.3.1　简单枚举归纳　　　　　　　　　　　　　　119

　　6.3.2　统计归纳　　　　　　　　　　　　　　　　121

　　6.3.3　类比　　　　　　　　　　　　　　　　　　124

思考题 / 126

第七讲　科学和实践推理：最佳选择　　　　　　　　130

7.1　因果推理和论证　　　　　　　　　　　　　　　　131

　　7.1.1　因果关系　　　　　　　　　　　　　　　　131

　　7.1.2　因果论证要排除其他可能　　　　　　　　　133

　　7.1.3　因果论证要论证因果机制　　　　　　　　　135

　　7.1.4　论证因果机制的四大要求　　　　　　　　　137

　　7.1.5　解释性假说的必要构成　　　　　　　　　　138

7.2　科学中的推理　　　　　　　　　　　　　　　　　140

　　7.2.1　科学发展动力：猜测与反驳　　　　　　　　141

　　7.2.2　科学发现：形成、检验和选择假说　　　　　142

　　7.2.3　发明假说：线索和想象　　　　　　　　　　143

　　7.2.4　判别假说：假说—演绎推理　　　　　　　　144

目录

7.2.5 证实和证伪的复杂性	146
7.2.6 引力时间延迟效应的推理构成	148
7.2.7 选择假说：最佳解释推理	150
7.2.8 科学最佳解释推理标准	151
7.3 实践、决策和其他推理	**153**
7.3.1 决策案例：为何是怨声载道的乱局？	153
7.3.2 决策进程：从问题分析到实践推理	154
7.3.3 决策推理的基本模式	157
7.3.4 有多种替代选择，是决策成功的一半	159
7.3.5 评估依据：价值和事实的综合平衡	160
7.3.6 联导推理和鉴定推理	161
思考题 / 164	

第八讲　深入和严密思考：考察假设　168

8.1 辨别隐含假设和前提	**168**
8.1.1 隐含假设的普遍性和作用	169
8.1.2 隐含假设和前提的类型	171
8.1.3 辨别和补充隐含前提	173

8.2 评估隐含假设和前提 　　176
　　　　8.2.1　评估隐含假设和前提的需要 　　177
　　　　8.2.2　评估隐含前提的原则 　　178
　　　　8.2.3　隐含前提必须是必要的 　　179
　　　　8.2.4　隐含前提需要程度合适 　　180
　　　　8.2.5　隐含前提需要可检验、可信 　　181
　　8.3 科学中的假设 　　182
　　　　8.3.1　科学坐落在隐含假设的网中 　　182
　　　　8.3.2　隐含假设深植在观察经验中 　　184
　　　　8.3.3　科学发展常在于考问深层假设 　　185
　　8.4 隐含意义和后果 　　186
　　　　8.4.1　陈述或信息的隐含意义 　　186
　　　　8.4.2　论证的后果 　　189
　思考题 / 190

第九讲　开放理性：辩证、创造和综合　　195

　　9.1 辩证：对立方的合理竞争 　　195

9.1.1	片面性和被忽悠	196
9.1.2	突破守旧和偏向：辩证和寻找替代	197
9.1.3	辩证：对立面的理性论证	198
9.1.4	论证和讨论中的常见谬误	201
9.2	构造和创造多样思考：分析和变换	202
9.2.1	批判性思维既促进创新，也要求创新	203
9.2.2	寻找替代的意识和途径	204
9.2.3	用论证的分析和组合来构造替代论证	206
9.2.4	用信息分析和组合来创新	208
9.2.5	用问题要素分析、组合来寻找因果关系	210
9.2.6	用工程要素分析、组合来构造新的方案	212
9.2.7	用假想推理来构造新的思路	213
9.2.8	全面的多样化发散思维	214
9.3	最后判断：综合和平衡	216
9.3.1	开放理性的规则：正—反—正	216
9.3.2	调整：将结论限制在条件和论据之中	217
9.3.3	综合：摸象之后的整体构造	219

思考题 / 221

第十讲　批判性写作：分析、探究和论证　　224

- 10.1 论证文写作：实现和展现批判性思维　　224
  - 10.1.1　写作是交流：对象有决定权　　225
  - 10.1.2　论证文是认知和论理　　226
  - 10.1.3　论证的组织和表达　　227
- 10.2 分析性写作：理解和评估　　228
  - 10.2.1　如何进行分析性写作？　　229
  - 10.2.2　分析写作范例　　231
- 10.3 论证性写作：探究和实证　　233
  - 10.3.1　论证写作是探究实证的实现　　233
  - 10.3.2　探究性写作实例：如果想有光明的未来……　　234
  - 10.3.3　正—反—正论证纲要实例　　238
  - 10.3.4　论证写作：图尔敏模型的指导作用　　240

思考题 / 241

参考资料　　244

前　言

这些年来,通过科学家、教育者和社会人士的努力,越来越多的中国人认识到,没有批判性思维,不可能有科技创新、理性社会和有审视的人生。

不过,中国长期有一个情况,就是知易行难。批判性思维教育是此一个佳例。我们每天都看到提到它的讲话、论述它的文章、研究它的项目,但具体而扎实的行动者,和2 000所大学和几十万所中小学的数量比,只是零星。然而,就批判性思维而言,教育行动才是最重要的。因为它的价值只在于它的目标实现,那就是使我们民族和社会具备开放理性,从而能创新、能理智、能文明。批判性思维不是高精尖的核物理学,而是在点滴之处的言传身教。它的原理不难理解(虽然依然有很多人并没有去理解),它的实践却需要教育群体和社会的长期努力。只有这样,我们才会在某一代达到这个伟大目标。那时的孩子们既思想开放又兢兢业业,他们具备了和世界上最先进的民族一样的认知思考力,一样善良、明亮、自信、坦荡、沉着的眼睛和笑容。那么,我们这个民族才可能登上世界之巅。

虽然是将来才实现的目标,那时我们早已离去,但因曾经为之努力,应为不负此生而骄傲。

行动的难,当然有诸多原因,但怨天尤人没有用。作为普通教育者所能做的事情,我们应该去做到。教育的难处之一就是缺乏合适的教材。《批判性思维原理和方法:走向新的认知和实践》一书出版已近十年,它的体系的完备性和观念的当代性,是足以自豪之处。它对培养高科技人才、提升研究生学术能力、哲学系教学等,具有良好的适用性,而且它将来依然在这些更需要理论认识和细致了解的教学中使用。不过,既然批判性思维是从小学到大学的全程教育主题,那么我们需要更为简明直接的教学依据,以满足最大群体、不同阶段的学生的需要。这些年来,许多教师向笔者传送了这样的呼声,一本建立在准确的观念基础之上,既全面又简明,能兼顾中学和大学新生通识教学的教材,越来越必要。

本书就是应对这个教育需要而尽的微薄努力。它依然传递当代最先进、最完备、最专业的理论框架,一样力图结合中国实际。依据这些年的教学经验,我选择了最为基本、重要、需要和有用的内容,并重新组织了叙述、例证和习题。它更适合中学生、大学低年级学生以及大众的学习和检测。

要感谢众多一线教师和学生,如果没有他们的意见和期望,就没有这本教材。特别感谢易英华编辑为本书做出的一流工作,这真的是不可多得的帮助。最后,诚谢妻子叶明的一贯支持。

现在是大家批评指正的时候了。

董 毓

2018 年 11 月于安大略湖畔

第一讲
批判性思维：必要性和本质

> **学习目标：**
> 1. 理解批判性思维对认知创造、明智判断和解决问题的三大必要性和作用
> 2. 清晰理解批判性思维的本质、构成、范围和它们的内在联系
> 3. 准确把握批判性思维的"质疑"概念和开放理性精神
> 4. 细致了解批判性思维的品德和技能
> 5. 能运用批判性思维的三组问题作快速判断
> 6. 能完整叙述批判性思维的特征

1.1 创新和文明呼唤批判性思维

批判性思维是理性和创造性的核心能力，没有批判性思维教育就没有真正的素质教育。

——中科院院士杨叔子

1.1.1　只有批判性思维才有科技创新发展

中国改革开放已经 40 多年,国家经济和社会发生天翻地覆的变化。笔者是曾经对着西方的高楼大厦的街景照片发呆的那一代。然而,现在,中国游客出国旅游,即使到了欧洲北美,也时有到乡下的感觉。2018 年夏天的一天早上,在酒店的餐厅里,看到一群夏令营的孩子拿着盘子,面对丰盛的食品为选择而踌躇时,笔者不禁回想,在像他们这么大的时候,自己衣食艰苦的情景……过去似乎历历在目。

换了人间,中国人应该为此自豪。

然而,2018 年,是让国人清醒和反省的一年。这一年的 4 月,中国中兴通信公司,一个庞然大物,最新科技的领头代表,一旦被限制使用美国的电子技术和元件,就不能生存。这是活生生的猛击一掌,把许多人从梦中唤醒。

原来,我们的繁荣,站在流沙上。中国的受制于人,正是在要害之处:科技。中国政府其实对此有清醒的认识。从 2013 年开始,习近平多次坦然指出这一根本忧患,他说,"过去三十多年,我国发展主要靠引进上次工业革命的成果,基本是利用国外技术,早期是二手技术,后期是同步技术","这些年来,重引进、轻消化的问题还大量存在,形成了'引进—落后—再引进'的恶性循环","核心技术受制于人是我们最大的隐患"。(习近平,2016)

工业和信息化部部长苗圩也说,在全球制造业的四级梯队中,中国处于第三梯队,在第一梯队的美国、第二梯队的欧盟日本后面,处于中低端制造领域,后面的第四梯队是资源输出国,比如石油输出国组织、非洲、拉美等国。

有识之士知道,国家富强的根本原因,是科技创新能力。2016 年,微软创始人比尔·盖茨说,不管美国政府如何折腾,不能削弱美国的秘密武器,就是它无人可比的科技创新能力。(Gates,2016)他想说的是科技的无可比拟的决定性。中国领导人早就看到这一点。邓小平一个著名的论断就是,科学技术是第一生产力。习近平一再指出,"科技兴则民族兴,科技强则国家强","科技实力决定着世界政治经济力量对比的变化,也决定着各国各民族的前途命运"。

高科技产业也是中国不得不走的道路。如果不想继续苹果手机中国制造厂商只拿到几块钱的利润、美国拿走几百块钱的利润这个局面,不想辛辛苦苦却收获甚微的局面,就必须向价值链上游攀登,况且,附加值低的劳动密集型产业受到印度、孟加拉等国的追赶,已经回不去了。

而且,白宫贸易顾问纳瓦罗直言不讳:美国对华发起贸易战的目标就是破坏"中国制造2025",就是不想让中国改变这种被他们高科技卡脖子的局面。

前有堵截,后有追兵,怎么办?习近平一再指出,"出路在自主创新","实施创新驱动发展战略决定着中华民族前途命运"。

那么,如何能创新?他说:创新就需要敢于质疑。他引用中国明代思想家陈献章的话说:

> 学贵知疑,小疑则小进,大疑则大进。要创新,就要有强烈的创新意识,凡事要有打破砂锅问到底的劲头,敢于质疑现有理论,勇于开拓新的方向,攻坚克难,追求卓越。(习近平,2016)

所以,正如科学家、教育家杨叔子所说,批判性思维是理性和创造性的核心能力。(杭慧喆,2014)要创新,就要有批判性思维。中国的前途依赖于大量有批判性思维素质的人才。

1.1.2 理性社会和人的发展

批判性思维的必要性,不只是对知识和科技的创新。批判性思维也是合理分析、推断和判断能力,没有它,人没有求真和理性意识,没有客观辨别的能力,将陷于对流言、情绪和利益的盲从。盲从的人构成社会,将泛滥着一边倒的偏见、冲动的行为,产生愚蠢而可悲的后果,人们不但丧失金钱,常常还丧失自尊,甚至是生命。

在今天的社会里,找这样的例子毫不费力。虚假的普遍和受虚假骗的普遍,到了令人吃惊的地步。每一次旨在激发情绪的流言,几乎都能达到散布者所指望的效果。尽管有很多假新闻"反转"被揭穿,但人们下一次还是轻易被人操纵。金融骗子诈骗的手法重复不变,但上钩的人依然无数。有些人在2011年日本核电站事故时听信传言,加入了抢购盐的风潮,到2015年的股市风潮时又听信了空洞、抽象和无关的口号,借款卖房也投入了股市,最后再一次成为盲目跟风甚至被一些大鳄恶意操纵的牺牲品。

而且,一如既往,这些人还不知道教训在哪里,还在埋怨别人,不知道自己的辨别能力才是主要的问题。他们还在等待下一次受骗上当的机会。

缺乏批判性思维,没有理性的独立思考,一再导致个人和社会的重大损失。

今天,即使是在日常生活的层面,也充满信息和决策的疑难问题。鸡有禽流感是否能吃?紫菜是废旧塑料袋做的吗?蒲公英根可在48小时内杀死98%的癌细胞?电脑蓝光会致盲所以要买电脑防辐射防护眼镜?信还是不信,做还是不做,需要批判性思维来破除迷雾,解决问题。人需要思考能力来保护自己,在这个时代和社会更为显然。

批判性思维也不仅仅是保护作用。能创造知识和科技,能理性判断,本身就能促进人的幸福和社会的文明和繁荣。以今天的商务活动举例,不管是公司的发展,还是职场的进步,批判性思维都是必要的。国际领导力大师约翰·巴尔多尼(John Baldoni,2010)说:"如果你想在21世纪商业中获得成功,你需要成为一个批判性思维者。"为什么?人们只知道失败是成功之母,其实成功也是失败之母,因为过去的成功容易使人故步自封、自大,和现实与发展脱节,结果在全球竞争、不进则退的大潮中,必然走向失败。这就是为什么华为这样的公司要建立自我批判的机制和制度。批判性思维的辨别能力对每一个职工都是需要的,世界经济论坛2016年的"工作的未来"的报告中,将批判性思维列为到2020年时的十大重要的能力的第二位。在2015年时,它还是只列在第四位。第四次工业革命来临的关头,批判性思维被认为是行业和职场上成功的杠杆。(WORLD ECONOMIC FORUM,2016)

在今天信息泛滥和急剧变化的世界,我们需要批判性思维来保护自己,发展自己。

1.1.3 西方用批判性思维教育来发展人和国家

西方特别是英美的教育中,植入批判性思维的元素已经很长时间。在20世纪初,现代批判性思维的鼻祖,美国哲学家、教育家杜威(John Dewey),亲身领导了教育的实验。他的教育思想对美国影响深远。美国基础教育很早就广泛融入了批判性思维的教育元素。

20世纪六七十年代开始,在苏联卫星挑战的背景下,美国再一次关注教育改革,随之兴起了批判性思维运动,推动相应的教学思想和方法更进一步深入基础教育和高等教育。先后兴起的实证性学习(evidence-based learning)、探究性学习(inquiry-based learning)、问题解决式学习(problem-based learning)、项目式学习(project-based learning)等学习方法,都是以批判性思维为指导,以此来培养批判性思维的认知发展,明辨理性和解决问题的能力。

2002年,为了能让美国在21世纪继续在科技、经济、商业等领先,美国学界、商界和政界成立了一个组织——"21世纪学习联盟",提出新的知识和技能需要,特别要加强"学习和创新的技能"的培养,英文称为"4C",即批判性思维(critical thinking)、交流(communication)、合作(collaboration)和创造(creativity)。这四项技能,被认为是美国文化、科技和商企保持全球领先的必备武器。

从2009年开始,美国开始制定中小学教育的标准,叫作"各州共同核心标准"(The Common Core State Standards, CCSS)。它全面地接受了21世纪学习联盟的理念,把基本技能和"4C"的教育放在这个标准的最优先位置。

除了基础教育,北美大学早已广泛开设批判性思维、非形式逻辑、非形式推理、批判性推理、批判性写作等课程,它们实质都是批判性思维教育。

澳洲广播网2015年8月6日报道,澳洲悉尼大学商学院商学硕士课程本期末考试中,有1 200多人参加核心科目"商业的批判性思维"考试,400多名学生不及格,挂科率37%,中国留学生占了八成。另一门"商业成功学"挂科率也达12%。

澳商学院主管教育的副院长约翰·谢尔兹表示:这两门核心课程特别注重批判性思维,包括中国的部分外国学生学习方式相对被动;同时还有英语水平欠佳的原因。

然而，有挂科中国学生争辩："没有任何证据证明中国学生是没有批判性思维的""中国文化的批判性思维比你们（澳大利亚）早几千年"。（央广网，2015；广州日报，2015）

那么，到底什么是批判性思维？

1.2 什么是批判性思维

1.2.1 批判性思维的定义和解读

批判性思维，一些人望文生义，得出了对他人的负面"大批判"的意思。这是第一大误解。在批判性思维中，对一个东西的"批判"，其实是主动地审视、分析它，判断它的理由是否合理。批判性思维始于对观念提出有道理的疑问，并进行全面的探究，最后得出判断。如果判断它是合理的，那就要肯定；如果不合理，那自然要否定。

简略地说，批判性思维是理性的探究和实证的过程。它由理智品质和高阶思维能力两大构成。即其实是"德育"和"智育"的结合。德育部分，是一组批判理性精神和品德，包括求真、谦虚、谨慎、客观、公正、反省、开放等品质。批判性思维的智育部分，是一组阐明、辨别、分析、推理、判断和发展的高阶思维技能。

让我们从定义开始进一步讨论它。

已经有许多关于批判性思维的定义，它们各有不同的侧重点。一个比较简洁而普遍接受的定义，是美国著名批判性思维理论家罗伯特·恩尼斯（Robert Ennis,1987）表述的：

> 批判性思维是合理的、反思性的思维，其目的在于决定我们的信念和行动。

1990年，美国哲学学会组织了一次历时两年的专家研究，讨论对批判性思维的定义和内涵。参与其中的 46 位批判性思维学者共同研究、制定了一个"专家共识声明"报告,研究组织者范西昂(Peter Facione)表达了他们关于批判性思维的"工作共识"(Working Consensus):

> 有目的、反思性的判断,表现为对证据、背景、方法、标准及概念的合理考察,以便决定相信什么或者做什么。(Facione,2015)

可以看出,这和恩尼斯的定义相当一致:它一样表述了批判性思维是反思和合理性的特征。它的表述的差别,在"有目的、反思性的判断",但它其实是合理和反思性思维的结果特征。它的另一个特点是加上考察的对象:"对证据、背景、方法、标准及概念的合理考察。"可以说,这个专家的工作共识就是恩尼斯定义的一些细化。

1.2.2 批判性思维本质:始于反思自我的开放理性

我们先对上面定义中的几个关键概念作一点说明。

合理

合理,首先指思考有理由和方法,这是批判性思维的一个核心概念,后面要详细讨论。

反思

反思是另一个核心概念。杜威在 1910 年首次提出"反思性思维"这个词,指的就是现在的批判性思维。反思,就是主动、全面和细致的探究;探究的对象,是观念、假说的根据、推理和作用。杜威说,这样的反思性思维,是我们做判断之前的必经过程(Dewey,1910,1933)。

他的话可以导出三层相互连接的意思。其一,反思是谨慎的态度,没有反思,就不要随便判断和说话。其二,反思是主动、细致、深入的考察,它要包括正反各个方面意见。其三,反思是对观念和假说的来源、理由、推理和后果的考察,所以它是真实、合理的考察。

不难看出,杜威的反思性思维,蕴含着当代恩尼斯批判性思维的定义。

反思，是反思自我、超越自我

而且，反思首要地是要针对我们自己，即反思我们自己的思维。这是因为影响人判断最大、最深、最顽固的因素，是人的自我内在的信念。阻碍我们认识的，首先是我们自己。人被内在的偏向、先入之见影响而犯错误，这是普遍现象。要认识新事物新知识，就要突破自我。所以，批判性思维，首先是自我批判。

不过，反思虽然是自省，它却需要通过和他人观念和外在事物的对比来进行，因为有比较才有鉴别。没有窗外的河岸，我不知道自己的船在运动。这样，反思就促使我们寻找不同观念和事物作为对比物，这就产生了对辩证和创造的要求。即为了反思自我的旧有观念，我们需要向外寻求和创新：回首和向前、内省和外察、正和反、立和破、构建和扬弃……都互为依托。存在对立和不同是这样的反思的前提，如果没有，则需要构造它们，这就是创造。

因此，恩尼斯指出，批判性思维不仅仅是对现有观念、陈述和假说的审查、评估，它其实还包括"创造性方面，如设想多种可能性，提出假设和定义，设计实验方案"。（Ennis，1993）

批判性思维者，就是能做到这样反思的人。这样的人本质上有"虚怀若谷，坚守理性，勇于探究"的特征。（董毓，2017）

范围：理性的信念和行动

信念是指人相信的观念，知识是其中一种观念，是得到论证的真的信念。行动包括我们实践的决策和行动。所以，批判性思维属于认知（信念）和（实践）的理性的范围，在非理性的因素，比如直觉、意志、情感、信仰、欲望等之外。

所以，批判性思维是为得到真知和合理行动而对我们的思维要素（证据、背景、方法、标准、概念、论证等）进行的主动、审慎、深入、细致、公正、开放的反思考察。

1.2.3 批判性思维的品德

上面说过，批判性思维是理智的品德和技巧的结合。理智的品德又称为理智的"习性"，意思是人在理智方面的习惯性倾向。不同的研究者列出的习性会有些不同，但差别很小。按照恩尼斯，批判性思维习性或者品德有两大类，它们分别有自己的具体内容：

1) 关心自己的信念是真的、做的决定是有根据的：

   a. 寻求对问题的替代性的假说、解释、结论、计划等，并对它们持公正开放的态度

   b. 认真考虑不同的观点

   c. 力求了解全面

   d. 有多少证据下多少结论

   e. 愿意运用批判性思维能力

2) 关心对自己和别人的立场的理解和表达是诚实、清楚的：

   a. 寻求和倾听他人的观点和理由

   b. 清楚理解语言表达的含义，力求尽可能的精确性

   c. 确定并紧紧围绕主要问题或结论

   d. 追求和提供理由

   e. 全面考虑整体情况

   f. 反思自己的基本信念

范西昂总结的专家共识说：

> 理想的批判性思维者喜欢探索，了解全面，信任理性，思想开放，立场灵活，评价公正，诚实面对个人偏见，判断谨慎，愿意重新思考，理解论题清晰，对复杂问题思考有条理、不倦地搜寻有关信息，选择标准合理，考察专注，并且不懈地追求题材和条件容许的最精确的结果。培养好的批判性思维者就是向这个理想努力。它把发展批判性思维技能与培养这样的品质结合起来。这样的品质历来都产生有用的观念知识，也是理性和民主社会的基础。(Facione，1990)

读者或许可以看到一个特点：这些批判性思维专家强调求真求理，而且首先是通过公正、开放和全面的品质来进行。认识论告诉我们，真理必须来自多样性和全面性；如果没有，那就要开放地寻找甚至创造多样性。

1.2.4 批判性思维的技能

关于批判性思维的技能,恩尼斯按照人的认知和判断的活动和大概进程,列出这些:

1) 问题的判定
2) 论证的分析
3) 澄清概念论断等的含义及根据
4) 证据来源的判别
5) 观察报告的判断
6) 演绎推理及其评估
7) 归纳推理:a. 构造和评估归纳推理;
     b. 构造和评估解释性假说(最佳解释推理)
8) 价值判断的构造和评估
9) 词义的定义和评估
10) 辨别隐含假设
11) 作出和自己立场观点不同的假设推理
12) 结合批判性习性和技能来作出决定并对此论证

后来,他还列出了其他几项技能,不过上面的 12 项是主要的。(Ennis,2018)

范西昂按照技能的分类列出了批判性思维的六大类技能:阐释、分析、推理、评估、解说和自律。下表是一个简明的说明(改编自 Facione,1990):

表 1.2.4.1

技能	说明	举例
阐释	理解和阐述观念、表达的意义	辨认问题、目的、主题、观点;阐明、分类,概括文本的含义
分析	辨别观念、表达中各要素及其(推理)关系	辨认、分析观念、论证;识别相似性差异性;发现假设

续表

技能	说　　明	举　　例
推理	寻求证据，推理，猜测，预测，整合	寻求、质疑证据，推论结论，预测后果，构造假说，考虑多种可能性
评估	评价数据、观念的可信性和推理的逻辑强弱	评估信息可信性；判别论证相关性、确定性；比较各种观点的优劣
解说	全面清晰地说明推理及其结果	表述结果；展示论证；说明和辩护其过程
自律	元认知：自我检查、自我修正	检测、分析、评估和修正自己的认知活动

1.3　理解和运用批判性思维

1.3.1　批判性思维者是品德和技能的结合

我们强调，批判性思维是理智品德和高阶技能的结合，而且品德比技能更为重要。我们要教技能，但不仅仅是教技能，也希望通过它来有助于培养品德。

从上面列出的批判性思维品德，可以看出，批判性思维以理性和开放性精神为根本，其目的是求真讲理，其实现过程是公正、合理开放地反思我们的思考。所以，求真、公正、反思、开放，是批判性思维的主轴精神。它们贯串在一切批判性思维活动和过程中。

综合起来，这些品质是批判性思维者应该具备的：

- 认真求真，对信息、观念采取怀疑的态度，力求辨伪求真。
- 相信理性，坚持用事实和理由来推理，并愿意根据事实改变自己观点。
- 反思自我，力求公正、勇于发现和更正自我偏见和成见，自律。
- 开放：试图从不同的立场看问题，寻求替代观念、解释、论证。
- 喜欢探究、学习——好奇，爱寻求新信息，力求全面，综合思考。
- 谨慎：没有反思时不轻易接受一个观念，将结论限制在事实支持的范围内。
- 谦虚：承认自己很多不知道、很容易被迷惑。
- 具体：依据语境、背景来理解和思考，承认事物多样性和复杂性。
- 清楚、细致、深入、有条理。
- 专注、坚持、尽可能地精益求精。
- 建设性："批判"；不只是分析和判断，而且要通过构造来寻求新知。

批判性思维是大胆探究，谨慎实证。探究，是主动探索和细致研究对问题的各种信息和认识；实证，是依据经验、实践的可靠论证。一个批判性思维者的突出特征是头脑灵活，脚踏实地。

1.3.2 批判性思维不是什么

还可以从"批判性思维不是什么"的角度来澄清它。

我们提到，批判性思维的起点不是否定，而是质疑。"质疑"是批判性思维的关键概念。质疑不是一些人的消极牢骚、片面否定。有些人，从他的固有立场出发，不管你说太阳从东边出来还是从西边出来，都"质疑"你是错的，这不但不是质疑，而且可能是违反批判性思维的偏向、封闭、顽固、教条的心态。质疑是提问，不是判断，更不是一味地否定判断。质疑的合理性不在于对象，而在于方式。就是说，质疑有对象和方式两个方面。质疑的对象没有限制，追求真理无禁区，可以对认为正确的东西提问。但质疑的方式有限制：要依据具体、可信的理由来合理提问。要特别注意"具体、可信"这四个字，光凭"人总是有错的"可能性是不能质疑相对论的。理由不可信也是不能成为依据的。而且，提问要和理由相配，不能证据是一只鸽子，提问却是关于所有天鹅。

这样的合理质疑，浓缩着开放理性；所以说，它是科学精神的核心，其价值无可比拟。

所以，批判性思维的关键，在于它的过程，不在于它的结论。不管一个思考的结论是同意还是不同意某个观点，这不要紧，要紧的是：它是不是来自一个谨慎反思的过程，甚至没有明确的结论也不等于没有批判性思维。在证据不足时，批判性思维者的判断就是悬置判断。

批判性思维的起步要求,是谨慎细致的态度,接着是主动、全面的探究。毛泽东说,没有调查就没有发言权。听起来像是不让人说话,其实是大智之道。

由此可知,批判性思维的主要目的,是作出合理判断——这个观念我是否应该相信,而不是去说服他人,虽然批判性思维可以被用作说服。批判性思维更不是辩论赛中单纯求胜的手段。如果认识到对方观点正确,批判性思维者会承认。重要的是获得真知,而不是谁赢了辩论。

批判性思维不等于不听别人意见的"独立"思考。它要求对每个人的话都要倾听,然后综合判断。批判性思维的独立思考,是先突破自我的封闭,倾听各方,然后努力超越自我和他人。

批判性思维不只是"有破才有立",而是还要"有立才有破",有构建和创造才有批判。

批判性思维也以符合逻辑基本规律为基础,但很不同于演绎形式逻辑。如杜威指出的,人的实际思维的"逻辑性"是实质、全面、细致、有序等性质。(Dewey,1933,chap. 5)而且用三段论等逻辑规则机械地推导一个结论,就像按照加减法做算术题,本身也并不等于批判性思维。本书包括一些有用的演绎推理的形式规则,但实际思维的合理性是以杜威说的逻辑性来衡量的。

虽然论证对批判性思维极为根本,但批判性思维是思维,不只是论证,更不只是符合演绎形式逻辑的论证。批判性思维的反思要涵盖思维的一切角落。如范西昂指出的,它要探究证据和背景,对方法、标准及概念进行"元思考"。我们后面会叙述批判性思维的这些必要步骤:探究问题历史,考察思想背景,搜寻和评估信息,通过多论证的模式来判别某一论证,构造和创造替代观念等,这些均超出了演绎形式逻辑论证的范围,却正为开放理性和创造所需要。批判性思维是主动、具体、辩证和发展的思考,而不是被动、形式、单一和静态的思考。

我们曾指出,批判性思维不等于单纯的技巧,它更不等于考试的技巧。学批判性思维是学解决问题的实际能力。两者区别重大,我们知道,通过托福考试并不等于在英语课堂上能听懂。

批判性思维不能代替学科知识。相反,它必须和知识结合,才能使人在生活和学习中,更好地探究、实证和判断。和一些误解相反,批判性思维正是为了更好地学习知识和创造知识。

最后,批判性思维是理性思维,理性思维不是事事都可以用,也不是用了就不会出错。早餐吃点什么不需要仔细思考。和女朋友花前月下应该念诗而不是论证。世界上唯一不会出错的事,是听女朋友/太太的话。而理性思维只是:知彼知己,比靠直觉冲动更有打胜仗的希望。

1.3.3 批判性思维的广泛需要和运用

从这些论述,可以概括地讲,批判性思维有三大作用。

探究实证的认知和发展能力

这是学术、科研的研究力核心和创造力前提,让知识分子能生产知识。

怎样做学术研究?著名学者黄宗智总结了这样的原则和进程(黄宗智,2012):研究问题;分析已有观点;寻求实证信息;反思自我偏见;批判地评估现有理论;在不同观点的交流、辩论、合作中激发思考;建立自己的观点和论证;力求清晰、具体、细致、历史的思考……这些正是批判性思维的原则和过程。可以把学术研究的几个步骤简略表达如下:

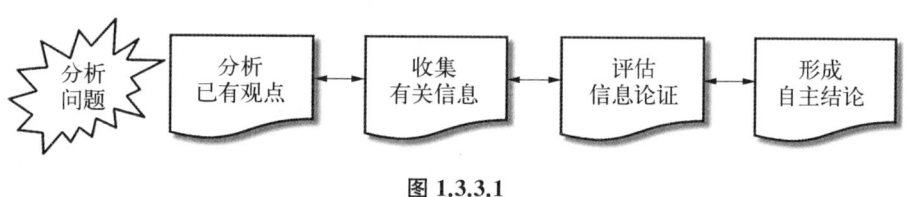

图 1.3.3.1

这里的步骤中,分析已有观点,指学术研究中通常的了解、分析已有观点和论证的工作,它使研究者站在前人肩膀上。评估信息论证,指对正反各方的信息、概念、推理、假设进行评估,以便发现新发展的突破口。形成自主结论,指在前面工作基础上,提出自己的观点(或假说),并予以论证。在下一讲,我们还要论述,这些都要用到批判性思维的原则和方法。

培养理性、明辨的人和社会

批判性思维的开放理性培养独立思考、明辨的人,构成理性和文明的社会。

在第七讲中我们会论述,这是批判性思维的决策模式中,从问题分析到推导最佳行动方案的几大步骤:

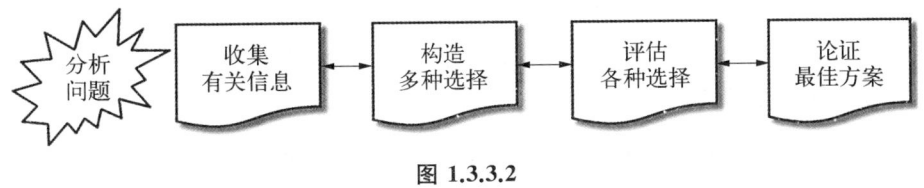

图 1.3.3.2

解决问题

批判性思维的技能,就是解决问题的技能。下面是批判性思维解决复杂问题的模式,和上面的决策模式十分接近,它构成我们常说的"解决问题能力"的集合:

1) 分析和理解问题(包括收集信息,进行分析和综合);
2) 构造对问题原因的多种替代性解释假说;
3) 评估、比较假说,得到最佳解释;
4) 构造多种替代性解决方案;
5) 根据问题情境的要求和条件,选择最佳方案;
6) 执行、监控和反馈。

可见,批判性思维对明智人生和文明社会有必要性和巨大作用。人生、职场都需要批判性思维。有批判性思维的人,同时具有热情和冷静的气质。他们有创造知识的潜力,因为批判性思维就是学术方法。他们能提出和分析问题,有不断自主学习的意愿和能力,能搜寻、分析、处理信息,解决问题,提出最佳方案,作出平衡和综合的决策,并致力于执行。这些在科学、技术、工程、医学、商业、经济、法律、文化事业等领域都有推动作用。

1.3.4 快速运用批判性思维的三大启动问题

前面展示了学术研究、重大决策等要进行的批判性思维的进程。不过,在日常情况中，比如看网络消息判断其真假时，我们不必细致运用这一整套方法，不然太花时间。我们可以用简化的批判性思维来进行快速判断，就是用三组问题来提示、引导一些关键的批判性思维考虑，从而较快作出决定。

1) 这是什么问题？

问题的起源和背景是什么？它的构成和关系是什么？它是怎么发展的？它的原因和本质是什么？对它的表达准确吗？对它的解释是什么？

2) 有真的理由吗？

对事实的说明准确、清楚吗？事实可以确证为真吗？有什么关键假设吗？理由的支持充分吗？

3) 还有别的说法吗？

还有别的事实或证据吗？有别的可能吗？有别的原因、解释吗？有别的看问题的角度吗？有别的论证吗？有反例吗？有别的含义和后果吗？这些说法哪个更对？

当这些问题得不到满意的回答时，你的判断和行动就要非常谨慎，甚至不要随便发言。

1.3.5 总结：批判性思维特征

现在总结批判性思维的各方面：根据前面的定义和阐述，可以理解，批判性思维是认知、判断和解决问题的理性原则和方法；反思自我、求真公正、开放理性是它的精神；阐明、分析、推理、评估、解释、自律是它的技能。

它的目的，是塑造独立、探究和理性的思考者，由此构成了一个开放理性和发展的社会。

批判性思维的观念、知识和技术来源是跨学科的。它要运用一些形式逻辑的演绎和归纳的原理，但更多的来自非形式逻辑和科学方法。它的思想和分析哲学、认识论密切联系。它也运用心理学、语言学和其他相关思想和技术工具。

一个人是不是批判性思维者，首先在于态度，即是否尊崇求真、公正、反思、开放精神。批判性思维者追求思考的具体性和深入性,多样性和辩证性,发展性和创造性等特征,并通过探究实证过程来实现它们。一个批判性思维者是这样的探究实证者:头脑灵活、脚踏实地。

思考题

1. 为什么说反思首先是自我反思?
2. 你能否简略表达对批判性思维习性的理解?
3. 下面哪一种表现最符合批判性思维的核心概念"质疑"?
   1) 对现有的观点大胆直接地提出否定的结论。
   2) 表明思想没有禁区,应该怀疑一切的态度。
   3) 对现有观点的依据提出有具体理由的疑问。
   4) 不畏权威,随时敢于发表自己的不同看法。
4. 在批判性思维的理智品德(习性)中,哪一种你认为最难做到?
5. 下面哪一种情况更可能体现批判性思维?
   1) 在考察之前,对现有的某个观念提出了明确的否定结论。
   2) 对现有的某个观念作了全面考察,但未能明确下结论。
6. 为什么说:批判的心灵,是探究的心灵?
7. 为什么说:批判性思维者既谦虚又固执?
8. 为什么说:批判性思维者是热情和冷静的结合?
9. 对恩尼斯而言,要达到批判性思维的求真、求理,必要和首要的做法是?
   1) 确定并紧紧围绕主要问题或结论。
   2) 有多少证据下多少结论。
   3) 公正和开放地追求对问题的替代性假说、观念等。
   4) 清楚理解语言表达的含义,力求尽可能的精确。
10. 在引导批判性思维的三大问题中,哪一个是为了提醒"我们遗漏了什么吗"?
11. 对你而言,批判性思维的作用最大的是哪一方面?

第二讲
批判性思维进程：探究和实证

> **学习目标：**
> 1. 理解批判性思维开放理性精神和它的探究实证过程
> 2. 了解论证和好论证的全面标准和构成
> 3. 理解批判性思维进程的思维图和它代表的探究实证过程要素
> 4. 认识到探究始于好问题的提出和分析
> 5. 能开始运用二元问题分析法来启动探究进程

2.1 批判性思维的理性和实现

2.1.1 批判性思维基础：理性、理由和真理

批判性思维的一个理论根据，和什么是"知识"的看法息息相关。哲学上，知识被大致定义为"论证了的真的信念"(JTB：Justified True Belief)，就是被论证了的、我们相信的、真的观念。这个定义有其问题，但我们这里不需要关注。定义中的"真"，在恩尼斯看来，它的意思和日常用法一样：我们的观念和名词，是

头脑的构造物，但它们所指的事物间的关系不是。（Ennis，2018）这其实是关于真理的符合论看法。这就像看到动物园的老虎，你可以说"老虎"这个词是我们头脑构造的，但那老虎可不是，所以不要翻栏杆进到里面去。

按照这个定义，达到知识，必须要论证，不然，我们无法知道一个观念是否真，是否应该相信它。论证被认为是理性的表现。第一讲说过，理性虽然不是事事都应该用，也不能保证成功，但却是通向真理的最佳道路。

那么，什么是理性？这又是一个讨论不完的题目。不过，大致而言，理性，根据目的和领域，可以分为"认知的理性"——要符合客观事实，和"工具的理性"——就像在经济学中说的，指以最好方式、最大限度地实现个人目的。

认知的理性和讲道理的"合理性"概念很吻合，虽然两者应该有不同之处。大致地说，理性至少是需要讲道理，有方法和规则的。讲道理是什么意思？是不是说有道理都可以算数？即使 2018 年 9 月高铁上那位蛮横霸占别人座位的女士，也是有理由的：她买了票。显然，理由是有对错好坏的。一个认知，如果是合理的，需要有这样的好理由和推理：

客观的理由——通过多方实证求真，是第一要求
具体的理由——根据语境和具体条件才算理由
全面的理由——事实和价值的多方辩证、综合
发展的理由——面对不同和未来变化保持开放
谨慎的结论——结论必须合适，要和理由相配

概括地说，这里的精神是，在认知的范围，要寻求客观的理由，而不是情感，来解决问题；要勇于反思和抛弃自己的错误；要通过批判性的讨论来追求真理；要意识到，即使得到证实的知识，也是有局限、有可能错误的，它是通向更多真理的一个阶梯。

工具的理性，是实践行动的合理性，它的一个不同，是包含了人的主观因素和价值观念。我们将在第七讲来讨论它。这里先提一下：它也还是要以认知的合理性为基础。我拿伞还是不拿伞的决定，和有雨的判断的真假有关。真，是知

识也是追求利益的决策和行动的需要。

批判性思维的核心精神

可以将批判性思维的基本核心概括为开放理性精神,它有四大关键词:

求真:用客观的方法来追求客观的真理

公正:保持独立、中立性,排除偏见、偏向

反思:反省观念的根据和作用,对思考进行思考

开放:追求多样化和发展,对立批判是探索的最佳途径

2.1.2 论证:批判理性的载体和对象

现在我们来说明什么是论证。先从我们语言的基本构成开始。

句子

人们用句子来表达各种目的:

询问句:现在几点钟?什么时候开饭?

祈使、命令句:请把这份文件复印一下。让我们去海边游泳。

情感表达句:生日快乐!很高兴见到你!这件衣服真好看!

陈述句:现在正下雪。这个月的通货膨胀率是8%。有耕耘才有收获。

在这些类型的句子中,唯有陈述句是有真和假两种可能的句子,叫作有"真值"(即真和假的两个值)。比如我可以出门看看"现在正在下雪"是真还是假。但是,"现在几点钟?"这样的问句,不管回答是什么,都不能说它是真还是假。"让我们去海边游泳",是行动的提议(祈使句),做还是不做,都不是真和假的问题。

论证定义

因为论证一般是要论证一个观念是真的,那么,它应该是由有真值的陈述构成。所以,传统上就是这样定义论证。

传统定义:论证,是一组陈述句子,其中的一个陈述,是根据其他的陈述作

出的,我们将它们称为结论(或断言)和前提(或理由)。因此,论证的基本构成是:前提、结论和它们之间的推理关系:前提→结论。看这个例子:

> 现在外面在下雨,你听,下雨的滴答声。

这里用"下雨的滴答声"作为理由,来推断"现在外面在下雨"结论为真。

但是,传统的论证定义有一些不足,比如下面这句话,看起来应该是论证,但它的结论不是陈述,而是行动的提议(祈使句):

> 今天天气这么热!让我们去海边游泳吧!

它的理由"今天天气这么热",看起来是情感表达句,不是陈述,不过,把它看作表达"今天天气很热"的陈述,也不算错。有时,看起来不是陈述的句子,其实是表达陈述意思。有时,论证甚至不是用文字语言来表达的,比如广告中拿着牙膏露出洁白牙齿的美女图像。

扩展定义:所以,一些理论家提议将论证定义扩展,取消对理由和结论必须是陈述的要求,以适应更多论证类型。希契科克(David Hitchcock,2007)的论证定义比较受到认可:

> 论证是"断言—理由的复合体",它包括(1)作出结论,(2)提出前提,以及(3)用明显的或者隐含的推理词语,来表示结论是从前提推导得出的。

不管怎样定义,论证必须包含理由(前提),所以说,论证是理性的载体。又因为理由有好坏之分,需要批判的考察,所以,论证也是批判性思维分析、评估的主要对象。

2.1.3 论证和解释

我们还需要区分论证和解释。它们有时都使用"因为""所以"这样的连接词,但目标和功能是不同的。在讨论因果论证时,了解它们的区分,会有帮助。

现在我们知道,论证,是用理由来证明结论是真或者是合理的。比如:

  1) 对火车上霸座行为的罚款没什么用,因为霸座的人依然一个跟一个出现。

解释,则不同,它不关心结论是真或者合理,而是要指出它的原因。比如:

  2) 对火车上霸座行为的罚款没什么用,因为区区 200 块钱对谁都没有阻吓效果。

1) 是用霸座现象多的事实证明"对火车上霸座行为的罚款没什么用"这句话是真的,这是论证。但是在 2) 中,这句话已经被默认为真实,作者关心的是它的原因:"区区 200 块钱对谁都没有阻吓效果。"因此,2) 不是论证,而是一个"因果解释"。

因果解释不是论证,但它可以用来做一个论证的前提,帮助推导其他结论,比如,根据 2) 你或许会推断:如果罚款数不提高,霸座现象将还会不断发生。

因果解释也可以是一个论证的结论。比如,如果有人对 2) 这个因果解释不信服,认为霸座现象其实不是因为罚款低,而是对规则的不尊重心态。那么提出这个因果解释的人就要为它论证。比如他提出一个理由,"200 块钱相当于一些人一顿饭钱,他们不心疼",以此证明 2) 是真的。这就是进行"因果论证",即论证一个因果解释是真的。我们将在第七讲讨论它。

2.1.4 好论证的基本标准

作出论证,是达到理性的第一步,接下来的问题是:这个论证是否好、是否成功?

判断和建立一个好论证,这是批判性思维的中心任务。那么,什么是一个好论证?我们先看看基本标准。这里有两个例子,读者看看它们是不是好论证:

能上网搜寻信息的人都有辨别信息真假的能力　　　　　　（1）
李成能上网搜寻信息

所以,李成有辨别信息真假的能力

充足的锻炼会有助于健康　　　　　　　　　　　　　　　（2）
老李每天都游泳

所以他肯定会健康长寿。

读者可能已经感觉到,(1)不是好论证,主要原因是,它的前提可疑:上网搜寻信息,和辨别信息真假,这是两种不同的能力,虽然它们有些相关。要辨别信息真假,还需要分析、推理等能力,而搜寻网络信息时并不需要这些。

读者或许觉得(2)也不是好论证,这个感觉是对的。首先,即使两个前提是对的——姑且承认充足的锻炼会有助于健康,而且老李确实每天都游泳——这依然不足以支持结论说老李会"健康长寿",因为影响健康长寿的还有其他因素,比如饮食、疾病、灾害等,仅仅锻炼,是不能肯定保证会健康长寿的。所以,前提不能充分支持这个结论。

从这两个例子,我们可以看到,一个好的论证,至少要符合两个条件:

1) 前提的条件:前提真或者可以接受
2) 推理的条件:前提对结论的支持充分

前提不真,论证没有价值(虽然并不表明结论一定假)。这是好论证的第一道安检门。

推理的条件,依据推理类型不同而变化。对演绎逻辑的推理,"支持充分"的意思,指不可能从真前提中得出错结论的"有效性"。对归纳、实践的推理,"充分"指结论具有高概率或是最好的。我们将在第六讲和第七讲中说明这样的意思。

2.1.5　批判性思维的好论证：辩证和发展的实证

不过，批判性思维在分析评价论证时，不仅仅考虑前提和推理两个方面。论证，反映人对问题的认识，这个认识有历史，有多个侧面，并且继续发展着。所以，论证，是在社会实践中运行的"动态综合体"，是历史长河中的一个个浪花，它们是由河流的走向、动力、其他浪花等来推动的。这就是说，论证还依赖于别的因素，评价它的好坏时，要考虑更多。

比如，上面的例子(2)，其实还有其他问题。"充足的锻炼会有助于健康"这个前提中，"充足"一词有模糊性：什么程度的锻炼算作充足的？因为这一点没有清楚具体的标准，那么，我们在判断"老李每天都游泳"是否属于"充足"这个范围时，就出现了困难。因为"老李每天都游泳"这句话中没有关于多长时间、多大运动量的信息，我们难以知道，老李游泳到底是真正的出汗的锻炼，还是在热水池里泡了一阵子而已。所以，因为这样的模糊性和信息的缺乏，"老李每天都游泳"有可能不在"充足的锻炼"范围内。这样一来，两个前提说的就不是一件事，它们不相关，因而不能一起推导出结论来。可见，论证的概念性质不能忽视。

所以，从传统的逻辑观点看，论证的构成是表达出来的"前提—推理—结论"，但实际的论证是一个全面、动态构成：它涉及的因素包括主题和问题、观点和立场、意图和目的、事实和理由、假定和背景、含义和后果、解释和推理、语言和概念、强度和范围等。它们很多不在论证的表达中浮现，却是桥墩的水下部分。谁也不能说它们不重要。

可见，除了对主题和问题的分析，批判性思维对论证的评估至少还要考察五大方面的因素：概念、证据、推导、假设、辩证。批判性思维的好论证，指的是辩证、综合和发展的论证。

2.1.6　批判性思维的过程：思维图

为了描述批判性思维的全貌，恩尼斯和希契科克（Hitchcock, 2011）都提出了批判性思维的"思维图"。将它们综合起来，可以表述为这样的八大步骤或任务：

- 理解主题问题：理解论证涉及的论题、关键问题、立场和论点
- 分析论证结构：辨别和分析论证及其结构
- 澄清语言意义：澄清观念意义，定义关键词
- 审查理由质量：分析和综合所有可能得到的信息，评估它们的真假或可接受性
- 评价推理关系：清理和评价推理关系，审视它们的相关性和充足性
- 挖掘隐含假设：挖掘和考问隐含前提、假设、含义和后果
- 考察替代论证：创造、考察不同的观点、论证和结论，进行竞争、比较、排除
- 综合组织判断：综合各方论证的优点，形成一个全面和合适的结论

我们用这样的"思维图"概括批判性思维的任务和过程（董毓，2017a 第 2 章 第 2.3 节）：

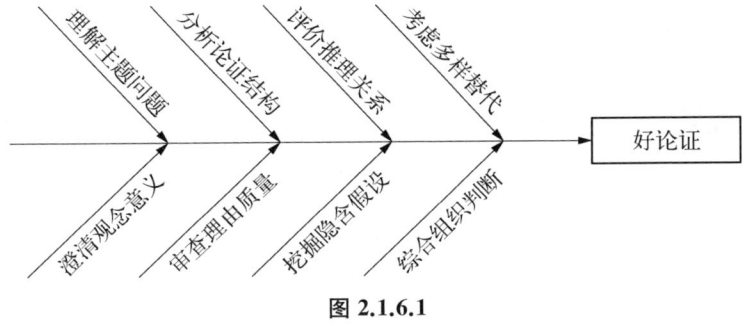

图 2.1.6.1

这个思维图，相当于批判性思维的"元素周期表"。它说明，批判性思维是探究和实证。探究从理解和分析问题开始，紧接着就是全面收集各方信息，包括：一、各方的观点和论证；二、可能的新事实。这样探究的目的，就是根据信息来对各方观点的基础和推理做全身检测。

所以，搜集了已有观点和论证，就要对它们进行论证分析。然后，根据"全身检测"的要求，进行评估论证的五大任务：澄清概念，审查信息的质量，评价推理的合理性，辨认隐含假设，构造和考察替代、对立的论证。根据这些对立论证的

比较和综合,得出最后的判断和论证。这是探究实证过程的落地之处,其成果是一个实际、辩证和综合的好论证。

换句话说,"探究实证",是批判性思维的开放理性精神的实践和表现。

在这个探究实证途径中,这些任务的先后顺序并不是一定的。它们可以变动、交替和重复。比如考察语言意义,其实从理解主题和分析论证时就开始。考察替代、对立的观点和论证的工作,很可能会和考察信息质量、推理和假说的工作交织进行。所以,这个思维图,更应该看作一个任务单,而不是严格的工作程序。

这个思维图,既是分析他人的论证的工具,也是构造我们自己的论证的指南。

如第一讲所说,批判性思维是理性认知和决策的精髓。也就是说,好的学术研究、决策、问题求解等,必然包含这个思维图展示的各要素。想想,可靠的研究需不需要讨论对立的论证?谨慎的决策需不需要斟酌替代方案?有效的问题求解需不需要分析、推理和评估?

本书下面各讲的内容,就是一一叙述每一个任务的原理和方法。

2.2　探究实证:从问题开始

探究和实证,始于问题。提出和分析问题,是认识的起点。好的起点,引导好的认知。

2.2.1　什么是好的探究问题

人们常说,"提出问题比解决问题更重要",那么,什么是如此重要的"问题"呢?

问题

讨论自然应该从"问题是什么"这个问题开始。然而,这本身就是一个难问题。不过,好在这里不需要细致的哲学性的讨论。按照通常理解,"问题"这个词,很多时候是指存在一种未知、不确定状态,包括对现象及其原因和机制的未知,对思想或行为的目的、理由、后果的不理解等。有的时候,问题是指对一个论题有争论或不同意见。还有的时候,它是生活实践中未解决的疑难,或者是行动决策所面临的挑战等。自然,这样列举并没有穷尽问题的类型,不过,因为我们讨论的对象范围主要是探究性的问题,这些了解足以让我们起步。

好问题

那么,什么是一个好问题?

因为这里讨论的范围是探究性问题,且让我们多用学术和科学研究做例子。我们常见到科学家说,好问题对认识和创新发展很关键,"提出好问题就解决了问题的一半"。但是,他们为什么这么说?到底什么是这样重要的"好问题"?

还是让我们从常识入手。一个显然的现象是,问题不等于都是好问题。"你早上吃什么?""你几岁了?"这些一般不是好问题。因为它们只需要简单了解,给出简单回答即可,不需要很多思考,不需要研究。许多关于事实的问题,虽然必要,但是有简单和确定答案,没有什么值得探究的。所以,好的探究性问题,首先"需要"研究,不研究不会知道答案;还要"值得"研究:知道答案会有助于认识或行动。而且,问题要可以研究才行。这意味着问题要清楚具体,让人知道说的是什么,不然无法知道要研究什么。研究还应该是研究者力所能及的,"意识是什么",且不说抽象,还是没有完成日期的,一个中学生当然不能去研究它。

好的探究性问题的共同点

根据这样的思考,可以概括说,好的探究性问题应该有这样一些性质:

1) 是研究者关心的议题,甚至有趣。
2) 值得研究:有意义,有新意。或者填补知识空白、解决实际疑难、检验已有理论、理解现象的机制和原因、对现有争论新思考等。
3) 可以合理讨论:可以有不同观点,可以根据客观证据理性讨论,不是完全主观爱好问题。
4) 能够研究:可以在自己的时间、能力和资源的范围内完成。
5) 具体:不空洞抽象,也不是太大、太多中心点和变量;问题的焦点应该只有一个。

6) 也不要太小、太简单,变成简单的事实性、"是"或"不是"的封闭性问题,没有探究的空间。要有丰富性,麻雀虽小,但五脏俱全。

7) 表达清楚:明确了问题的具体焦点和目标,没有模糊、歧义性。

8) 对探究的目标、对象、范围和方法具有指示性、界定性。(董毓,2017a 第 2.4 节)

当然,这些并不是好探究性问题的全部性质或标准。特别要注意的是,"好问题"是相对于对象、条件、需要、历史而变的。"我早上吃的什么",这不是一个好问题,不重要,知道了无关紧要,但是,如果是有助于诊断腹泻,它可以是一个好问题。"你多大了",如果是问经常卷入个人意气冲突的特朗普总统,重要性就不一样了。语境可以改变问题的意义和重要性。而且,判断一个探究对象问题的好坏,除了上面的八项标准,还应该包含对它的目的、内容等方面的考察。下面是根据问题的目的和内容来做的一些分类,问题的类型和它的好坏有一定关系。

问题类型和探究性的关系

前面已经说过,"是什么"的事实性、有简单明确答案的问题,一般不具有深入探究的价值,但是,如上所述,在一些语境中,它们的重要性和作用可能改变。

"如何""为何"的问题:探索现象的条件、机制、原因和进展方式。和"是什么"的问题相比,它们更具有探究性,可以是深入认识的起点。比如,"为什么在经济萧条的时候高度酒反而比便宜的啤酒销量好?",这样的问题或可以引导出一个可检验的假说,然后通过检验,得出正或反的有新意的结论。

事物的关系问题:比较事物之间的相似和不同,将不同因素联系起来,发现新关系和机制。这样的问题常常会打开新的思想。比如,"初中一年级学生的早餐的热量对他们的数学成绩有什么作用?""一个城市的租房比例和该市的就业率有什么关系?"这样的问题还会启示研究的焦点、方向、边界和步骤,指示收集数据的范围和研究的方法。正因为这样的问题本身可能启示新的关系、指引研究的方向,所以,人们说,"提出问题比解决问题更重要"。

问题还可以按其他方式分类,比如,现实性问题和假想性问题。假想性问题：比如，如果人不用吃饭，生活将出现什么变化？老虎如果有人的智力，会出现什么情况？揭示事物的新面貌或者将不同因素联系起来的问题，不少是通过假想性问题提出来的，它们有可能导致新思维、新发明。喜欢提出假想性问题，是有创新思维素质的表现。

问题还可以分为描述性和价值性的。描述性问题，包括对客观事实本身和对它们原因的描述，比如，三峡大坝是否导致长江中下游干旱？价值性问题较为复杂，比如，"我们应该取消死刑吗？"它涉及对罪犯和受害者生命价值的判断，个人会有不同偏重看法。如果问题变成纯粹个人爱好、主观意愿的事情，就像喜不喜欢吃肥肉一样，就没有办法客观判断对错。但如果它们是可以基于事实来进行的合理讨论，那么也可以成为好的探究性问题。

2.2.2 如何分析问题

现在可知，好的探究性问题，不是简单问题。它有内容，有构成，有下一层次的子问题。只有分析出问题的构成和它的子问题，才能了解它的实质、焦点、范围等，才能了解哪一个问题有价值，哪一个是关键，从而帮助研究和解决。如俗话说，"胡子眉毛一把抓"不能解决问题。

所以，要明确、研究和解决问题，都需要先分析问题。人们一再说要培养"解决问题的能力"，但并非都清楚它到底指什么，其实，它就是以分析问题为首的批判性思维能力（见 1.3.3 节）。

那么，如何分析问题？分析，首先指分解构成和关系。一般而言，问题有"对象"和"认知"两个方面的构成和关系。比如，"引力波存在吗？""北京的雾霾是怎么形成的？"，这些问题自然有关于其对象"引力波""雾霾"等方面的构成，所谓分析问题，当然要分析问题的对象的构成。

另外，问题又是认知发展的产物，没有人的实践和观念的发展，引力波或者雾霾等事物、现象不会成为问题。所以，问题也可反映人类认知的状态，比如，雾霾问题的认知来源、背景，对它的争论，对它认识、判断的好坏等。分析这些构成，也会有助于认识问题。

可见，问题有多维的构成，它们可以分为对象和认识两个方面。完整地分析问题,要把两方面的各种性质都包括进来。

问题的对象

分析问题先要分析其客观对象构成,主要包括:

1.1 内在构成元素及其关系
1.2 特征和不同状态的属性
1.3 原因和机制
1.4 存在、运行的方式和规律
1.5 和各类外部因素的相互作用
1.6 上述各方面的时间性和演化过程等

问题的认知性质

问题的认知性质的分析,主要包括这样的方面:

2.1 问题的概念、表达、形式和类型
2.2 立体性:问题的背景、语境、隐含假设,以及与相关观念的关系
2.3 时态性:问题和相关观念的过去、现在和发展
2.4 问题的判断和类型决定的所需论证性质(相应的信息和推理)
2.5 不同观点和视角:对立、替代的解释和论证
2.6 主观因素,特别是价值观念等

应该指出,"对象性质"和"认知性质"的二元划分,有相对性。因为关于"对象性质"的谈论,本身也是认知。所以"二元"两者其实都是知识,而且息息相关。这样的划分,主要是对知识的类别、范围和层次的划分,以方便讨论。简单地说,分析问题,是对问题的对象知识和相关思考的反思。

2.2.3 全面探索问题:二元分析法

我们用图 2.2.3.1 来总结、概括上面论述的二元问题分析原理:

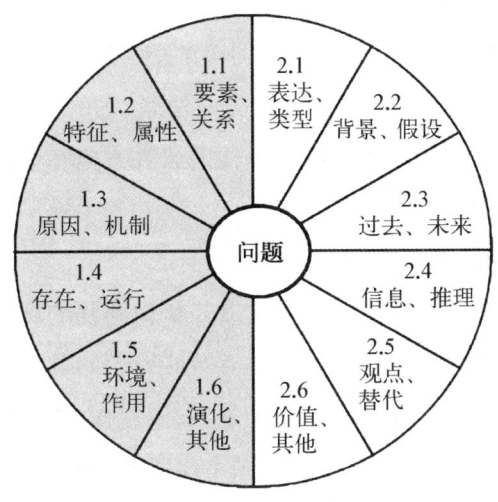

图 2.2.3.1 二元问题分析法

就是说,为了理解和明确问题,应该按照这样两组共 12 维的范畴,分析了解问题的内涵和特征。这也是将问题分解,形成小的子问题的方向,以及解决问题的思考的方向。下面简略叙述这个问题分析法对提出、研究和解决问题的作用。(更详细讨论见:董毓,2018)

通过分析来完善问题的提出

对世界、社会和人的认知问题,可以来自多种渠道和方式,比如现实的热点、个人的经历和观察、阅读、学术争论等。思想和实践的交织,是产生有意义的问题的主要方式。

在研究中,人们是从已有的知识和讨论开始的。你可以从选择一个感兴趣的一般性主题开始,比如中国的计划生育政策、中国高等教育的改革等。你会先广泛阅读和调查,了解已有的研究和争论,缩小你关注的范围,再看看有什么感兴趣的问题浮现。

有了对主题的历史和现状的了解,你可以开始问"如何""为何"的问题,比如 20 世纪 80 年代的计划生育国策是如何提出的?为何中国批判性思维教育还没有全面开展起来?在什么原因和条件下教育改革推动近十年来的扩招?等等。

像这样初步形成了探究性问题后,就要对它进行分析和考察。先看看它是否符合好问题的性质。比如它是不是太简单的事实性问题,它的构成如何,它是不是现有争论或认识进程中的一个有意义的发展,它的要点和目的是否得到清楚的定义和表达,它是否具体并指向了具体的研究方向和范围,我们是否有研究的潜力和完成的可能等。

问题分析指导问题的确定和求解

然后,分析问题的二元多维构成。这既是认识问题的做法,也是完善问题的手段。如果问题不明确不具体不实际,就有"伪问题"的危险。通过二元分析,我们了解到问题的具体语境、类型、要素、关系、发展过程、条件和包含的假设、不同观点、相关的价值观因素等。那么,对问题本质和原因的确定,就会清晰、具体和实际。不好的问题也可以改造成一个好问题。

正确的提出和理解问题,是分析问题的一个前提。分析问题对研究问题和解决问题是关键的。正是因为通过对问题进行这样全面的分析,找到了尽可能多的情境和构成要素,就会极大地帮助寻找问题产生的原因。找原因,常常是对问题的构成因素在实践过程中的作用的辨别,因素找得越全,就越可能成功。

北京雾霾的治理,就是基于对问题对象构成的分析。报道称,研究者建立了关于雾霾的原因和机制模型,找到了其构成和来源。比如雾霾中的硫酸盐来自燃煤排放,硝酸盐主要来自机动车排放。对雾霾的解析发现,"北京市全年PM2.5来源中区域传输贡献约占 $28\%\sim36\%$,本地污染排放贡献占$64\%\sim72\%$。在本地污染贡献中,机动车、燃煤、工业生产、扬尘为主要来源……"正是以此为依据,北京对燃煤、机动车和相关企业进行改造,"精准治理大气污染"。"实践证明,PM2.5来源解析分析是改善空气质量的强有力的手段。"(北京市环保局,2014)

自然,在许多情况下,找问题的原因,会更复杂。但是,不管怎样复杂,寻找原因的各种方法,比如 Kepner-Tregoe 分析法,都是从分析问题开始。这是必然的。分析问题,目的就是尽可能包括产生这个问题的可能因素,然后以此为据来收集信息,辨别因素的行为和影响,对因素进行不同的分类、组合、排除,考察它们相互间的共性、关系,考察它们依赖的外部要素,考察它们的变化可能导致的系统变化等等，从而分析出原因来。

在第五讲，我们将用实例表明，在判断、决策中，为了保证收集的信息全面，就要根据对象的类型、构成、关系、背景、结论、时间、观点角度等来搜寻。这些正是上面所叙述的问题的分析维度。这就是说，二元问题分析法，也是研究问题的信息收集方案。

而且，这样的问题分析，也是创新的来源。一旦得到问题构成要素单，就能一一变换它们（用假想推理），看其对与之关联的因素和系统的影响，或者对它们每一个做深入研究，这样多维、多方向思考的结合，可能产生新发现。我们会在第九讲论述这一作用。

2.2.4 问题分析案例

现在举一个假想的例子，说明二元问题分析帮助构成子问题集合，以推动实证的研究。

问题分析对问题解决过程的指导作用是自始至终的。在形成解决方案、得到判断或决策、提出科学假设后，对它们的评估，也要沿着问题分析的维度来进行。假想：有人报告，和现有的假说不同，他提出了一个关于引力波存在的新假设，并得到证实。如何评价这个假说和他说的证实？

正确的方法就是分解这个评价假说和证实的问题，变成一个个具体的子问题，对假说的构成、含义和证实的各个方面发问。第一组问题自然是关于对象的要素、属性的构成问题，因果机制问题，它和其他物质形式和运动的关系和相互作用问题等。第二组问题是针对假说的概念和含义、解释和推理、证据、精确性、背景假设、和现有知识的一致性等认知问题。

所以，我们就这样根据二元分析的各维度，来构造相应子问题，来对"引力波存在的假说被证实"的假想问题进行讨论。

下面是这些子问题的例子（每一种仅列出一两个）：

对象方面的：

- 构成问题（假说描述的引力波的要素和属性是什么？）

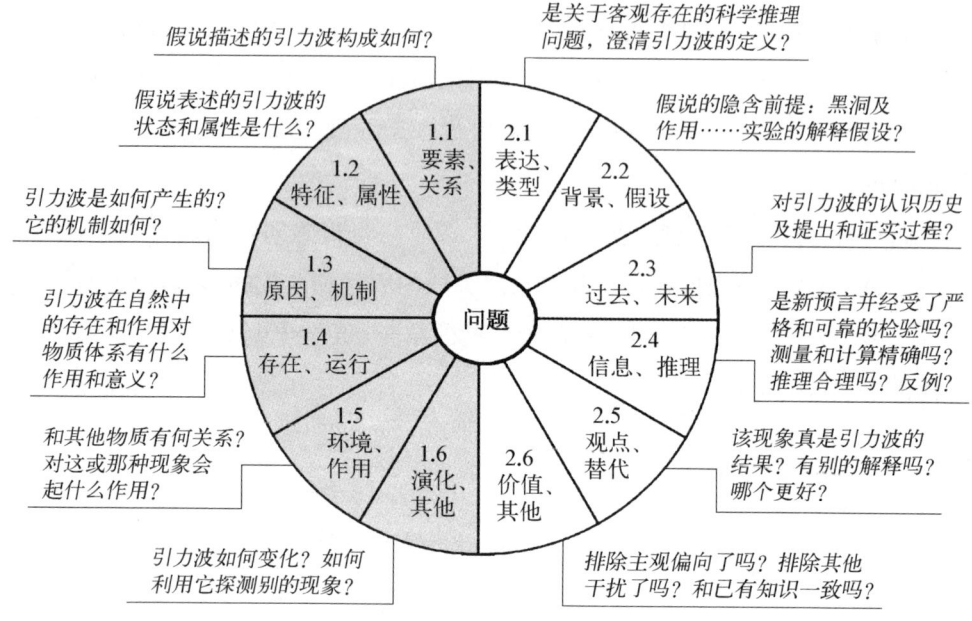

图 2.2.4.1

- 因果机制问题（引力波是如何产生的？）
- 过程问题（引力波如何传播和作用？）
- 其他关系、作用问题（和其他物质有何关系？对其他现象会起什么样的作用？）
- 应用问题（如何将它运用在其他领域？）等

认知方面的：

- 概念和阐明问题（假说是如何定义引力波的？）
- 解释问题（该现象真是引力波的结果？有别的解释吗？哪个更好？）
- 证据问题（是新预言并经受了严格、可靠的检验吗？）
- 精确性问题（测量和计算精确吗？）
- 推理问题（证明引力波的推理相关、充分，有反例吗？）
- 背景假设问题（证据的隐含前提？实验的解释根据？）
- 整合问题（和其他有关知识一致吗？）等

思考题

1. 批判性思维的思维图给你提供了什么信息?
2. 用你的语言说明,"合理"的认知是什么?
3. 试叙述对"好问题"和"问题分析法"的理解。
4. 概括地讲,批判性思维的作用包括哪些大的方面?
5. 为什么"探究和实证"被看作批判性思维开放理性的实现过程?
6. 下面哪些是论证?

    1) 每个学校都应该组织一支足球队。

    2) 电视剧《金婚》表达了中国普通人在几十年的时代变迁中的生活和命运。

    3) 维生素 C 可以防止感冒。一个诺贝尔奖获得者说的。

    4) 请把这份文件复印一份。

    5) 老板对我不高兴,因为我没有听他的。

    6) 老板对我不高兴,因为他整天都没有对我有个笑脸。

7. 请简述:批判性思维的论证和好论证应该是什么样的?
8. 尝试评价下面的探究性问题

    1) 人的骨质疏松问题和居住地的湿度有关吗?

    2) 电影《功夫熊猫》值得看吗?

    3) 哪个商店的这种风格的家具更物美价廉?

    4) 南极的冰层下面有外星人到过地球的信息吗?

    5) 为什么青藏高原有海洋生物的化石?

    6) 选择手机屏幕背景颜色的深浅和人的性格有关吗?

    7) 如果刚工作的青年借 200 万买房,应该怎样来考虑他不能还贷的风险?

    8) 如果将小学的后门改为正门,这样对它现在面对的街道的堵塞有什么缓解作用?

    9) 凭什么强迫马戏团的动物为人类表演?

    10) 苹果手机更受什么样的同学青睐?为什么?

9. 下面这些探究性问题你喜欢哪些,为什么?
   1) 什么是三农(农村、农民、农业)问题?
   2) 什么是改革开放以来河南新乡地区大邑村的三农问题?
   3) 改革开放以来河南新乡大邑村的三农问题是怎样形成的?
   4) 河南新乡的城市化是怎样影响大邑村的三农问题的发展的?
   5) 假若新乡的电子加工产业升级,大邑村的三农问题将会怎样变化?
10. 如果你准备考察一个你喜欢的职业的前景,你将怎么全面了解有关它的信息?
11. 假如你要访问一位你喜欢的音乐家,你准备提些什么有趣、有意义的问题?
12. 如果有一个"中国的粮食短缺问题"研讨会,你准备提什么样的问题?
13. 尝试用问题分析法,从这个问题中分析、提炼出一个你觉得能研究的问题:大学教育改革提高了学生学习能力吗?

第三讲
批判性阅读和论证分析

> **学习目标：**
> 1. 理解批判性阅读两大阶段的目标、立场、方法和在各学科中的运用
> 2. 掌握从理解到评估和发展的五大方面的问题
> 3. 能运用标志词句、目的等线索来辨别论证，并能进行论证标准化
> 4. 能有意识去搜寻、辨认论证的隐含成分
> 5. 能够开始用树式图来表达论证结构
> 6. 了解图尔敏模式的优点及其探究性、辩证性意义

3.1 批判性阅读

探究实证的道路上，在问题分析之后，就是收集相关信息，包括了解现有的各方观点和论证，那么这就需要对它们进行批判性阅读和论证分析。

3.1.1 真正知识来自理解

读书和实践，是认识的两足。缺乏任何一足，就不会有真的知识，更不会创

造知识。

所以,读书很重要。但是,并非所有的读书,都能帮助产生认知和创造。死记硬背的"知识",虽然能通过考试,但是没有成为真正的能力,产生所谓"高分低能"现象。

那么什么才算真正的知识呢?至少,它必须包括理解,没有理解,不能算有认识。不懂,就不知道知识为什么真、如何证明是真的。而且,只有能理解才可能发展认识。只有懂,才能举一反三,才能发现问题,才能变通和发展。

那么,什么是理解?什么是读懂?这就是不仅"知其然",而且"知其所以然":知道观点,而且知道为什么有这样的观点;知道科学原理,而且知道它的因果作用的机制和论证。

这就是"批判性阅读"的目标。读懂,是批判性阅读的第一目的和步骤。懂,就是懂论证、懂作用机制。

3.1.2 批判性阅读目标和阶段

文章种类很多,比如有报道的、叙事的、抒情的、学术的和论证的等。对它们的批判性阅读会有所差别,这里主要针对学术性、论证性的文本。

批判性阅读有两大目的、两大阶段。

第一阶段是理解地读。它的目的是理解;立足点是站在作者的立场,和作者对话;任务是先了解作者的立场、观点和结论,然后追寻作者的理由和推断,了解他为什么这么说。这个理解过程,简单地说,就是寻找作者的论证。

第二阶段是批判地读。它的目的是评判找出的论证,可能的话,改善论证,或者发展自己的观点和论证。这时候,立足点是自己的,要跳出原来作者的立场,进行自主思考。就是说,批判地读,是在第一阶段的理解基础上,对论证进行质疑、评价和发展。

具体的阅读做法有"通读"和"精读"之分。通读是必要的准备工作,要了解文章全貌和类型、议题和问题及其背景、作者的资格、证据来源的可靠性等。精读,是分析和评估论证,理解和发展的两个阶段主要在精读中完成。精读是细读,边读要边做标注、笔记、概括、提问、评论等。

下面对两个阶段的阅读做一些说明。

3.1.3 批判性阅读：一、理解

上面说过，在进入精读之前，读者应通读全文，这个时候要了解：

- 作者、出版者、日期（作者资格、出版者信誉、文章的新旧）等。
- 作者立场、资料来源、研究资助（偏向影响）等。
- 论题相关背景信息（问题起源、争议）等。

不要错过这些了解，它们对评估信息的可信性和论证的全面性很有必要。

接下来是精读，进入批判性阅读的第一阶段。这是和作者对话，发现论证：他的结论和根据何在？这包括做这样的事情：

- 明确文章主题、问题和主要论点。
- 确定关键概念的清晰性。
- 做标注和笔记：标出关键概念、证据、结论、评论、疑问。
- 作出概括，表述作者的论证。

注意，在这一阶段，客观中立性是基准，阅读者要超越自己的爱恨和观念偏向，要防止自己的先入之见（希望读者已经反思过自我）。要从作者的语境和思路来理解文本中的观点和论证。就是说，要具有"学术性"的尊重的态度，对作者进行客观、历史性的理解。

3.1.4 批判性阅读：二、评判和发展

一旦找出作者的论证，完成了理解，就要进入第二阶段，对论证进行评判，并寻找发展自己观点和论证的可能。当然，两个阅读阶段在实际过程中可以是交错合并的，比如在寻找论证时对证据提出疑问甚至反驳，就是评判。两个阶段的区分是相对的。

评判和发展,主要是评估论证:它说服了你吗?为什么?

评估论证的工作,是围绕论证的前提—推理—结论的构成来进行,那么这至少有五个方面的任务,如批判性思维路线图包括的:澄清概念,判断理由真假,评价推理合理性,辨别和判断隐含假设,考察替代、对立的思考,最后,根据各种论证竞争的情况下综合得出最佳的判断。就是进行概念、证据、推理、假设、辩证五方面的质疑,最后对论证的好坏作出整体的判断。

对论证的评估,可以表达为这五个方面的问题,比如:

- 这个词定义是什么?
- 这个事实准确吗?
- 这个理由有没有真实的例子?
- 这个情况有例外吗?
- 这个原则在另一个情况下如何,比如……
- 这个理由真能推断出这个结论吗?
- 这里隐含着什么前提或者意义?
- 有反例或者不同观点吗?

对这些问题的回答,构成对该论证的整体判断,也是发展该论证或者你自己的观点和论证。比如原论证如果证据被判为不真,或者假设没有可靠根据,或者有反例,那么你会从这些问题中看到修补论证的着眼点,或者是发展自己的立场和论证的立足点。

所以提出这五类问题并予以回答,既是评估的依据,又是从评估到发展自主观点的桥梁。

3.1.5　怎样批判性阅读科学技术知识

理解—评估—发展的批判性阅读,也是科技发展的方式。日本即以理解—改进—发展他人的科技产品的方式而著名。要理解科学技术,可以从历史、推理、应用和变化四个角度来问问题:

了解知识的背景和根据：

- 产生它的问题和背景是什么？
- 发现、发明它的历史过程是怎样的？
- 推导它的证据、理论依据和假设是什么？
- 它有什么思考和方法上的独特之处？

理解知识的机制和运用：

- 它适用的范围和条件是什么？它针对什么类型的问题？
- 它解决问题的机制是什么？它的效用如何？
- 这个机制每一主要环节起作用的证据和原理是什么？
- 这个原则在另一个情况下如何，比如……
- 如果这样变化一下前提、条件或情境，它会怎么变化？

评估和质疑知识：

- 为什么它比竞争的理论或者解决方案好？
- 它的理由真能推断出这个结论吗？它的前提真稳固吗？
- 它的隐含前提或者假设是什么？它们是真实的吗？
- 它使用的情况有例外和局限吗？它有低效、无效的时候吗？
- 对它有反例或不同观点吗？它最可能出错的地方是什么？
- 可以分解它的构成和作用并相应提出质疑问题吗？

发展：

- 能解决现有知识或技术的不足，发展出更好的知识或者解决方案吗？

在进行科学和工程教学时，问这些问题，就是运用批判性阅读方法来培育思维能力。

3.2 论证分析

批判性阅读主要是辨别、分析和评估论证，这代表学习和创造知识的必要环节。了解如何辨别和分析论证，是一项基本功。那么，我们来学习辨别、分析论证的一些做法。

3.2.1 如何发现一个论证

从定义知道：论证是理由和结论复合体，理由用来导出结论，它的基本要素：(1) 理由（前提）；(2) 结论；(3) 推理关系。

辨别一篇文章或者一段话中有没有论证，如果有的话，辨认它的前提和结论，和它们之间的推导关系，这是辨认论证的工作。不能辨认出论证，就不能理解和评估。

常用的辨别论证的办法，是检视可能有论证的语言和语境，根据这样一些标志来寻找：

1) 句子的类型和数量

根据传统定义，论证由有真值的陈述组成，陈述是表达事实或者观念的句子。"请把他的微信转给我"是指令句子，就不能构成论证。不过，我们知道，扩大的定义不再这样严格要求。

一个陈述也不能构成论证。有人说，"如果运动不足，那么体质不会好"，这是论证吗？这要看它是一个陈述还是两个陈述。它好像讲了运动和体质，看起来是两件事情，其实，条件句虽然有前件（运动不足）和后件（体质不会好）两部分，但它的关注点既不是运动不足，也不是体质不好，而是指两者之间有"一种关系"。所以，条件句说的是一件事，而不是两件事，它其实是一个陈述，那么它就不是论证。

2) 表示理由、推理和结论的语词标志

用表示理由、结论的词来找论证。表示理由的词如：因为……；由于……；根据……；理由是……

> 你当然是成年人，因为你的身份证上显示你已经18岁了。

表示结论的词，比如：因而……；可以推测……；结论是……；结果是……；那么……；以此可以知道……；这就证明了……

中国教育缺乏社会实践锻炼,可以推测中国大学生创业成功率要更低。

表示推理状态的模态词,比如:应该、肯定、一定、或许、不可能、必然……

你只知道吃。你不可能有更高的追求。

3) 作者的意图

一段文章是不是论证,根本的还是要看作者的意图。作者是不是想使你相信接受什么观点,证明什么事实,这是论证的出发点。关于2016年美国总统候选人希拉里,当时有人断言:

希拉里·克林顿的总统梦不会实现。自从1836年以来,连任两届的民主党总统之后的民主党候选人均未能成功当选,而且2016年是选民渴求大变的一年,历史在和她作对。

虽然这段话中没有一个标志理由、结论的词,根据意思,它却隐含着一个论证。结论是希拉里当不上总统。理由是:历史上,民主党从未在连任两届总统后,还有人再当总统;再就是选民希望改变现状(这里隐含着希拉里是维持现状的人),这代表她违反了历史的趋势。

4) 从结论向上追寻理由的方法

一个常用和有效的做法,是先抓住作者的意图和结论,然后一步步寻找支持它的直接理由。在这个寻找中,不断地询问这个问题(可称之为"理由问题")"有什么理由能使我接受这个断言?"以此找到直接支持结论的理由;然后针对这个直接理由,再问这个理由问题,找到支持这个理由的理由,步步推进,直到达到作者给出的最初理由为止。

上面的例子中,结论是希拉里将当不上总统,直接理由是,她不符合历史潮流。那么这个理由的理由又是什么?是民主党连任两届之后,没有人再胜选,和选民求变的两个事实。

5) 运用理解、判断和想象

发现论证,有时需要反复阅读文章,细致考察文字和语境的内容才能完全理解。有时还需要推理和想象的帮助,把原来要表达的含义提取出来。有时需要补充原文中没有明说但隐含了的意思,帮它加上需要的前提。

比如上面的例子,作者说了民主党连任两届之后没有人再胜选和选民求变的两个事实,然后断定希拉里肯定当不上总统。为什么?不难感觉到,这里还有依据没有说出来,一个是希拉里是连任两届的民主党总统奥巴马后的民主党候选人,另一个是希拉里被选民认为不是一个带来大变化的人。这两个事实也是论证需要的理由,但没有明说出来,我们指这样的理由为隐含前提。在理解论证时,它们经常是需要补充进来的。下面将对这一点做更多叙述。

3.2.2　论证标准化表达

论证的标准化表达

在实际中,论证表达方式变化很多。比如,很多人喜欢先说结论,再说理由;一些人不喜欢用大家都明白的平铺直叙的陈述句,而是加上文学修辞感情表达。有时一个陈述被表达成多个句子甚至支离破碎。还有上面提到的隐含前提,它们本身是论证需要的前提,却没有表达出来。还有的情况是论证中包括多余的词句。这些使人迷惑,看不到论证的结构。

因此,为了清楚理解,我们有时会把论证"标准化"。标准化,就是尽量把复杂的句子变成简单的陈述句,把论证按照"前提—结论"的顺序重新安排,把隐含的前提或结论找出来,把多余的成分去掉,帮助显露论证的结构。所以标准化包括抽取、改写、补充、取舍和翻译的工作。

忠实原意和宽容原则

在标准化时,要遵守两个重要原则:一要忠实原意,重构论证是表达作者在文章中表达出来的意思,不要加上原文并不隐含的成分,更不要加上作者不能接受的成分。二是宽容原则,在原意不清楚的情况下,要按最合理的意思来重构论证,不要假设作者是笨人、不合理的人。

论证的标准化例子

1) 张敏马上就到,因为她天天都按时上课

这个论证的理由在后,结论在前,标准化将把后面的理由放在前面,在最后结论之前加上"所以"对文字做一点小的调整,使之更清楚,如果用竖式表达,可以是这样:

张敏天天都按时上课
——————————————
所以,张敏马上就到

2) 谁说全球变暖是科学家发明的神话?你没有感到这些年来夏天温度一年比一年难熬?

这是问句和反问构成的话,按传统定义,不是论证,但是它的意思很清楚,并可以用陈述表达出来,我们不妨翻译一下,改成这个样子:

我们感到这些年来夏天温度一年比一年难熬
——————————————————————
所以,全球变暖不是科学家发明的神话

3) 每天只需要1克钠就满足人体的需要,但人们每天平均吃了含5~15克钠的盐。

这是个论证吗?好像它没有结论呢。不过,我们不能仅仅根据说出来的句子来判断,有时需要考虑它隐含的成分,并表达出来。这里的结论虽然没有说,但是呼之欲出:"人们吃了太多的盐。"所以,让我们把这个结论加在标准化中,并用括号表示它是隐含的:

每人每天只需要1克钠就满足人体的需要
人们每天平均吃了含5~15克钠的盐
────────────────────────────
（所以，人们吃了太多的盐）

4）既然菠萝汁是水果饮料，它也含有添加的糖分

按照这个论证表达出来的句子和顺序，是一个前提和一个结论，不过，你可能觉得有点不满足，因为很明显的问题是，凭什么说既然菠萝汁是水果饮料，它也含有附加的糖分？除非原作者有"水果饮料都含有附加的糖分"的意思，不然就不能这么说。其实，即使作者不一定有这个意思，要使这个推导成立，也需要这样的前提。那么，我们加上：

（水果饮料都含有添加的糖分）
菠萝汁是水果饮料
────────────────────────────
所以，菠萝汁也含有添加的糖分

5）如果这不是最好的宇宙航行的游戏的话，那么就是我的客厅正在天上飞。

说这个话的人，看来正在客厅里玩游戏，而且很陶醉，不过，他是什么意思？估计他不会真相信自己的客厅在飞。那么，他的意思就是另一种可能：这个宇宙航行的游戏真棒，使他感到像飞一样。可以有两种标准化他的推理的方式，一种是他通过（隐含地）否定条件句的后项，从而（也是隐含地）得到对条件句的前项的否定。另一种是认为他其实是这样推理：只有A和B两种可能的话，如果B不可能，那么只有A的可能，下面是这两种标准化：

如果这不是最好的宇宙航行的游戏，那么就是我的客厅正在天上飞　　(1)

(我的客厅没有在天上飞)

(所以,这是最好的宇宙航行的游戏)

或者这是最好的宇宙航行的游戏,或者是我的客厅正在天上飞　　(2)
(我的客厅没有在天上飞)

(所以,这是最好的宇宙航行的游戏)

从这个例子可以知道,标准化时,解释和表达可能不止一种,而且都可能合理。

3.2.3 论证的基本结构

不过,这样标准化,还没有表达前提和结论之间一些关系性质。为了这个目的,我们有时运用画论证结构图的做法。论证的基本结构有三种。

1) 单前提结构

这是论证的最基本的三要素本身:一前提一结论的结构。即:前提→结论。用树式表示:

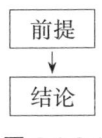

图 3.2.3.1

上面关于中国教育的例子可以表示为:

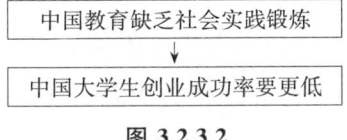

图 3.2.3.2

2) 多前提结构

这是多前提一结论的结构,即由两个或更多的前提来推导一个结论。这有

两类,一类是前提之间相互独立,比如有两个前提一个结论,每一个前提都可以单独推导出这个结论。如下图所示:

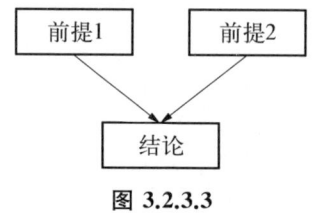

图 3.2.3.3

比如希拉里的例子,且看文字表达出来的陈述部分。支持"她的当选违反历史的趋势"这个中介结论的,是两个理由:民主党连任两届之后没有候选人能胜选和选民求变的倾向。这两个现象各自都表示有一个和她作对的历史趋势。所以,我们可以这样图解已表达的论证:

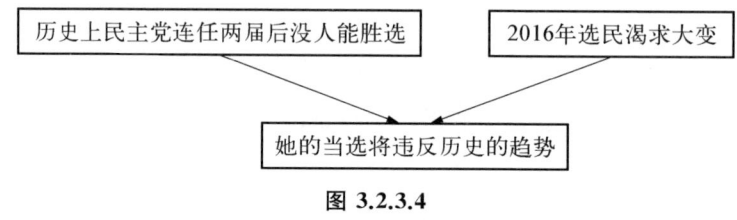

图 3.2.3.4

多前提论证的第二类,是前提之间相互依赖,缺一,另一个就不能导出这个结论。如下图所示:

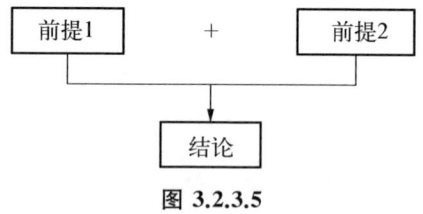

图 3.2.3.5

读者应注意到图中表示多前提之间独立或者相互依赖的不同方法。单独的箭头表示独立的支持,而用加号和连接的线表示它们需要一起存在来支持。看这个例子:

汽车要有油才能开啊,你的车现在的油量接近0,马上它就不能动了。

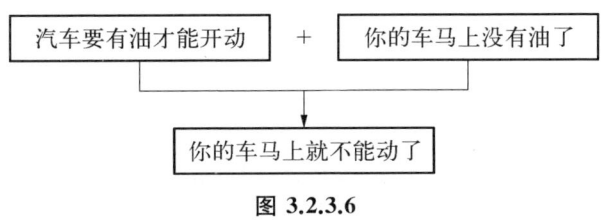

图 3.2.3.6

可以看出，两个前提，缺一个，比如你的车不是马上就没有油了，或者车不需要汽油也可以开，那么结论"你的车马上就不能动了"就不真。

3）链式结构

第三种推理结构是"推理链"结构。它首先从一个或多个前提推导出一个结论；再从这个结论推导出下一个结论，等等。最开始的前提称为"初始前提"（初始理由），它的结论，因为同时又是下一步结论的前提，可以称为"中介前提"（理由），也可以称为"中介结论"。

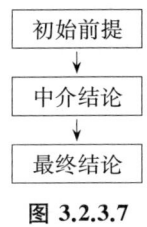

图 3.2.3.7

希拉里的例子中，"她的当选将违反历史的趋势"就是从上面两个初始理由导出的中介结论，然后由它推出最终结论"她不可能当选"。如果选其中一个初始理由，再加上这个中介结论和最终结论，那么这就构成一个简单的链式论证：

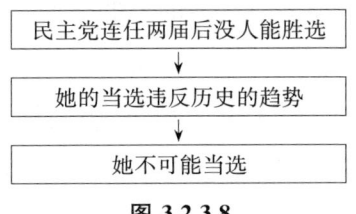

图 3.2.3.8

4）复合结构

实际中的论证，多不是简单结构，而是多前提、有层次的，是多前提和链式的结合。

希拉里的例子，即使仅看表达出来的陈述，它也是一个有多个初始前提的链式结构：

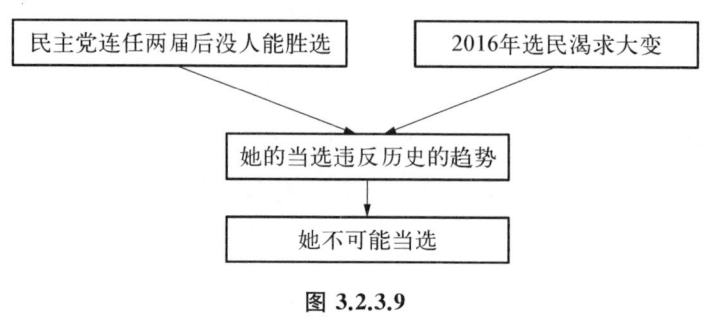

图 3.2.3.9

3.2.4 论证分析：补充隐含的内容

可以说，任何论证都依赖假设，当它们没有明确表达出来时，便被称为隐含假设。这些隐含假设起着填补论证中间的空白、支撑论证运行到底的作用。虽然有些论证隐含的成分是结论（结论没有明说），更多的时候，论证隐含的是前提，不管是初始前提还是中间的中介前提（中介结论），有的还是前提的更深层的理由。所以，论证中的隐含假设也多称为隐含前提。

再拿上面希拉里的例子来看：上面的链式图，表达的是文中说出来的陈述。这显然不是论证的全部，它的隐含前提都没有表达出来。在分析论证的时候，为了完整了解论证，常常需要把隐含的要素找出，并表达出来。其实，即使一前提一结论的简单结构，如果完整表达论证的全部要素，即把需要的隐含前提加上去，就都会成为复合结构。

我们已经指出，它至少有两个事实没有明确表达：一、希拉里本人是连任两届的民主党总统奥巴马后的民主党候选人；二、希拉里被选民认为不会带来大变化。这是论证需要的前提，没有它们，仅仅根据"民主党连任两届之后没有人再胜选"和"选民渴求大变"现象，不能得到希拉里必然失败的最后结论。所以，要使论证完整，需要把隐含前提都加上。

如果这个例子的标准化加这两个隐含的前提，它是：

自从 1836 年以来,民主党连任两届总统之后的民主党候选人均未能胜选

(希拉里是民主党连任两届总统后的民主党候选人)

2016 年选民渴求大变

(希拉里不被认为会带来大变)

希拉里当选总统将是违反历史

所以,希拉里将不会当选总统

其实,这里还有矿产可以挖。文中说"历史和她作对",我们理解是违反历史,这指什么?按照文中的两个证据,应该是指的这样两个历史"规律"或"趋势"。第一个规律来自"1836 年以来民主党连任后没人曾胜选"的历史事实。但是,如果只是把它看作过去发生的事情(完全可以这样理解),那么是不能得出希拉里这次也不会胜选的判断的。只有把它看作对现在也有效的"历史规律",即"连任两届的民主党总统之后的民主党候选人都不会胜选",才能把希拉里包括进来。所以,这里必须有一个根据历史事实而(隐含)得出的"历史规律"。

另外一个历史规律,来自"2016 年选民渴求大变"和(隐含的)"希拉里不被认为会带来大变"这两个现象,它隐含着希拉里不符合选民倾向的意思。然而,不符合选民倾向就一定不能当选吗?除非有这样一个规律:"不符合选民倾向的就不能当选。"可见,只有把"历史"这个词隐含的这些"规律"意思解读、表达出来,才算比较完整地表达了原来的论证:

自从 1836 年以来,民主党连任两届总统之后的候选人均未能胜选

(民主党连任两届总统后的民主党候选人都不会胜选)　　　　　←(隐含规律)

(希拉里是民主党连任两届总统后的民主党候选人) ←(隐含事实)

2016 年选民渴求大变

（希拉里不被认为会带来大变）	←（隐含事实）
（希拉里不符合选民倾向）	←（隐含中介结论）
（不符合选民倾向的就不会当选）	←（隐含规律）

所以，希拉里将不会当选总统

在图解中，可以把这两个历史趋势分开表达成两个独立的推理，各自都支持最后结论：

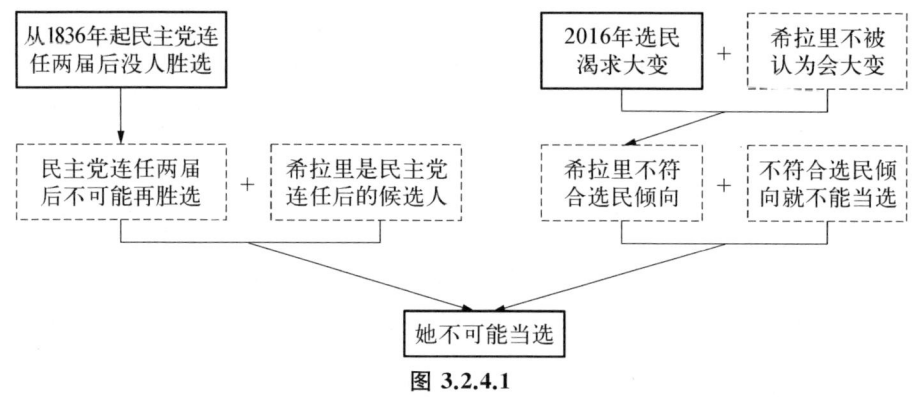

图 3.2.4.1

图中的虚线的方框，都是根据上面分析而加上的论证需要的隐含前提或中介结论。把这两个历史倾向表达为各自独立的两个推理链，这个论证表达就比较清楚完整了。

读者或许以为这样细致甚至烦琐的分析不必要。这些感受是可以理解的。在实际分析论证时，我们不一定要这么细致，有些细节或者隐含前提，即使没有被分析出来，也可能不影响判断。这里表达的方法，目的在于达到在理论上最好的认知和训练。

3.2.5 论证评估：五大方向

分析了论证之后，我们就可以对论证进行评估。这是进入批判性阅读的第二阶段：进行评估和发展。评估论证要从概念、证据、推理、假设和辩证五个方面入手，做法就是从这五个方面质疑论证，作出回答和判断，最后作出整体的判断,并进行可能的发展。本书的后面各讲,就是介绍这些评估的技能。在这里,不妨先用关于希拉里的论证分析做一个简略引述。

我们知道,历史事实是希拉里没有选上,这个论证的结论被证实了。但它是个好论证吗?它的结论"不可能选上",得到了充分支持吗?这些其实是可以讨论的。

先看语词概念方面的问题。比如,"2016年选民渴求大变"到底指什么呢?不清楚。美国社会观念分裂很厉害。极端左翼说选民受不了经济的不平等,痛恨1%的富人越来越富,反对政客只为"二华"(华尔街和华盛顿)服务,那么希拉里是体制内的老政客,确实不会作出大改。极端右翼则说选民要工作、反对全球化、不喜欢族裔平等等"政治正确"这一套、厌烦非法移民等,希拉里也不会支持。然而,如果"大变"指的是维护妇女、少数族裔、同性恋等的权利,那么希拉里是这方面的干将。所以,"大变"含义不清,论证其实不能明确进行。

而且,在不同解释下,"希拉里不被认为会大变"这个"事实"有可能真,有可能不真,那么从它得到的概括"希拉里不符合选民倾向"也会变化。所以,论证有前提不真实的可能。

再看论证中的推理。先看上图中左边的推理链。在最上面的方框中,是历史事实,由此隐含一个历史规律:民主党连任两届后不可能再胜选。这是一个从过去到现在的推理,我们以后会介绍,这是一个归纳推理。那么这个归纳可靠吗?过去的历史就等于是不变的规律吗?"第一次"的情况,比如黑人奥巴马当总统,在政治史上并非罕见。所以这个归纳推理可靠性有问题。

接下来,是这个"规律",加上"希拉里是民主党连任后的候选人"的事实,推导出她不能当选的结论。我们后面会介绍,这是一个"肯定前件"的演绎推理。它是有效的推理。

再看论证的右边推理链,最上面的两个方框中的事实合起来,作为例子,概括出希拉里不符合选民倾向的判断,这也是归纳推理。我们刚才说了,如果"大变"的含义指平权自由的要求,希拉里反而可以被认为是要大变、符合选民倾向的,那么这里的事实和归纳推理都是错误的。

然后,"希拉里不符合选民倾向"加上"不符合选民倾向就不能当选"的隐含前提,得出她不可能当选的结论,这也是肯定前件的演绎推理,是有效的。

但是,这里的问题也在前提的真假上。上面已指出,"希拉里不符合选民倾向"这个可能假。而且,"不符合选民倾向就不能当选"这个隐含前提(假设)其实也有问题,反例很多。首先,按照民意调查,是今天东、明天西,受很多影响支配的。候选人民意调查落后最后追上来胜选的情况很常见。其次,民意和投票情况并不等同。比如小布什当年侵略伊拉克,美国民怨很大,但在共和党的竞选机器强力运作下,他就是能当选。因为,反对他的人很多没有去投票。民意和投票不等同。而且,美国的投票制度也是变量,即使得票多的也不一定是总统,这次希拉里其实比特朗普多近290万张票,但选举人制度使特朗普当上总统。

显然,该论证的隐含假设站不住脚,也缺乏辩证性,它有很多反例、反驳。在概念、证据、推理、假设和辩证五个方面,它都有缺陷。整体的判断是:它不是一个好论证。

3.3 批判性阅读和论证分析实例

3.3.1 北京奥运会的污染会影响运动成绩吗?

在北京奥运会开幕一周后,2008年8月14日,美国《时代》网站上刊登了这篇文章。8月25日,北京奥运会结束的第二天出版的《时代》周刊,又将它原封不动刊登了一次。

翻译如下:

污染的效果?不清楚

布赖恩·沃尔希

对北京可怕的空气将影响运动员发挥的恐惧或许被游泳比赛打破世界纪录的方式排除了。但是对污染控制的真正的考验,是在北京室外的闷热、潮湿和污染的空气中进行持久耐力比赛时。损害已经产生了：8月9日进行男子245公里公路自行车比赛的运动员中，三分之一以上中途退出了比赛，部分原因是空气是这样令人气闷，有一个运动员把它比作像在海拔3 000米的地方比赛，而实际比赛途中最高的地方只有330米。北京奥林匹克运动员们呼吸的是污染汤——包括超细微粒、一氧化碳、硫氧化物和臭氧，它们每个都可能降低运动员的速度。近来的一个研究揭示了原因。宾州斯克兰顿城的玛丽伍特大学的科里斯·兰得尔让15个大学冰球运动员做两次6分钟的全速骑车冲刺，第一次让他们呼吸含微粒少的空气，第二次呼吸含微粒多的空气。他们第二次在污染的空气中骑车的速度，平均比第一次下降5.5%。如果是马拉松长跑，这相当于慢7分钟，足以让破世界纪录的希望落空。(Walsh, 2008)

这个报道，隐含着论证，它包括了记者访问得到的直接证据和科学实验的证据，它对论证范围进行了限定，结论也很小心节制，显得十分合理有力，难以反驳。那么，让我们来对它进行批判性思维阅读。按照前面的叙述，批判性阅读要了解作者，辨别立场，发现论证，然后进行评估和判断。我们下面就这样进行。(本案例摘自董毓，2017a，3.1.3节)

3.3.2 阅读理解：找出论证

首先通读文章，搜寻作者的信息，发现该记者是著名记者，在《时代》周刊上专门报道环境、科学方面的消息。自然，《时代》周刊的信誉也是很高的。

其次精读文章。先来理解作者的观点和理由，即辨认论证。可以发现，文章一开始，就排除一个可能的反例：当时游泳馆连连打破世界纪录的成绩，可能会表明污染对奥运会运动员成绩没有影响,所以他限定论证范围:只看室外比赛。然后,作者提出第一个判断:北京空气污染对运动的损害已经出现了。对这个判断的理由,是闷热影响自行车比赛,它来自一个自行车例子的报道。接下来,作者作了两个断言:北京空气中富含四种污染物,而且它们每一个都能影响运动员的成绩。理由呢?作者引用了科学家兰得尔的实验,并将该实验的结果类推到北京奥运会上。最后,作者虽然没有明说,但隐含这样的结论:北京污染对运动员成绩会有影响,不清楚的只是程度而已。所以,虽然文章标题很谨慎,他的真实意图其实是论证:污染有影响。标题并不代表论证针对的问题。

概括"报道"的论述

现在,我们把这样的论证的理解用概括来表达,就是把作者的每一个重要断言都用一个陈述句清楚地表达出来:

> 虽然目前室内游泳比赛的成绩很好,北京可怕的空气污染可能对室外比赛造成影响。第一,这个损害已经产生:部分原因是气闷,8月9日自行车比赛中有三分之一以上的运动员中途退出。第二,北京空气包含超细微粒、一氧化碳、硫氧化物和臭氧等成分,它们每一种都可能降低运动员的速度。美国有一个试验证明:冰球运动员在含微粒多的空气中骑车冲刺的速度比在含微粒少的平均下降5.5%。

将"报道"的论证要点标准化

有了这样的理解和概括,我们可以把论证清楚地标准化表达出来:

① 对北京污染的作用的真正检验是在户外。(排除例外)
② 气闷已是自行车比赛三分之一以上运动员中途退出的部分原因;
③ 证据:有运动员说像在海拔3 000米的地方比赛,实际最高只有330米。
④ 超细微粒、一氧化碳、硫氧化物和臭氧污染物的每一种都会降低运动员的速度。
⑤ 证据:冰球运动员骑车冲刺的实验,微粒多的空气使他们速度降低

5.5%。

⑥ 北京的空气包含着这些污染物。

⑦（所以，北京的空气会降低运动员的速度。）

从最终结论向前追寻前提、前提的前提

如果是用从结论到前提的方式来辨别和寻找论证，它可以是这样的过程：

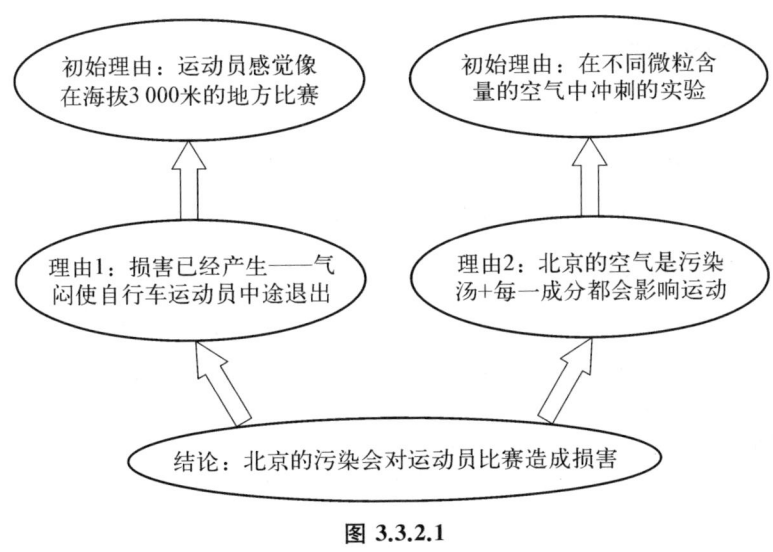

图 3.3.2.1

3.3.3 阅读发展：评估论证

现在，我们完成了论证辨别和分析，得到了好的理解，现在应该是评估和判断它的时候。那么，这就是问那五个方面的问题。这样的提问和回答是走向评估和发展的桥梁。

问题质疑

污染是程度问题，毫无疑问北京有污染，关键在于一，奥运期间情况如何。二如果有污染，是否到了文章所说的那种危害运动成绩的程度。针对论证的各方面发问：

- 文中的关键概念清楚吗?
- 他举了什么例子或者证据?
- 这些证据可信吗?相关和充足吗?
- 作者的推导使你信服吗?
- 什么是作者的假设?
- 有反例、例外吗?
- 你怎么加强或者反驳它?

根据问题的判断

那么,通过回答上面的各个问题,我们有以下判断:

第一,概念问题。文中说的污染的损害已经产生,理由是自行车运动员因为闷热而退出比赛。但是,闷热、潮湿不等于污染,两个概念不能等同。运动员退出比赛即使是因为闷热,也不等于是因为污染。

第二,证据问题。兰得尔微粒空气中的实验,其实存疑。它的实验条件不清楚,结论不确定。关键问题是:如何从各种因素中,确定就是微粒空气影响了运动员的速度?

第三,推理问题。即使微粒空气实验可靠,也只是关于微粒影响的,它如何能支持"每个成分都会影响比赛"的断言?

第四,假设问题。即使微粒空气实验可靠,北京奥运期间的空气和它一样吗?这是重要的隐含假设,不然实验结果不适用。

第五,辩证问题。事实已经构成反例:自 8 日之后北京空气指数 CPI 均低于 100,12 日后平均为 45(微粒 PM2.5 虽没有数据,但公认能见度很好)。

所以,总体判断:这个论证在事实上和推理上都是不成立的。

总结:批判性阅读和论证评估的视角

要从论证、结构、修辞等各方向来全面解读文本,对论证方面的评估一共有六大方面:

1) 论题(问题)的历史、背景、认识等内容。

2) 概念清晰、一致

3) 证据具体、可信

4) 推理相关、合理

5) 假设可辨、可靠

6) 辩证全面、平衡

这一讲主要讨论了后五项。但是,不要忘记第一项,它是对这个论证所针对的议题、问题及其背景、争论的理解。第二讲说过,问题是论证的来源和属性。对问题的探究和理解制约论证,而评估论证最终是看它是否有助于解决问题。

3.4 论证的图尔敏模型

3.4.1 图尔敏模型

英国哲学家斯蒂芬·图尔敏根据实际的论证情境,总结了一个论证模型,它被人称为图尔敏论证模型。

图尔敏的论证模型构成

图尔敏认为,一个好论证,典型的由这六个部分组成:

数据(Data):用来论证的事实证据、理由。

断言(Claim):要被证明的陈述、主题、观点。

保证(Warrant):连接证据和结论之间的普遍性原则、假设或关系陈述,是推理的根据。

支撑(Backing):用来支持保证的事实、理由。

辩驳(Rebuttals):对已知反例、例外的考虑和反驳。

限定(Qualifiers):对结论的范围和强度进行限定,常来自对反例反驳的考虑。

图尔敏模型图

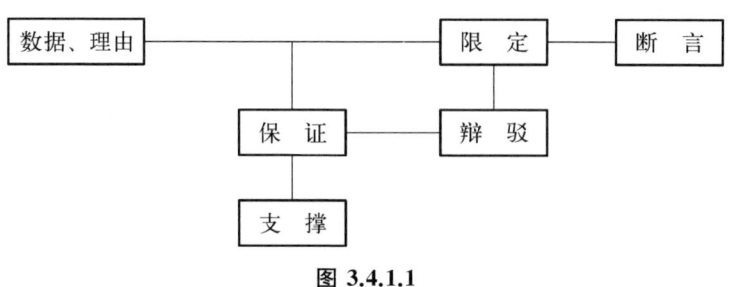

图 3.4.1.1

用图尔敏模型表达《时代》周刊对北京奥运期间空气污染影响的论证(一个分支部分)：

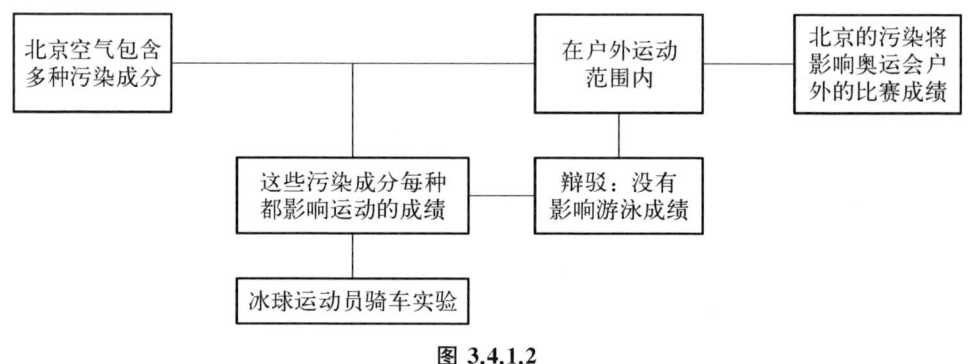

图 3.4.1.2

3.4.2 图尔敏模型的特点和优点

图尔敏模型更能反映实际的论证模式。对分析、评价和构造全面论证有指导意义。因为：

- 把起不同作用的理由以不同的位置表示出来。比如，保证是连接证据和结论的桥梁。
- 明确了"保证"自己也需要证明。当保证没有明确说出来时，图尔敏模型促使你去寻找这个部分和对它的支撑，常常是寻找隐含假设，这样帮助你深入和扩大搜索。

- 突出了"辩驳"和"限定"的成分和作用。这是反映了现代论证的要求：好论证是辩证的，必须包括对反例的考虑，和对结论的程度的斟酌。

比如，我们用图尔敏模型表达希拉里论证的左边链条，如果按照图尔敏模型：

1) 同样地，"希拉里是民主党连任两届总统后的民主党候选人"是理由，"希拉里将不会当选美国总统"是结论。
2) 保证："民主党连任两届总统后的候选人都不会胜选"的规律。
3) 支撑：如何证明这个保证？"自1836年以来，民主党连任两届总统之后民主党的候选人均未能胜选"。这样表达，可以提示我们需要考问这个支撑的力度。
4) 辩驳：这里没有，图尔敏模型就提示我们考虑，比如，政治史上不是有很多第一次现象吗？
5) 限定，既然如此，那么是否需要对推理和结论作出限定？比如，"多半情况下"？

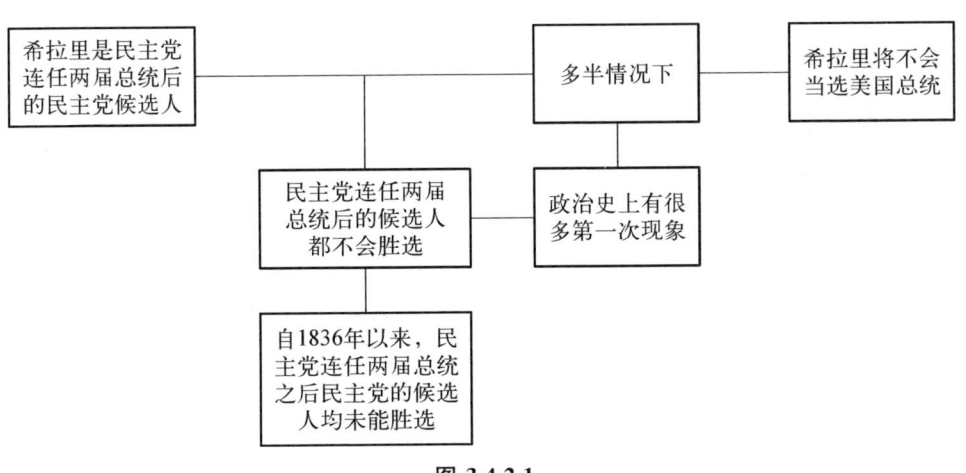

图 3.4.2.1

这样就改变了原来的论证的力度和合理性。

思考题

1. 为什么需要批判性阅读？它的目标和方式是什么？
2. 什么是阅读中评估论证的典型问题，为什么说它们是发展自己思考的桥梁？
3. 在报刊、网络等选取一篇中、短篇幅的文章作批判性阅读。
4. 为什么辨别论证应该从作者意图入手，而且要运用理解、判断和想象？
5. 将下面的论证标准化，并表示结构。

    1) 我们应提高罚款，现在的罚款数根本不能遏制人们开车超速。

    2) 计算机使知识成为可以马上运用而不是只为了考试而背诵的东西。作为探索的工具，使用计算机的另一个重要好处是大多数学生觉得它很有意思，喜欢用新的程序来试他们的想法，所以学生可以愉快地投入他们的学习。

    3) 我们对动物有道德的责任，因为动物可以感受快乐和痛苦。我知道这一点，因为动物表现出和人类相似的行为。很清楚，我们有责任增加快乐、减少痛苦。另外，我们的生态系统对我们的生存至关重要，我们有道德责任来保证我们自己的生存，所以，我们对生态系统的重要组成部分也有道德责任。动物是我们生态系统的重要组成部分。

    4) 你好也罢坏也罢都很危险，走开！（Acock，1985，p.172）

6. 分析下面段落中的论证的结构，画出结构图（树式），如果需要，补充某些隐含内容。

    1) 医生应该挣钱多，因为他们忍受了长期的艰苦训练，而且他们都负很大的责任。

    2) 为什么不让抽烟，我在这里消费，抽烟难道不是我的权利吗？

    3) 你要想挣大钱，到医疗行业去，律师已经太多了，但医生总是缺的。

4) 我们的饼干是最好的,这是我们生产的唯一产品。

5) 你面对的是一个难过的选择,伊丽莎白。如果你不答应科林先生的求婚,你妈妈就不再见你的面了;如果你答应科林先生,我就不再见你面了。

7. 一些人说燃烧排放二氧化碳等工业温室气体是自古以来就存在的事情。我认为现在这个问题有着迫在眉睫的重大危害性。首先,它损害了大气的臭氧层,使人类直接承受太阳紫外线的伤害,导致疾病甚至基因变异。其次,它可能改变人类生存的空间。地球变暖,冰雪融化,海平面上升,许多岛国和沿海低洼地区将被淹没。而且,它导致资源短缺。温度变化引起了气候反常,它可以产生反常的洪水或者干旱,导致农业的歉收。

1) 下面两段话在上文中是什么关系?

I. 现在这个问题有着迫在眉睫的重大危害性。

II. 它导致资源短缺。

A. I 为 II 提供直接理由。

B. II 为 I 提供直接理由。

C. I 和 II 都为文中的另一个陈述提供直接理由。

D. 以上都不是。

2) 下面两段话在上文中是什么关系?

I. 它可能改变人类生存的空间。

II. 它导致资源短缺。

A. I 为 II 提供直接理由。

B. II 为 I 提供直接理由。

C. I 和 II 都为文中的另一个陈述提供直接理由。

D. 以上都不是。

8. 用图尔敏模型表达上面的论证 5.1) 和 6.1)。

第四讲
澄清概念，具体思维

> **学习目标：**
> 1. 意识到论证中的词句和概念的谬误对论证的影响
> 2. 能初步辨认模糊和空洞的现象
> 3. 了解充分条件和必要条件的特征、关系和意义
> 4. 充分理解具体思维是批判性思维的实证精神的精髓
> 5. 了解违反具体思维的各种表现
> 6. 有意识在论述中运用描述和规定等方法澄清概念

4.1　消除论证中的概念谬误

为了自我吹嘘或者掩盖错误，一些人第一时间想到的办法就是玩弄辞藻。2018年，美国联合航空（United Airlines）航班的乘客中，一名医生被强行从经济舱座位上拖走，只是因为联合航空的四名雇员要搭乘这趟机票已全部售出的航班，该男子被随机选中，为他们腾出位置。这名医生拒绝离开，于是安保人

员把受伤流血的他拖下了飞机。事后，联合航空首席执行官奥斯卡·穆尼奥斯（Oscar Munoz）在一份声明中表示，他对不得不"另行安排"（re-accommodate）这位乘客感到抱歉。

本讲考察语言在论证中的使用，这里指出的问题，许多是论证和思维方式中的谬误。

4.1.1 模糊性

一个词的模糊性指它的适用范围和边界不清。许多语词，天生具有模糊性，这既正常，也是需要的。当我说"出去走一会儿"，这"一会儿"到底是多少，常常不清晰，但是，多半不会有人要我去澄清。

但是，词语的模糊性会对论证产生危害，使之无法进行下去。前面我们举了这个例子：

> 充足的锻炼会有助于健康
> 老李每天都游泳
> ——————————
> 所以，他肯定会健康长寿

它的问题之一就是前提中的"充足"这个语词模糊。什么算充足？不明确。所以"老李每天都游泳"在不在"充足"这个范围内时，就不确定，那么，就不能确定两个前提指的是一件事，它们可能不相关，因而不能一起推导出结论来。

概念模糊性的危害是，如果你不能确定词和句子的内容，你就无法确定它的真假范围，无法确定它和其他前提是否指的是一回事，那么论证就无法建立起来。

另一方面，也要注意，有时候概念貌似精确，其实隐含虚假或者不确定的情况。有电商宣传自己的销售业绩："9小时前老板采购了 1 073 741.823 5 吨的洋葱。"网民指出，107 万吨洋葱是什么概念？要知道，盛产洋葱的西昌，洋葱年产量也不过 30 多万吨！这是哪个种植大户种出了 107 万吨的洋葱，还一口气都卖出去了?! 有报道说:"今年全国查出 1 733 万起'路怒',女司机仅占 3%。"鉴于"路怒"是带着愤怒情绪驾驶机动车,表现为强行变更车道、强行超车、违法抢行、占道行驶和不按规定让行等交通违法行为,那么发生这些行为时,判断哪些是属于"路怒"行为,哪些是其他原因,并不简单直观,所以这样的数字是如何快速得出的?

4.1.2 偷换概念(利用歧义)

我们日常的语言多是有歧义的,这也很正常。歧义可以来自指称对象,语言结构和语汇意见(参见董毓 2017a,4.1.2 节)。歧义可以带来乐趣:"世界上最没意思的两种球赛:中国乒乓球和中国足球,一个谁也赢不了,另一个谁也赢不了。"

只有在利用歧义进行不合理的意义转换时,它才是问题。在论证中,如果同一个词用在不同地方有了意义的变化,人们称之为偷换概念。就是说,在论证前后,用的虽然看上去是一个词,其实是两个不同的意义或者指称——等于是用两个词。

> 我们儿子说他一直忙于学习,不想找工作的事。你看,他只想学习不想工作,想让我们养他一辈子。

第一个"想"是思考,第二个"想"是愿望。两个都是"想"的意思,父母在用儿子"不想找工作的事"的话论证他认为儿子想让他养一辈子,这是偷换了这两个意思。

在论证中,偷换概念比我们想象的要广泛,而且上当的机会也十分充分。恩尼斯说这包括那种"效果性偷换概念":虽然不是有意对一个关键词采用两种意义,但是论证具有偷换概念的效果。论者使用了一个词的一个特殊意义,听者却假设了它的通常意义。比如,2013 年在雾霾天时,一些地方掀起抢购猪血、木耳、雪梨、百合的风潮,因为有一则"清肺食谱"在网上广为流传,说是根据中医理论,这些可以"清肺",所以大家可以用来清除吸进肺里的 PM2.5。其实,中医理论中的"清肺",是"清除"肺热、肺火,而不是"清理"肺部的颗粒。有时在一定语境中使用一个概念,也是想达到这样的效果。2018年俄罗斯"世界杯"足球赛中,新华网上有标题称"'世界杯'中国没有缺席",你以为"世界杯"上的"中国"当然指中国足球队,点开一看,结果内容说的是赛场上中国企业的广告牌比比皆是。

4.1.3　意义歪曲（强词夺理）

意义歪曲更为普遍。

意义歪曲和偷换概念的不同是,偷换概念是在一个词原有的两个意思上转换,比如"想"包括"思考"和"向往"两个意思;而意义歪曲是把一个词的意思曲解为它没有的意思。

针对民营医院莆田系做虚假宣传、坑害患者的现象,有研究员说,虽然这个可恶,然而莆田系比公立医院还是好多了,他的论证是大家都是"坑蒙拐骗"(谢作诗,2016):

> 不要以为公立医院就没有坑蒙拐骗,只是公立医院的坑蒙拐骗不是表现在虚假宣传上,而是表现在医疗服务短缺上。公立医院最大的问题就是激励不足。试问:能使十分劲,只出八分力,这不是坑蒙拐骗又是什么？公立医院效率低下,服务水平低,这是长期的痼疾。从挂号大厅到各科室病房,到处人山人海,病人抱怨不迭,医生诉苦头疼,就是这痼疾的表现。

针对人贩子买卖儿童的情况猖獗,有经济学家称:要解决猖獗的偷盗儿童问题,首先要把买卖儿童合法化。作者称,很多反对"买卖儿童"的人只是厌恶这种说法,他们觉得这种制度不文明。那不妨换个名词,叫"儿童权益转让""父母资格转让"等。"总之,当事人利益不应被少数人的审美偏好所绑架。"

有时候,歪曲比较隐蔽,不那么容易看出来。"共享经济"一词本来指分享属于自己的东西来经商,Uber的共享经济,是建立在汽车的所有权或使用权在车主、车主使用自己时间之上。但有人打着"共享经济"开办旅游公司,让硅谷科技公司,诸如 Facebook、Airbnb、Twitter 等的中国员工陪伴中国游客到这些公司去吃免费饭菜。因为这个"蹭饭门"而被开除的中国员工至少 10 多人。这是不经同意而分享别人的财产和时间来牟利的"共享经济"。

4.1.4　抽象、晦涩和空洞

空洞,是实证的大敌。如果你没有经验,你会在简历上标榜自己"善于学习",有"团队精神",有"一流的沟通能力","善于解决问题","工作努力","认真负责","主动积极",能"适应变化",等等。你希望用这些抽象的词句来论证你是好候选人。但是稍有经验的人力资源经理会马上看出实质。没有实际、具体的内容和证据,不能算好的论证。

抽象晦涩,常常是空洞和虚张声势的表现。杰出科学家费曼曾经应邀参加一个社会学家举行的一个会议。在那里他发现自己听不懂大家说的话,读会议的材料,也不知所云,他都开始怀疑自己的智力了。最后,他强迫自己低头读下去,便看到这一句:"社会团体中的个体成员经常通过视觉的、符号的渠道获得信息。"费曼说,"我翻来覆去读了几遍,然后把它翻译成了人话。你知道那是什么意思吗?'人们阅读'"。他接着说(费曼,1997):

> 我开始阅读下一句,很快就把它也给破译了。剩下的就是小菜一碟了:"人们有时阅读,有时听收音机。"诸如此类,不过是被一些唬人的名词术语、复杂的语法修辞包装着,令人开始读时有些费解而已。被我彻底破译后,整个文章原形毕露,不过是金玉其外,败絮其中。

但是,这一套既然差点蒙住费曼,更别说其他人。在会上,一位速记员走到他跟前说,"你不是教授吧?"费曼问为啥这样说,速记员说,"我记录他们的话,我一句也不懂,而你说的我全懂,所以,我想你不可能是位'大教授'"。

从作文到报刊,到处可见"有特点""很生动"这样的词语,但是,有什么特点,如何生动,均没有下文。这些本来呼唤细节的词,却成为毫无意义的搪塞和凑字数的方便工具。

抽象的语词常常成为套话,它可以在所有地方都适用,也就是都不适用。只能说套话的,多半没有真才实学。比如问一个运动员如何提高运动水平,专家说,"只要他提高足球意识,就能成为优秀的足球运动员"。再问为什么中国足球这么糟糕,出路何在,专家说"中国足球成绩不好的原因非常多,但只要遵循足球发展的客观规律,耐心发展足球运动,中国足球崛起是迟早的事情"。这些套话,就是空洞。

空洞也来自同义反复。比如报纸这样劝告人怎样做到受观众欢迎:"只要创作、演绎出优秀的、人民群众喜爱的作品,自然会收获人民群众发自内心的喜爱。"如果你想知道如何得到"人民群众发自内心的喜爱",这个回答就是重复你的问题,没有提供任何信息。

还有一种回答是把全部可能性都包括了,也就是丧失了信息量。比如美国总统特朗普回答媒体关于"何时打击叙利亚"的问题:"可能很快,也可能不会很快。"他两种可能性都说了,但到底是哪一种?你还是一无所知。这种模糊回答也就是空洞。

4.1.5 不一致和自我矛盾

2012年,美国总统大选罗姆尼败选。美国《福布斯》杂志报道称,罗姆尼输掉大选一个重要原因,是对选民传达的信息"最无逻辑、最具侮辱并且最不尊重事实"。《福布斯》总结了罗姆尼在竞选中说过的最"失败"的10句话,这里选几句:

- 奥巴马的医改政策是世界史上最糟糕的公共政策,我将废除它,虽然它是我在马萨诸塞州建立的公费医疗制度的翻版。
- 奥巴马是个欧洲社会主义者,这很坏;而我准备采取欧洲社会主义者的经济紧缩政策。
- 我将降低按揭利息、增加2万亿美元国防开支、保留所有受欢迎的社会开支项目和减税,由此来削减财政赤字并达到预算平衡。(Walker,2012)

这些言论是明显的不一致和矛盾。你可能不相信罗姆尼会说这样荒谬的话。不过,这些不是在一个场合说的,或者不在一段话中。罗姆尼需要取悦不同的选民,在中下层人面前他要炫耀自己也建立了公费医疗,要保留社会福利开支项目;在保守派和富人面前,他要许诺废除公费医疗,要加强国防和增加军费,要降低财政赤字,不会动富人的钱袋。他两面讨好,结果把这些放在一起,人们会问他到底准备干什么,他怎么可能在大量增加开支还减税的情况下,还能削减财政赤字并达到预算平衡?

不一致和自我矛盾的现象比想象的还普遍。行为和言论的矛盾,像开奔驰车要救济的,比比皆是。报纸的标题是"股市暴跌以来,跳楼自杀已成常态",内容却是"自己否定"谬误的典范:"没人知道他的名字,没人知道他从哪里来,也没人知道他从几楼掉下来的""是否与此前类似因为股市暴跌的原因跳楼目前尚无定论。"(约克论坛,2015)央视的《百家讲坛》节目,自我定位是向公众传播知识和思想,但是一些主讲人对历史事实的娱乐化态度,被学者批评为"历史发明家",缺乏"起码的道德自律和学术真诚"。可是,央视主持人回复说"我们不是一个权威学术讲座",不要"苛求"。(中国青年报,2009)她不知道,"知识"本身就是学术的结果,就必须求真。

4.1.6 充分和必要的关系

网络上经常流传这样的标题:

> 耶鲁大学校长:真正的教育不传授任何知识和技能,却能令人胜任任何学科和职业。

很多人相信它。其实,有人已经查证,耶鲁大学校长理查德·莱文没有这样说过。他是说:"教育人们服务于社会并不意味着教育必须集中于掌握实用性的技能。耶鲁追求为学生提供一个宽广、自由的教育世界观,而非狭窄的、限制的职业性教育,使他们更具有领导才能和服务意识。"这个意思是"实用性的技能"不等于教育的全部,教育还需要其他的东西,但他没有说教育就不需要教知识。他反对仅仅传授知识就是良好教育的充分条件,人们却将其解释成反对知识是

良好教育的必要条件。(董毓,2017)

两个事物之间的充分或者必要关系,代表很不同的情况和意义,混淆它们会有不良结果。有些人好像是反对社会只讲道德不讲法制,其实意思是不需要讲道德。这样表面反对道德的充分性,实际反对道德的必要性,对当今社会危害很大。

充分或必要的对称关系

两个事件 P 和 Q,它们之间的充分条件指:有 P 就会产生 Q,用符号表示:P→Q。

> 如果一个人乘坐京津高铁,他就可以从北京到天津。

P 是 Q 的必要条件,指没有 P 就没有 Q,用~的符号表示"没有""非",即:~P→~Q。

> 没有水,就没有生命。

既然水是生命的必要条件,那么有了生命,就知道水的这个必要条件一定是具备了,所以,生命的存在,是水的存在的充分条件:如果有生命,就一定有水。这样,~P→~Q 式子可以转换为 Q→P,如果充分条件和必要条件是这样对称的。条件句中的前件是后件的充分条件,这代表后件则是前件的必要条件。

充分必要条件

这表示既充分,又是唯一的充分条件意思:有 P 就产生 Q,而且,没有 P 就没有 Q。

> 有了正确的密码,你就能打开这个电脑,没有就不能。

正确的密码是打开电脑的唯一的充分条件,这当然是很关键的。

不要混淆充分和必要的含义

除非是"充分必要条件","充分"条件并没有也是"必要"条件的意思,必要,指没有它不行的意思。但充分条件不是这样。乘京津高铁,足以从北京到天津,但它不是唯一方式,开汽车也足以从北京去天津。它就像条条道路通罗马中的某一条,它不是唯一的通罗马的道路。如果没有从这条道路去罗马,也可以从别的到罗马。这说明,否定一个充分条件 P,不代表就能否定它的后件 Q 的产生。没有这个 P,也可能有 Q。

同样,因为可以有不止一个方式从北京到天津,如果你到了天津,你也不能肯定说是乘高铁来的,就是说,有了后件 Q,不等于一定有前件这个 P。当然,如果你根本就没有到天津,这可以说明你没有搭任何交通工具,包括高铁在内。

对应地,必要条件本身并不包含充分条件意思。我们说"没有水就没有生命",没有 P 就没有 Q:即 $\sim P \to \sim Q$,这里并没有"有了水就有生命"的意思。上面说过充分条件和必要条件对称:如果 P 是 Q 的必要条件,那么 Q 是 P 的充分条件:"有生命就有水",即 $Q \to P$。不过,如果 Q 没有出现,那么可不可以说 P 也没有出现呢?既然水是生命的必要条件而不是充分条件,那么这种情况是可能的:有了水,但因为别的条件不具备,生命并没有产生。换句话说,没有生命并不等于没有水。

概括一下:

1) 充分条件:有 P,就有 Q　　　(乘京津高铁,可以从北京到天津 $P \to Q$)

　　没有 P,不一定没有 Q　　(没有乘京津高铁,不一定不能从北京到天津)

　　有 Q,不一定有 P　　　　(从北京到了天津,不一定就是乘京津高铁)

　　没有 Q,一定没有 P　　　(没有从北京到了天津,一定没有乘京津高铁)

2) 必要条件:没有 P,就没有 Q

　　　　　　　　　　　　　(没有水,没有生命 $\sim P \to \sim Q$)

　　有 P,不一定有 Q　　　　(有水,不一定有生命)

　　没有 Q,不一定没有 P　　(没有生命,不一定没有水)

　　有 Q,一定有 P　　　　　(有生命,一定有水)

3) 充分和必要对称:P 是 Q 的充分条件

　　　　　　　　　($P \to Q$),Q 便是 P 的必要条件($\sim Q \to \sim P$)

4.2 思考的具体性

思考的具体性，是实证的本质。之所以要澄清概念和论断的意义，就是要求：概念的意义要有具体对象，论断要有具体的实例和证据。合理的质疑，常常始于要作出这样的澄清。

4.2.1 具体：具体实例的证明

在上面一节，我们已经指出了空洞、模糊的思维对论证的危害。其实，它的危害远远超过论证范围，没有具体、清晰的思维，不会有科学和技术的产生。它产生的社会问题到处可见。某医院在患者不知情的情况下，向住院的患者收取"健康咨询费""疾病健康教育费"。当遭到质疑时，医院领导拿出了上级的文件，说明可以收取这个费用。确实，文件规定了可以收，但是，究竟什么是"健康咨询"？什么是"疾病健康教育"？因为没有具体的概念界定，医院就把患者向护士询问的话当作"健康咨询"来收费。

这不是一般群众才有的问题。耶鲁大学教授陈志武提到，中国在加入世界贸易组织WTO时，提出的很多条款都是笼统和模糊的，比如：美国应该为中国培养更多的管理人才。这句话作为合同协议条款怎么理解呢？什么叫"应该"？什么叫"更多"？什么叫"管理人才"？怎么样算"培养"？每一项都是模糊的，是无法明确的，双方都难以执行，美国完全可以不认账。而反观美国提出的条款，则明确、严密得多。（陈志武，2004）

这样的思维方式必须改变。之所以论证要举实例，目的就是要实证，不能缥缈无根。有人对某著名国学大师的学问提出疑问，他的朋友起来大声为大师辩护，声称他的学问"浩渺混沌，不是一般斤斤于餖飣者可以仿佛"，他"是当之无愧的国学大师！因为他的学问作得的确通透、实在、鲜活"。这样的辩护，不是戴高帽子就是比喻，都不能算数。

提问或者反驳，更是要具体。第一讲里已经说明，没有具体理由的"质疑"不是质疑。但是，空洞和一味的反对，因为毫不费力气，便以质疑的旗号四处流行。

一件事出来,常会激起浪潮般的指责批判,如果问它本身是不是真的,到底是怎么回事,没有几个人答得出来。但这些都不妨碍人们大声"质问"。足协2017年初出台规定,中超外援上场限制三人。一如既往,有网民立刻质问,称"此做法荒唐且违背足球发展规律""能不能让真正懂业务的人来管理"等。实际是,这些质问者对什么是"足球发展规律"、怎么算"懂业务",说不出一句话来。

4.2.2 具体:根据语境理解和判断

> 某导演认为:项羽"划分天下,分封诸侯"是一种非常可贵的精神,"项羽已经有了一种民主思想,他就是华盛顿,他想建立的是一种民主联邦制的国家"。(周怀宗,2010)

学者指出,项羽所用的词句,在当时的情况下,完全不是现代民主联邦制的意思。

思考要具体的另一个要求,是考虑语境。具体问题具体分析,就是要按照问题的具体情况和条件来考虑。语词的意义来自语境和上下文关系,要避免脱离语境和断章取义的谬误。

但是,脱离历史条件和语境来发挥的情况,是极为普遍的现象。我们很容易指点前人的行为和选择,但这并不表明我们现在是对的,更不表明我们如果处在当时就会更加明智。史学研究常常犯两大错误,一是观念、倾向和情绪先行,导致对材料的偏向选择和对材料的任意剪裁、拼凑和构造(犯偏向证据谬误);二是对历史史料的抽象化、真空化,采取所谓"垂直性研究法",斩断史料和其他事物的关系,抽空史料的历史性意蕴。这样,史料便可以任意打扮和改造,得出甚至和历史完全相反的意思。

具体思考,就是要回到事实的原初关系中。要在它的语境中确定词语和言谈的意义,将历史记载史料放在当时的环境中考虑其真假和含义,对历史人物的评价应该按照当时的问题和条件来进行。这样的具体、实证的思考,是理论联系实际的要求,也是推理要相关的要求;它可以避免将原理绝对化、普遍化,可以避免简单和抽象性导致的黑白二元论世界观,可以从多样化的视角和思考来追求真实。

曾担任过世界银行副总裁兼总经济师的约瑟夫·斯蒂格利茨,描述过国际货币基金组织将它的经济原则套用四海的做法。当该组织决定帮助一个国家时,它就派出一个经济学家的"使团"。这些经济学家往往缺乏对这个国家的了解,却被要求在几天或者最多几周之内就拿出一套符合这个国家需要的解决方案。结果,他们就把给一个国家的报告的大部分拷贝下来,换一下国名,把它们变为给另一个国家的报告。由于文字处理软件的"寻找并替换"功能没能正常工作,结果在一些地方还保留着原来那个国家的名字。(斯蒂格利茨,2000)

自然,国际货币基金组织这样的指导,成功的例子极少。

4.3 澄清意义

4.3.1 澄清意义的需要

报称,"联合国教科文组织:中国成文化产品最大出口国 2013年达601亿美元"(观察网,2016),其内容说,中国2013年文化产品出口总值达601亿美元,高出排名第二的美国279亿美元一倍多,成为全球文化产品最大出口国。但是,再细看,原来是"艺术和工艺品市场上升,进入贸易额最大的十大文化产品之列,这得益于黄金首饰的畅销""2013年,仅中国一国的黄金首饰出口额就达320亿美元,相比之下,美国的黄金首饰出口额为107亿美元"。

所以,什么是文化产品,这取决于定义或者标准。在包括黄金首饰的情况下,中国成为世界第一文化产品出口国,高出以好莱坞电影、歌曲、书籍等文化著称的美国一倍多。

我们经常听到,印度恶性强奸事件层出不穷,全世界为之侧目,它已成印度人蒙羞的"国耻"。但是,如果你阅读联合国毒品和犯罪问题办公室的"国际犯罪与公正数据报告(2010)",印度却是世界上警方报告的强奸案案发率最低的国家之一。报告上,印度在强奸案发率(2006年)排行榜中垫底,属于"案发率最低的国家群",每 10 万人中仅报告强奸案 1.7 宗;而位列此排行榜第二的澳大利亚(2003 年)属于案发率最高国家,案发率为 91.6 宗。

这里的原因很多,包括很多受害者不敢报案、报案无用而不去报案、妇女的人权意识不足、地位低下等。不过,还有一个原因就是强奸的定义差别。在一些报案率高的国家,夫妻之间的强迫性生活也可以报警是"婚内强奸",可以被记录为强奸在案。与此相对,大多数印度人认为在婚姻关系内强迫实施性行为完全算不上强奸。另外,很多理应被认为是强奸的行为都被丢到性骚扰的范畴之内。这些既是"低强奸案发率"的原因,也是让图谋不轨者有可乘之机,结果性侵犯行为愈演愈烈的一个原因。(毛克疾,2015)

4.3.2 合适地澄清和定义

所以,在论证中,对关键概念作出澄清、定义,是必要的,不然什么也说明不了。有一个报道"大学问卷调查:超三成女学生自认是女神"(重庆晚报,2014),说是某检察院的检察官们走进某大学调查,问女学生"你认为你的容貌长得安全吗?",以考察女大学生的安全意识。发出问卷 200 份,收回 186 份,检察官称,从数据分析来看,大学新生安全防范意识还有待提高,因为对这个问题的回复是这样的:

A. 安全

B. 一般

C. 我是女神,不安全

D. 不好说

问卷统计: A. 33.3% B. 26.7% C. 33.3% D. 6.7%

对此,检察官们的分析结论是:"33.3%女生认为自己长得安全,在处事环境中,很容易松懈,自我保护意识明显弱。容貌的'安不安全'没有标准量化,每个女生都有属于自己的美丽,应该保持警惕。"

有意思的是,既然承认容貌的"安不安全"没有标准量化,那这些女生如何判断自己属于什么范围？什么是"安全""一般""我是女神"？如何定义它们，它们如何才能和自我保护意识相关联？检察官们显然希望每个人都回答自己"我是女神，不安全"，这样才有全面彻底的"自我保护意识"，但是这个问卷是这样调查自我保护意识的吗？

当然，定义还要合适。定义代表人对概念的认识，认识的合适性影响了定义。不能随意地定义。这些检察官们还有一个关于对"网恋"的态度的调查，问卷是这样的：

> 你对网恋（含微信交友等）的态度［多选］
> A. 坚决反对，网络上没有真实的感情
> B. 中立态度，不反对，不强求，一切随缘
> C. 正常，自己也曾有过
> D. 正常，但自己没尝试过
> 统计： A.13.3%　B.73.3%　C.0　D.53.3%

检察官的分析是："73.3%的学生表示中立态度，一切随缘，是对网络交友安全防范没有引起重视。尽量避免独身见异性网友。"他们得出的结论也是：大多数学生没有自我保护意识。显然，这个调查取决于对"网恋"的理解，而问卷中的表述"网恋（含微信交友等）"，相当于一种定义，表明网恋类似于"微信交友"等交往。这似乎比第一个问卷进步，但是问题也不少，微信交友是什么？微信不是聊天渠道吗？那么这种聊天的交往有什么害处？它和"独身见异性网友"有什么必然联系？所以，按照这个定义，网恋被大多数人看作无害，不是很正常吗？

4.3.3　说明和定义的方式及其考虑

澄清概念的做法常常是予以说明或定义。这样的说明或定义有几种类型，在论证中，可以考虑运用。比如：

- 报告性定义：报告一个词的一般接受的常用意义。它的合适性在于是否准确地报告了词的正常意思。比如，《牛津词典》对"加油"（add oil）的定义是："港式英语，用以表达鼓励、煽动和支持之情，相当于英文的'go on!'或'go for it!'。"
- 规定性定义：规定一个新词的意义或一个词的新意义。比如，"本文说的'行业大学'指由国家部委或企业集团主办的大学"。
- 精确性定义：对一个模糊的词给出精确的意义。比如，"中产阶级指家庭收入在国内平均家庭收入的25%左右"。

下定义，可以有多种方法和技巧。我们不在这里更多陈述，参见《批判性思维原理和方法——走向新的认知和实践》（董毓，2017a 4.2节）。

定义是发展的

定义，其实是对被定义对象的认识。我们看到，像"论证"定义一样，词典里的定义也是可以发展的。对诸如思考、正义、真理、宗教、自由、法律、科学等等这些词的定义，代表对它们的本质的认识程度。对定义的评价，也需要批判性思维。比如人的死亡，以前是按心跳来判断，现在是（法律上）按大脑死亡来判断。定义的结果也是根据情况来的，中产阶级的具体收入，要根据国家的情况而定。所以，下定义有认知依据，要有背景性、发展性等考虑。

定义要合适

你可以规定一个词的意思，但要注意合适和不合适的问题，不合适的定义也可以把论证和行动引入歧途。定义不能过窄过宽。一般而言，不好的定义，其结果或者过宽，或者过窄，或者两者兼而有之。比如"行星，就是在宇宙中按有规律的轨道运行的物体"，因为"按有规律的轨道运行的物体"还有其他，比如哈雷彗星，所以这个定义过宽，包括了不是行星的物体。如果定义"行星，就是在宇宙中运行的围绕恒星运转的固态星体"，那么这个过窄，因为有的行星，比如太阳系的木星和土星，不是固体而是气体。"行星就是在宇宙中运行的固体星体"这个定义，既过宽又过窄，月亮是固体星体但不是行星，而气体的行星又被它排除在外。

另外,定义不能使用模糊隐晦的词,不然它自己也难理解,无从达到阐明别的概念的目的。

思考题

1. 分析这些句子或报道标题,判断它们有何语义问题。
   1) 你那部门还没有腐败?你们主任不听别人意见,结果决策浪费了多少钱?
   2) 艾伯比爵士:管理的规定的问题可以引起对规定的管理和对管理的规定之间的混淆,特别是在关于管理的责任和关于对规定的管理的规定的责任冲突、交叉的时候。
   3) 啰唆产生不清楚、不能表达的含义。
   4) 根据国家卫生健康委中国疾病预防控制中心今年初的统计,中国有心理问题和精神疾病的人口比例高达7%,总数超过1亿人。
   5) 有时候你能考虑别人的意见,有时候你能坚持自己的观点。
   6) 成都小区居民:我们有两个要求,一是基站搬走,二是解决信号问题。
2. 分析这些论证,说明它们的问题。
   1) 我不理解反对赌博的人是怎么想的。赌博是生活不可避免的一部分。当我们穿行街道、接受工作、开车、结婚时,都是赌博。赌博合法化只是承认这个事实。(Hutcheson & Joy,1986,p.52)
   2) 如果学生提的问题好,就能让教授更能提供帮助。既然更能提供帮助的教授应该得到终身教职,学生对谁应该得到教职起最终决定作用。(McKay,2000,p.64)
   3) 如果我们的感官没有欺骗我们,科学理论就是正确的;如果科学理论是正确的,我们的感官就欺骗了我们。所以,如果我们的感官没有欺骗我们,我们的感官欺骗了我们。(Hutcheson & Joy,1986,p.53)
   4) 警察:对不起,只有持特别证的人才可以在此停车。
      司机:正好,我有特别证,说明我完全可以在此停车。

3. 分析下面的定义的合适性,找找反例。(Hunter,2009,p.58)。

　　1) 小提琴:一种弦乐器。

　　2) 炉子:厨房里用来做饭的设施。

4. 试用中立、冷静的语言描述一个你反对甚至觉得令人愤怒的观点。

5. 下面对话中,乙反驳了甲吗?为什么?

　　甲:如果天下雨,地上就会湿。

　　乙:不对,天没有下雨,地上也可能湿,比如浇水。

6. 根据充分条件和必要条件定义,判断下面的论证的合理性。

　　1) 如果谁得了肺炎,他一定会发烧,你没有发烧,你没有患肺炎。

　　2) 如果运动的物体不受外力的影响,它不会改变运动的方向。这个物体受到了外力影响,所以,它改变了运动方向。

　　3) 只有年满18岁,才有选举权。你不到18岁,所以你没有选举权。

　　4) 只有有作案动机,才会是罪犯,他有作案动机,所以他是罪犯。

7. 下面的段落是解释还是论证?

　　1) 我的车早上发动不了是因为电池没有电。车里的仪表灯都不亮,估计是电池不能充电了。

　　　A. 解释。

　　　B. 论证。

　　　C. 既不是解释也不是论证。

　　2) 你应该经常去看父母,因为你每次去都给他们带来快乐。

　　　A.解释。

　　　B.论证。

　　　C.既不是解释也不是论证。

8. 《中国青年报》报道,南京大学某教授被指控有论文抄袭或一稿多投等学术不端问题。该教授回答,强调学术规范是2005年开始的,"你这样查,全中国所有的人,很多教授、博导都有问题"。

　　下面的两个评论哪一个是对该教授的回答的合理评论?

　　I. 这是混淆概念,学术规范问题和抄袭的学术不端不同。

II. 这是无关谬误，别人是否有错和该不该查她的行为无关。

　　A. I 合理。

　　B. II 合理。

　　C. I 和 II 都合理。

　　D. I 和 II 都不合理。

第五讲
求真：探求信息、评估信息

学习目标：
1. 了解虚假的危害，理解求真的态度对人、社会、国家的意义
2. 理解产生虚假的人性和社会因素
3. 了解传播过程产生信息污染的可能和原因
4. 掌握辨别虚假的原理和评估信息质量的两类标准
5. 认知信息的真来自全面性，片面性也是虚假
6. 运用问题分析来指导全面搜寻信息

5.1 真的必要和虚假的原因

思考和论证，必须建立在真实和全面的证据上。所谓实证，乃立足经验和实践。好论证首先必须满足的两个基本标准之一，就是前提真，或至少可以接受。如果犯了"有疑问的前提"（questionable premise）谬误，论证不可能好。

然而，在现代社会，如何得到和辨别真实，都不是那么容易的事情。

5.1.1 真,是生存、知识和文明的核心

真理的价值,照说是不用论证的。真是知识的核,求真才能创造知识。人和社会的生存、运行和发展,都要直面真实,哪怕是困难、危险的真实。危险的真实不一定会带来失败,无视真实则迟早会。

环顾世界,求真的态度,是国家先进和落后的分水岭。凡是文化中有求真精神的,国家和社会发展都不会差,不管它采用什么制度。相应地,即使采用同样的制度,如果在认真态度这一点上不同,国家状态可能会有天壤之别。读者不妨搜寻这样的例证。

1945年"二战"结束前,日本政体是天皇亲政的君主制;战后,是君主立宪的议会制;它们各自都有严重的缺陷或问题。但是日本社会特别是知识分子善于学习、求真、精益求精、持之以恒的精神素质,一直是日本强盛的根源之一。在20世纪初,日本就已经是中国

的留学之地。在"二战"之前,日本一些科学研究就达到世界级水平,重工业、汽车、造船等民用方面的科技已经十分先进,已经能制造航空母舰和尖端飞机。今天的日本,科学家有不少新发现、新发明,工业拥有大量核心技术,这些是这种精神素质持续的结果。有人用"刻板""保守"来抹杀日本的认真精神,并称其阻碍创新(中国科普博览,2018)。这种说法不仅是逻辑错误,也不符合事实。

2001年,日本政府提出,要在50年内拿30个诺贝尔奖。日本化学家野依良治当年获奖,成为这一目标的"开门红"。野依良治曾在一次实验室爆炸中负伤,脸部和脖子处缝了20针,两天后又重返实验室。(徐乾昂,2018)新华网2017年访问发明新免疫疗法的日本免疫学家本庶佑,报道他"强调打破固定思维模式以及持之以恒对科研人员的重要性"。(新华网,2017)2018年,他获得诺贝尔生理学或医学奖,随即宣布有意将诺奖奖金捐赠给大学,向年轻研究人员提供援助。他再次对记者提到开放和求真精神结合的重要性:"对教科书写的不能

都信,要常常保持怀疑的态度,真正的到底是怎样的,这样的心态很重要。"(日本小智,2018)

日本科技界有没有造假的呢?当然也有,但揭发出来的都身败名裂。2014年1月,日本理化学研究所的博士后小保方晴子在《自然》上发文,宣布一种"小保方晴子STAP"(新型万能细胞)制备法,一个关于干细胞的突破性的进展。但是,其他科学家发现,无法重复。2014年2月中旬,日本理化学所就展开调查,4月1日即公布结论,认定小保方晴子在研究过程中存在"捏造"和"篡改"图片行为。日本科技界和社会舆论同仇敌忾地谴责她。调查委员会认为她的教授,在《自然》发表过九篇文章的世界著名学者、论文的共同作者笹井芳树并没参与造假,但核查失职,责任重大。2014年8月5日,52岁的笹井芳树教授在羞耻中悬梁自杀。

2016年5月,河北科技大学副教授韩春雨在《自然·生物技术》上发表文章,称发明了一种新的基因编辑方法,引起轰动,许多媒体迅速把韩春雨称为"诺奖级科学家"。但6月份开始,多名科学家就表示,不能重复他的论文结果。但是,学校冠以他各种荣誉,争取到大笔经费。直到一年后,韩春雨被迫从杂志撤稿,学校才启动调查。又过了一年,2018年8月底,学校才公布调查结果,声称"未发现韩春雨团队有主观造假情况"。

仅仅10天后,2018年9月10日,澎湃新闻公开一份2014年录音显示,韩春雨自曝早年曾通过代写学位论文牟利,意图组织学生进行学位论文买卖活动,劝说学生花点钱买个论文很赚,并欲以版面费为条件,换取其妻在他人论文中署名。《科技日报》评论员说,如今复盘韩春雨的言行,全然是违背科学精神的。韩春雨完全没有求真、实证、质疑和理性的精神。(科技日报,2018)

至今没有关于这个录音的调查的消息。韩春雨依然在做他的教研工作。

2018年6月21日,《科技日报》主编刘亚东说,中国科技界缺乏科学精神、工匠精神和持之以恒精神。"浮躁和浮夸是中国科技界流行的瘟疫,而且至少已经持续了20年。"(刘亚东,2018)

从2001年到2018年,日本已经有18位诺贝尔奖获得者,平均每年一位。

5.1.2 虚假为什么泛滥

正如坚守"忠孝仁义做人,求真务实做事"的"高铁院士"王梦恕所说:"如果大家都不说真话,那社会就没希望了!"

他说这话时,或许想的是,现在的虚假现象触目惊心。

刘亚东说的中国科技界流行瘟疫的话,是真话。从数据作假到论文买卖,现已见怪不怪。刊物主编敛财上亿,刊物已如草纸,但依然是评职称的依据。恶性循环已形成。国际的杂志拒绝如此,所以中国学者撤稿的丑闻连篇累牍,都是因为作假和舞弊。科学网 2018 年报道,过去十年里,IEEE(国际电气和电子工程师协会)一共撤回了 7 000 多篇自己主办的会议的论文及摘要,"而这些被撤稿件的作者几乎全部来自中国"。原来,大批耗费国家资金但价值无几的劣作,企图借会议论文审查不严之机,进入收录检索之列,从而充作发表的论文。(观察者网,2018a)

虚假浮夸更是社会问题。如今的娱乐界,甚至连电影观众数量、收视率都是公开造假并成为常规。商业中的伪劣欺骗,早已层出不穷。从饮用水到盐、鸡蛋、油、牛奶、果汁、猪牛肉、疫苗,再到莆田系医院的欺诈,似乎凡是和人的生活关系重大的,都有人去作假,只要能害人的,都有人去做。在极端利己的价值观之下,基本人性已经丧失。大众没有信任和安全感。

未来情况严峻。今天的青年人拥有前所未有的走向世界学习的资源。然而,从留学申请的成绩单、存款证明作假,到托福等考试舞弊,到在西方学校中的代考、代写论文等作弊的行为,这些年都在成倍增加。中国学生因作假被退学、开除甚至被刑事处罚的报道不绝于耳。2018 年,美国侨报网报道,《华尔街日报》一项新的调查表明,在美国读书的国际学生,尤其是中国学生的作弊概率,是美国本地学生的五倍还多。"《纽约时报》曾发表过一份对中国留学生的调查,在被调查的 250 名学生中,90% 有造假的情况,中国留学生甚至被描述成骗子。"(中国侨网,2018)这些留学生用父母的金钱,换来了世界对他们的名誉和能力的轻蔑。而且,想想看,拿着代考、代写得到的文凭回来的学生,对中国未来意味着什么。

很多虚假已经被当作"亲历的事实"而遗留后世。如主流报纸传播"上海女逃离江西农村"的"纪实"、正规记者写"一个病情加重的东北村庄"的"返乡日记"等。科学家丘成桐说,他根本没有被访问,但对他的"专访"的"问答实录"赫然出现在打着真实、自由、良知旗帜的报刊上。这样的情况如此之多,丘成桐已经无力去一一辟谣纠正。结果是,这样的以讹传讹,最后成为"真实"而流传于世,成为后世研究今天中国的史料。(澎湃新闻,2016)

5.1.3 虚假的社会原因:三座大山

为什么成了这样?

求真,是一种精神态度,它和人的诚实、正直、公正的品德唇齿相依。而我们看到的,恰恰是品德和价值观出了问题。打开报纸,第一页的消息或许是"幼教机构虐童事件一再出现""12 部门联合发文,治理佛教道教商业化""校园裸贷受害者……"等等。无辜的幼儿遭残害;应该是精神净土的宗教也玷污腐败;在校女学生为了一部新潮手机,可以走向"裸贷"甚至卖淫;众人的偶像、偷税漏税数亿的演员范冰冰,是"国家精神造就奖"的得主……

腐败通常包含虚假和贪婪。崇尚投机取巧不劳而获的价值观(委婉语叫浮躁),是虚假的直接原因之一。善恶不分和是非不明紧紧缠绕。把金钱、物质享受和肤浅名利看得比真诚、信誉、良知、礼仪、羞耻都重要的人,几乎必然会以抄袭、作假、欺骗、寄生、偷窃的手段来获取。唯娱乐化必然牺牲真实。在被问及如何看待《百家讲坛》某讲演人涉及抄袭事件时,有近一半网民认为"只要节目好看,无所谓"。(中国青年报,2009)

怎么办?我们如何在这样的迷雾中站稳脚跟,明辨是非?

我们从小就要树立人格正气,建立和坚守自立、自尊、自律的人生观、价值观。有诚信的社会才可能是安全的社会,建立它要从每一个人做起。自律,是为我们自己好,让我们具备人的尊严。人,应该有一个高贵的头。哄抢,可获得一时的蝇利,也会获得一世的鄙夷。

求真精神,是批判性思维四大精神之一,我们必须培养求真的态度。培养它,需要从虚假的根源入手。理论上我们已经知道,虚假至少有两大来源:一、社会因素,包括名利、情感和偏见(社会习俗、意识形态、党派),在以物质和情感为准的价值观下,人们会有意作假。二、主客观认知条件的限制,包括人的生理、心理的因素,它们影响和限制了人的认知,所以,即使不是有意,人也会产生虚假和偏差。

第一类来源现在是虚假浮夸的首要、主要原因。名利、偏见和情感,是作假的主要动力。一些商人作假固然是出于利益,一些知识分子作假,也和利相关。原来读书人的主要念头可能是青史留名,现在,物质利益似乎更重要。发表文章,晋升职称,成为教授,会有名有利甚至还有权。所以,写不了文章或者不想写文章,就抄袭作假。

以情感为上的社会,也会容易走向虚假。产品鉴定请来的专家,即使不贪钱财,也可能会碍于情面,在主办方早已印好的"世界一流创新"鉴定书上签字。

理性、道德和法制,文明社会的三大鼎足,要靠每一个人自觉、不懈努力才能建立。

5.1.4 虚假的认知原因:人是片面的观察者

虚假的第二大类来源,是人的主客观认知条件的限制。

证据、理由的真实性问题,首先是一个经验的问题。而经验其实是反应、制造、拼凑和推理过程。我们的生理局限使得我们的观察,在任何给定的时刻,只能是单面的。我们看不到自己的背后,我们天生是片面的观察者。

生理因素导致我们的观察有误,这也不是新闻。2015年,网络上为了一件格子裙子的照片发生对垒:裙子到底是"蓝色+黑色"还是"金色+白色"?75%以上的人选择"金色+白色",但实际颜色是"蓝色+黑色"。专家说,"如果你看到的是'蓝+黑',那么证明你视网膜上的视锥细胞拥有较高色彩感知能力,这导致你的眼睛能够主动排除掉一部分的干扰来观察到最真实的色彩。而如果你看到的是'白+金',那么证明你的眼睛在低光条件下会对色彩的感知产生偏差,造成颜色的混合(比如红和绿)"。(快科技,2015)

认知的偏差不仅是视网膜,大脑其实也搞自发构造。人们往往会被自己的虚假记忆愚弄。德国雅各布大学的研究小组发现,一个人在录像中看到另外一个人所做的动作,往往会认为他自己也完成过这个动作。如果一个人在录像中看到另一个人在摇晃瓶子或洗扑克牌,两周后他往往会认为这是他曾经做过的动作。该小组的科学家解释,这种机制可能与人体的内在模仿功能有关。当我们旁观其他人的动作时,往往在内心会有一定的模仿,这种模仿功能可以帮助人学习,也可以引起虚假记忆的出现。(新浪科技,2010)

除开生理的构造机制,人的生活、家庭和教育环境中形成的观念、信仰、习惯、思考模式,也构成了大脑处理信息的框架和程序。所以,用科学方法论的术语说,没有独立于观念的观察。可以这样说:个人经验天生就是"偏见"。事件当事人的描述并不具有天然的正确性。每个人看到的东西,取决于他的意愿、过去和状态。

5.1.5 间接信息的双重污染:传播扭曲

除开在直接经验中产生虚假的情况,信息在传播中也可以受到扭曲和污染。这样的情况可能更多。我们每天接收的信息大部分都是间接的,都经过转述、报刊、电视、网络的传播过程。在大多数情况下,读者不能亲自看到澳洲的黑天鹅或者非洲的旱灾。我们依靠他人的经验和报告来判断证据。

这产生了双重复杂性,即认知的误差和传输的误差,对真相产生双重扭曲。传播的扭曲,也是来自利益、偏见、意识形态、习惯、感情以及认知能力的局限等因素。

2018年8月下旬,网络上流传微信公众号"下层人世界"一篇"呼吸税"文章:

中科院院士建议收每人每月20元"呼吸税"

18日在广州举行的"中国森林城市论坛"上,中科院院士蒋有绪呼吁政府考虑征收"呼吸税",因为居民也是二氧化碳的排放者,应该为节能减排付出代价,"可以考虑让市民每个月买20块钱的生态基金"。此建议立即在网上引发热议。一片反对声中,网友调侃,"下一步应该呼吁联合国,征收放屁税"。

该文的其余部分是各种议论、讥笑和痛斥。文章下面的读者评论中,点赞最多的几条是骂该院士"猪狗不如""还有脸活在人世""已患老年痴呆症,建议送精神病院医治!"(下层人世界,2018)(注:在"科学院之声"辟谣后,该文已删除)

然而,只要一查网络,就知道这已经是10年前的旧闻,该微信公众号文章有意隐去了原来的日期是2008年11月18日。当时这个"报道"已经引起广泛转发和各方痛骂,10年来也在网上不断重复转发,每一次都能引起新的情感浪潮。

不过,10年前,就有人质疑并求证报道的真实来源。一位科学记者在科学网的博客上表示怀疑(李虎军,2008;李泰格,2009),他找来当时报道的报纸《新快报》的原文:

> 引题:蒋有绪院士称政府应让企业和市民付出代价
> 标题:吁征生态税 市民每月20元
> 昨日在广州举行的"中国森林城市"论坛上,中科院院士蒋有绪呼吁,政府可以考虑对企业甚至排放二氧化碳的市民征收生态税。
> 蒋有绪认为,居民生活在地球上,作为二氧化碳的排放者,应该为节能减排付出代价,"可以考虑让市民每个月买20块钱的生态基金"。

在这个报道里,蒋的言论和报纸本身,并没有"呼吸税"的字眼。这位科学记者感觉,在这篇报道中,记者似乎混淆了生态税和生态基金的概念,也没有说明是否对蒋有绪本人进行过采访。因为媒体在报道中误解科学家的话语的情况很常见,他找到了蒋有绪的发言记录——《广州日报》的大洋网对论坛进行的文字直播。所谓文字直播,是指在会议期间,由专业的速记人员整理与会者的发言记录,并实时刊登在网络上。根据大洋网的记录,蒋有绪的原话是:

> 城市森林既然有这么多好的功能,是否可以考虑进一步关于生态税收的问题,因为他享受到收益的,每一个市民也在排放碳,我们是不是可以搞10块钱、20块钱的基金,这些钱来进行造林,而企业也可以通过税收支持城

市森林的维持。

如果这个原话记录大致准确(当然速记也可能存在错记、漏记),那么这里展现了传播过程将真相一步步曲解为荒谬、成为耸人听闻的谣言的过程。概括它传播过程的几个节点:

1) 蒋院士在 2008 年 11 月 18 日的广州会议上发言。
2)《新快报》最先现场报道,标题将蒋院士说的对个人的基金归为"生态税"。
3) 某网络媒体加上"呼吸税"标题,进一步将蒋的原意歪曲成对"呼吸"收"税"。
4) 其他网络媒体如新浪网不加思索地转载此"呼吸税"流言。
5) 网络、社会大片着火,一片痛骂。
6) 中科网某科学记者通过查找现场速记,撰文澄清:蒋院士原话没有"呼吸税"意思。
7) 该澄清被淹没在"呼吸税"的浪潮中,绝大多数网络媒体没有转载它。
8) 10 年后,2018 年 8 月,某自媒体又刊载该"呼吸税"报道,并隐去了年月信息。
9) 果然,许多人以为这是最近提议要收"呼吸税",涌起又一轮痛骂。
10) 2018 年 8 月 28 日,"科学院之声"对此辟谣,称蒋院士指的是基金,不是税。

即使这样辟谣了,它们以后还会不会死灰复燃?也还真难说。
至于为什么"呼吸税"是对原意的歪曲,请见本书 8.4.1 节更细致的说明。

5.2 辨别虚假信息的两类标准

在以假为真、以假为荣的环境中,人要想认知成功,就更加需要认真、求真的精神和手段。不过,如何求真呢?

5.2.1　辨别真伪的基本原则

上一节关于"假是怎么产生"的讨论,已经指向了如何避免和判断虚假的线索。

如"呼吸税"例子显示,产生歪曲的原因来自传播过程的疏忽和局限性。所以,我们应该避免那些经过很多传播的信息,要寻找第一手、原始的资料。

但是,即使是直接观察,人可以因为利益、情感和偏见而凭空作假,也可以因为观察者自身的生理和心理的局限而产生片面。而偏信片面必然导致虚假。"呼吸税"例子也显示,一开始的现场记者报道,或是出于理解缺乏、偏见甚至渲染的需要,就有混淆税和基金的偏差。一般而言,观察和传播过程至少有这些因素参与:

1) 观察者的生理状态:单一的位置和角度,观察状况、条件等可能产生了局限。
2) 观察者的心理状态:根据已有的心理成见、欲望和情绪进行下意识、有偏向的信号筛选、连接和推理。
3) 观察者的知识观念:根据对事件背景、关系的了解而形成有解读和辨别的观察印象。比如将关于一个较大的、移动的黄斑色物体的感觉综合判断为"老虎"。
4) 观察者的语言概念:运用自己理解的语言概念来描述印象,比如用"老虎"一词来描述这个印象,概念的普遍和抽象性质由此渗入观察报告,并可能带来更多的含义。
5) 经过传输,最后,阅读者根据自己的心理和对"老虎"概念的理解来阅读这个观察报告,由此产生读者自己的解读、推理的印象,它可能和文本的原初意义又有不同。

你看,多少因素参与正常的观察和传输,我们要尽量了解产生观察扭曲的各种因素。

那么，综上所述，判断证据的质量的基本原则，至少应该有这样几条：

追求原始证据，但要验证

尽可能追求原始证据。当然不是事事都要去查原文，但是如果要对一个报道发议论、下判断、做决定，不查原文就是准备冒丢脸吃亏的风险。传播过程产生的信息污染如此常见，查原文是重要情况下的必需工作。

另外，对第一手材料也要持批判性思维态度，既要依靠它，又要审视它。查原文是避免传播的污染，但是原文本身也可以污染的：社会和认知的因素会扭曲人的直接观察经验。那么，在证实观念之前，我们需要证实证据。

寻求多方面独立来源来检验证据

求真，就要有多方、多样化的证实。一个人的经验是片面的，多个人的经验可以互相印证，互相补充。辨别信息真假的最有力的标准，来自客观性。客观性，在于它有全面性——客观，即他人的观察，可以减少片面性。

千万不能忘记公正性的关键作用

客观性也和中立性紧密相联，因为如果没有利益、情感、成见等的介入，会使自己免除主观偏向，就会有公正性，就容易看到事物的本来面目。而一旦有了偏向，即使是"直接亲历的证词"，也要打折扣。换句话说，没有公正，所谓事件亲身经历者、第一手报道者、专家权威等身份，都丧失了可靠性，反而起误导作用。由于偏向生存于我们内心，所以，公正性也是最难达到的。

没有直接证据不等于没有合理判断

在没有原始资料、独立来源证实的情况下怎么办？

许多骗局的最后借口，就是它是个人"私密"，是偶发的"奇迹"，别人无法重复，所以无法证伪。有专家说，没有撞人的视频，就没有对撞人的合理判断。这样的言论虽然获得广泛的支持，但是只要多想几分钟，就会知道是错误的。没有交通事故的直接视频不等于不能合理判断事故。就像没有杀人的视频，不等于不能判罪一样。

对真的辨别和评判，是多种要素的综合推断。合理怀疑，来自足够的证据支持，而不必是确定的证明。通过考察信息来源的信誉、信息获取的背景条件、相关性、完整性、一致性等，也可以得到对证据和断言的合理判断。

根据这些原则，下面列出判断信息、证据的真假或可接受性的细则。

5.2.2 考察信息的来源

因为信息大多数是经传播而来的，多半情况下，我们不能亲自去经历，所以，判断信息的品质，多半不得不通过判断"证据来源"（证据的观察者或传播者）的品质来进行：

1) 证据来源能核实吗？
   - 来源有署名负责吗？
   - 注明的来源可以核查吗？
2) 证据来源可靠吗？
   - 来源过去有说谎的记录吗？
   - 来源过去对待报道差错的态度如何？
3) 证据来源如何获取证据的？
   - 这是来自直接的、正常的观察吗？
   - 观察者看到了事件全过程吗？
   - 观察者没有受到情绪压力、酒精、毒品等因素干扰吗？
   - 观察状态有片面和局限的可能吗？
   - 有其他观察者的补充、证实吗？
4) 来源有偏向的可能吗？
   - 证据会影响（加强或者削弱）来源的名誉、利益吗？
   - 来源和争执的某一方有亲友、雇佣、金钱、情感、观点、派别等关系吗？
   - 来源可能会受到预先的说法和已有的偏见的影响吗？
   - 来源对观察结果有事先的期望、有相信或支持一方的强烈愿望吗？

   （对偏向性问题的回答如果有一个"是"，来源可信性就要降低）
5) 来源的专业能力如何？
   - 来源有相关的理解能力或知识（或是相关专家）吗？

- 传播和发布者的资格和信誉如何？
- 发布者是个人博客还是学术杂志？
- 发布者有信息核查和评估程序吗？

5.2.3 衡量信息本身的质量

当然，我们也要考察信息特别是观察报告本身的质量，以此来判断其可信性：

1) 信息和考虑的问题相关并重要吗？（不然就不必继续下面的考察）
2) 信息记录细致、准确、完整吗？
   - 对事件、证据的描述具体、准确和精确吗？
   - 还有什么关键信息没有提供？
   - 对他人的、第二手资料的引用完整、可靠吗？
3) 信息客观、全面吗？
   - 还有别的甚至是对立的信息吗？
   - 还有别的看法和解释吗？
   - 信息可以由他人独立证实吗？有同行评议吗？
   - 记录中掺杂了倾向、意愿、目的、观念吗？
   - 记录中哪些是事实、哪些是解释和推理？
4) 信息和其他观察、常识和知识一致吗？
   - 记录是否包括奇异、不同寻常或无法证实的细节？
   - 记录是否有自我矛盾或不可能的地方？
5) 信息记录的时间性？
   - 是原作转述还是包含新发展的近作？
   - 发表的时间与事件或研究发生的时间相隔久远吗？
   - 是被人的提示而引导出的事后回忆吗？

评估信息，一般是对来源和报告质量的考察的两者结合。最常用的考察指标,是来源的资格和可靠性,信息的完整性、全面性、客观性、具体性、时间性等。

5.3 求真:探究全面信息

我们说,真假问题,一看是不是事实,二看是不是全面。虚假,有的来自赤裸裸的歪曲甚至无中生有,有的来自挑选部分事实、掩盖其他事实,即"掩盖证据"(suppressed evidence)或"挑选偏向证据"的片面性谬误。美国总统特朗普为了证明参加他的就职典礼的人数有史以来最多,会拿出黑压压的人群的照片;而他的媒体对头,则突出有大量空白地的照片。

因此,探究实证的一个主要规定,就是全面搜索信息。这是求真之必需。

5.3.1 搜索信息:搜索全面的信息

其实。从学术研究、商企规划到人生决策,谁都知道应该尽量收集各方信息,这是事情的理想方面。而实际上,这是决策最薄弱的环节之一。我们简单看一个例子。

> 某数据服务公司需要购买一个大型存储器,以便存储公司的关键数据,运行数据库和应用程序,这是这个公司的命脉。
>
> 2011年底的一天,公司的IT(信息技术)部门接待了IBM来的服务器XIV的销售人员。这位销售员热情地对XIV的性能和优点做了图文并茂的演示介绍,并发给在座人员一份专门制作的精美的宣传小册子,称XIV是新一代存储器,它采用了新的网格(grid)技术,使得数据全部均匀存储在所有的硬盘中,不再需要构造分区的硬盘系列(array);它容易操作、便宜、效用好,可以省去专门的管理人工。
>
> IT部门经理当即拍板,决定购买XIV存储系统。
>
> 公司数据库的技术人员听说这个决定后,要求测试它对公司数据库的支持能力。同时,他们开始收集有关资料,力图做更全面和细致的分析研究。

多重测试表明,现有的数据库在 XIV 上面运转时,效用比现在的存储器要慢 50%～300%。而且,通过搜索各种信息,阅读其他用户报告、竞争厂商观点、专家的分析、IBM 的技术支持和用户手册、升级报告等,这些技术人员对 XIV 存储器的原理、运用范围和影响得到更好更全面的理解,经过这样分析,对比各种优点和实际需要,他们更加认识到 XIV 不适合公司的大型数据库的要求,他们的测试正好反映了这个结论。

但是,IT 部门领导利用权力,压制了数据库部门的意见,最后落实了购买 XIV 的决定。

XIV 正式进入生产运行后的第一个星期,公司的三个部门都在呼叫:他们的数据提取任务均不能按时完成;各部门所需的大数据的报告,需要比以前长 2 倍的时间完成;网上用户提取数据,出现了明显的延迟和等待,影响了公司收入。

无奈,公司火急决定,追加拨款,马上购买另一种存储器 V7000,挽救局面;不久,决定启动退货进程。在经历功能失效、数据问题、人工和资源的消耗后,到 2016 年,IT 部门终于完成全部的数据转移和善后工作,得以将 XIV 退给 IBM。之前,IT 经理已经被解职。

这个失败的原因很多,其中一个重要因素就是,决策所依据的信息,仅仅是 XIV 制造商的文宣材料,甚至没有查阅他们的技术支持和使用手册。有关人员没有信息全面性的观念。其实,当时用户反映的问题、专业人士对 XIV 的优缺点的分析等信息,都是公开的,在网络论坛上轻易可查,但没有人想到要去浏览。

XIV 的故事显示,搜索全面信息的环节,不能以时间紧、人手少之类的借口跳过去。研究发现,商业公司的改革项目最后多数会失败,原因之一就是在信息环节上。

信息的全面性,首先指从多方面的视角看问题。在这个例子中,信息至少有六个大的相关来源:产品制造商、本用户企业、竞争厂商、相关行业、独立专家和其他用户。此外,产品制造商(IBM)和本用户企业的来源中,又有不同的两种信息。制造商的文宣材料,因为面向普通人,通俗易懂,但可能具有表面、渲染的性质。更为反映技术产品真实性能的渠道,是制造商的技术和使用手册。而本用户企业的观点,一方面是商务运营对未来的数据系统的要求,这是商务用户观点;但另一方面,了解 XIV 是否合适,却是它的技术部门,他们的意见不能忽略。所以,这样一细分,所需信息就有八个不同方向和角度的来源。它们可以表现如下图:

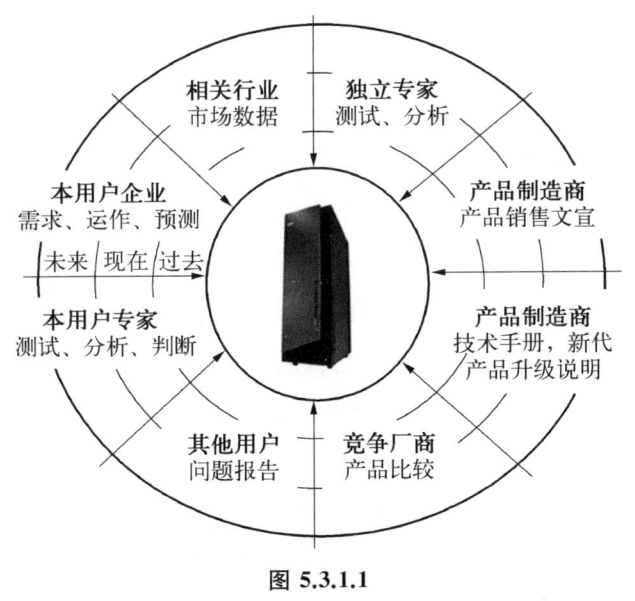

图 5.3.1.1

信息还有时间维度的性质。图 5.3.1.1 只是表现了部分的细节,比如本用户企业关于过去、现在和未来的运营需求的信息,它的技术部门对现有和未来系统的要求和发展的信息,产品制造商的技术升级手册反映的 XIV 系统的未来发展信息。这些都会给决策提供必要的了解。所以,需要考虑信息的时间性和发展趋势。原则上,应该对每一个方向的信息都作时间的考虑。

当然,信息全面性的要求视情况而定。不同情况下信息数量和类型会不同。信息的全面性也和问题的构成、论证的假设、推理的类型、结论的特点等相关。如果理解论证的特点和需要,就会意识到所需的信息,扩大寻找信息的范围,避免上述 IT 部门的信息单一的错误。

5.3.2 信息探究的全面性原则

这个例子,把我们需要考虑的原则大致显示出来:搜寻信息必须全面,全面性根据对象的类型,问题的构成、关系、背景和前提,结论的需要,时间和观点角度而定。可以把这些要求概括为信息全面性的规则,它表示,为了思考全面,要尽力寻找这七大方面的证据或观点:

1) 对象的独特内在构成要素,行业和专业特点的信息。
2) 对象和要解决的问题与和其他事物的依赖关系。
3) 问题的来源、背景、假设和含义。
4) 论证和结论:不同类型论证,比如因果论证和决策论证,需要不同证据。
5) 多元观点:和问题相关的各种视角的证据和观点。
6) 时态性质:过去、现在和未来的信息,以及信息的时间和趋势性质。
7) 价值观念:对什么因素更重要的看法,它决定信息的选择和取舍。

自然,这七项规则,不是每一个情况下都需要满足,比如价值观念,在探求客观知识时可以略去。但商企在搜寻信息时,应该以这七个方面为指南,力求全面。

读者或许发现,这些和第二讲叙述的问题二元分析的12维度十分吻合。1)和2)是关于问题的对象的,3)~7)包含了问题认知的性质的主要因素。这就是说,按照问题分析方法,就可以得到这样七大方面的信息。从这里再次看到,问题分析,是认知的启动、起点、启发和指导。它通过把问题分解为多维的子问题,寻找信息,为下一步解决问题提供扎实的基础。

总而言之,搜寻信息时要从维度和质量两大类考虑。信息的维度,依据于问题、情境和目的而变,但全面、竞争、深度、细节和具体,是几个关键的标准。

思考题

1. 为什么说求真精神和人的价值观与道德品质的培养密切相关?

2. 影响证据来源的公正性有哪些因素?为什么说它对证据的可信性至关重要?

3. 判定证据自身质量的标准中,你觉得最重要的是哪一个?为什么?

4. 你觉得下面这些报道标题有问题吗?如果有,是什么?根据是什么?

   1) 安徽:女子从狗口救女童 自己手和腿基本被啃光。
   2) 长得太美影响男同事工作 花旗银行女职员被解雇。
   3) 湖北随州将建世界首条高温超导磁悬浮列车示范线。
   4) 北京房地产商协会会长赞成炸掉故宫盖住宅。

5. 网搜新闻"粗制滥造的科普图书 海象就是把大象脸P到海里吗",讨论它的原因和意义。

6. 网搜新闻"李嘉诚从汕头大学撤退 基金会办公室被摘牌",追踪并思考谣言制造的过程。

7. 网搜新闻"美国哈佛大学校董事会 决定巨款收购汕头大学",看它违反哪些评价信息的标准。

8. 评价下面段落中提供的证据的质量。

   1) 上个月考斯先生令人信服地证明怀孕的妇女应该少喝咖啡。根据他六年来的研究,他发现有很强的证据支持咖啡因对胎儿有危险的结论。(Warnick & Inch, 1994, p.100)

   2) 我们应该将大麻、可卡因和其他毒品的拥有合法化,不管怎样,这些罪行的唯一受害者是使用者自己。(Freeman, 1988, p.64)

   3) 在一个Zenith数据系统的广告中,Zenith公司CEO说:"在最近18个月里,我们采取了很多大的步骤来回应我们的客户对创新和优惠价格的需求,以及适应PC工业中的巨变。我们现在开发的生产线将在市场上取得明显的优势。"(Warnick & Inch, 1994, p.100)

9. 某厂商广告,"医疗机构的研究证明,这个牙膏对牙周炎有80%疗效"。下面哪个因素和判断与这个广告可信性无关:

   1) 该医疗机构的研究者专业的信息。
   2) 该研究受到厂商的资助的信息。

3) 该医疗机构的研究者工资收入信息。

4) 研究报告对疗效的原因的解释。

10. 安徽一位老人称,某日早上自己被一女大学生骑自行车撞倒,导致多处骨折,而女大学生否认曾与之相撞。因为出事地点处于交通监控死角,没有出事瞬间的录像,难以判定。不久,有一自称目击者的网友站出来,愿为女学生作证。

下面哪一个事实,有可能降低该网友的证词的可信性?

I. 通过女学生的交谈提示,该网友认可老人不应该是女学生撞的。

II. 该网友对女学生说,现在"扶老被讹"现象太多,我要主持正义。

III. 该网友称当时街上人多,女学生车速慢,这与事件前的交通录像不一致。

A. I

B. II

C. III

D. I 和 III

E. I、II 和 III

11. 假设你要考虑将来职业的去向,试用问题分析法列出所需信息的方面和来源。

12. 假设你要研究取消午休对学习的影响,试用问题分析法列出所需信息的方面和来源。

第六讲
推理：相关、充分和谨慎

学习目标：

1. 明确推理的三大要求：前提可信性、前提对结论的相关性和支持的充分性
2. 了解关于相关性的两大类谬误：无关谬误和简单、绝对的思想方式
3. 理解充分性在不同类型推理中的要求
4. 理解演绎的有效性和应用范围
5. 掌握几种基本的演绎有效形式和无效形式
6. 了解评估三种归纳推理的原则和标准

在完成澄清概念、收集和评估信息的步骤后，我们进入评估论证的第三大任务：考察论证推理的合理性。

记得论证的第二基本标准：推理要有相关性和充足性。推理是论证理性运行的轨道。保证理性的底线，是要用真实、相关、重要、全面的证据，并在它和结论之间，连接成一个具体、细致、连贯、充分的推理链条。

然而，如果说，不求真，是盲从的第一大主因，跟随没有道理的"推理"，正是

盲从第二大主因。

我们在这一讲和下一讲来讨论一些主要的推理方式。

6.1 推理：相关性和充足性

6.1.1 推理以相关性为起点

推理关系的作用，就像论证的头和躯体之间的脊椎骨。不过，人的脊椎骨都一样，推理关系却有多类。下图表达论证的主要成分和推理的主要类型（改编自Martin，1998，p.19）。

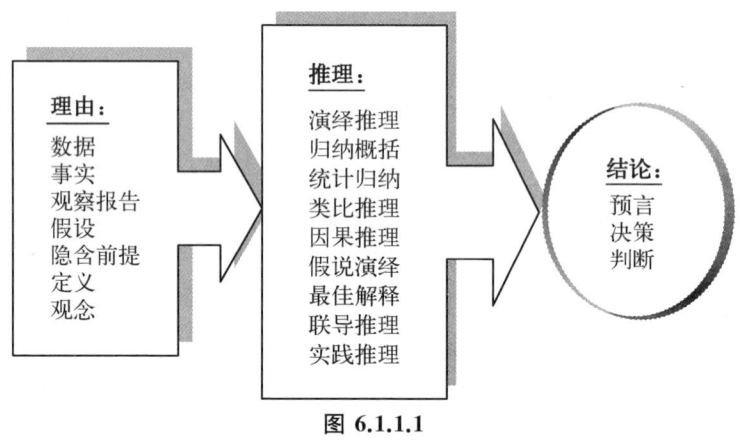

图 6.1.1.1

如图显示，推理关系有不同种类，形成不同性质和质量的论证，所以，对推理关系的评估也会有不同。不过，它们的共性之一，是要根据证据，来寻找相关并得到充足支持的最好结论。所以，推理，是从证据和结论之间的相关性开始建立。那我们先从相关性的问题谈起。

什么是相关，和许多概念一样，从理论上精确、全面地定义它不太容易。不过，从常识而言，一个因素A和另一个因素B相关，常常指A的变化会引起B变化（相随变动）。一个证据如果和一个结论相关，通常指这个证据的存在与否，会影响结论的可靠性的变化。从另一个角度看，A和B相关，指它们之间有细致和具体的联系和作用（因果关系）。还可以有别的对相关性的阐释，不过，这两种阐述，在大多数情况下，符合论证的要求。而相应的问题，大多数也正在这两种。下面说明这两大类的无关谬误。

6.1.2　无关谬误一：对推理的非理性关注

一大类的相关性问题，来自关注对判断推理的可靠性没有作用的因素。

2017年4月21日，著名学术出版商斯普林格宣布期刊《肿瘤生物学》因作者编造审稿人和审稿意见而撤稿107篇中国作者的论文。下面是对此新闻的一些评论（孙武，2017）：

1）不久前英国也有大学学术论文造假被查。学术造假属于全球性问题，不是只有中国学者才这样。

2）作为一本学术期刊，不研究发表者的学术，而是看推荐者，呵呵，这才是造假的原因。它自己就是造假。

3）有漏洞不去堵住，却怪钻漏洞的人素质品德不行。只要有漏洞就有人会钻，这是没法杜绝的事，只有改革体制堵住漏洞才行。

4）按照常理，说严重点，是这个期刊内部先有人腐败掉了，所以中国人的中介公司才有缝可钻。为什么有人故意不提这个瑞士期刊编辑部或是出版社的问题，也不提中介公司的问题，但专门抹黑中国的科研人员，这才是一个有趣的问题。

5）还有一个可能，期刊知道这是造假，但还是登出来，再来打假，先不说有没有某种"政治正确"，宣传目的确定是达到了。

如果要否定斯普林格的决定，应该是反对它的指控的合理性等。但是，上面的评论无一与此相关。1）是借口别人也作假，这是诉诸大众的谬误。2）矛头指向杂志普遍采用的同行评议制度，强词夺理把它歪曲为作假，这也是制造议题转移注意力谬误。3）流行的套路：怪环境和制度，是和1）一样的谬误。4）毫无根据地臆想和指责被欺骗的期刊，然后煞有介事质问为什么不查它，这也是转移注意力的谬误。5）是诉诸动机谬误，而且一样是臆想，毫无根据。

无关谬误,是论证和思考方式的谬误中的一个主要类别,四处可见。在本需要论证一个结论的真假可靠性时,人们却诉诸情感、传统、大众、无知、威胁、动机,搞人身攻击,顾左右而言他,等等。这些有的反映技能训练的缺乏,有的却是精神品质的外显。在韩春雨事件中,当自己的实验最终被多名科学家确定不能重复时,韩春雨本人面对质疑拒不接受,声称"有人想害我""因为我动了别人的蛋糕,他们要诬陷我""我跟他们不是一个圈子,所以他们不认可我"。(科技日报,2018)这样的辩护还有广泛的群众基础。在后来关于他搞论文买卖活动的录音公开时,在报道的读者评论中,不少人这样为他辩护:"有人想搞他啊""学者之间互相代写论文本来就是常有的事""又不止这一个人,盯死一个算什么本事""知识分子也需要生活""如果一个人一直读书,从小学一年级起,最起码花费21年读到博士,到了大学任教培养高等人才,薪酬只不过六七千块,且没有学术额外收入,谁能甘心?"。这些评论全部都是无关谬误。

2018年,美国一位华裔教授公开了她写给被开除的中国学生的一封信。信中告诉该学生,抄袭和各种虚假手段违反学术的求真、诚实,做学术首先要做人。然而,网络上许多言论谴责这位教授。说她作为老师"没有包容之心""对学生用'文化大革命'开批斗大会的手段"。一些人"人肉"该教师后称她所在学校是"不入流的克莱登大学","她没有资格谈学术",是"野鸡教授打着哲学的招牌写心灵鸡汤",是"自我炒作"。甚至有的呼唤几十年前在美国枪杀教授的中国学生卢刚:"卢刚何在???替天行道。"一种残忍、无能、阴暗和懦夫的心理在展现。

在利益、情感、偏见膨胀成为主流价值观和社会规范时,无关谬误更会泛滥。

6.1.3 无关谬误二:简单和绝对的思想方式

另一大类的相关性问题,就是把现象简单归于某种因素(通常是自己最喜欢的),不管它们之间有没有具体和细致的联系。这个习惯的一个极端表现,是用一种原因来解释一切。

寻找事物背后的原因,需要细致、具体的研究。但常见的是,人们不需要一秒钟的停顿,就把他认为不好的现象归结到他不喜欢的原因上。经常看到"这都是文化(贫穷、经济、教育、体制、素质、人格、法制……)的问题!"稍微好一点的情况是,每场足球比赛失败后的原因总结,多半是"技不如人""教练指挥不力""足协是外行领导内行"这三种套路中选择一二。

用一种原因来解释一切,几乎可以肯定会陷入无关谬误中,因为具体问题是由具体原因引起的。两个家庭即使一样富裕,原因也可以是不一样的。一个现象到底是来自什么,需要有对原因和作用机制的细致、合理论证(因果论证见7.1.4节)。换句话说,这种相关性错误,不是某现象到底是否由某原因引起,而是没有关于它们的联系的论证。没有这样便下结论,反映思维的贫瘠、僵化和懒惰。而且,在一些人那里,这个总管一切的原因,一般都是社会或者他人的,所以这也是一种方便的推卸责任的借口,它相当于说:"这都别人的错,和我无关。"

还有一种表现,是将观念或理论随意套用,比如引用权威观点,不管实际是否适用。这属于滥用权威谬误的一种。前面提到国际货币基金组织不考虑具体情况,将它的自由经济原则套用四海的做法,这就是犯了这样的无关谬误。所谓"理论联系实际""具体问题具体分析""语境决定意义"的原理,也可以看作对相关性的要求。

这是个有一把锤子就把一切看成钉子的事例:

> 2008年,西方公司联合利华(Unilever)雄心勃勃地打算在中国销售舒耐(Rexona)香体露这个西方的卫生用品,他们相信,中国是个有26亿腋窝的市场,所以大有可为。10年后,该公司以失败告终。根本原因是没有考虑生理和文化差异。科学研究早就认识到,东亚人大多没有西方人的体味问题,他们不需要使用香体露。香体露厂商对中国人说:流汗会给社会交往带来尴尬。这个核心信息在西方是有效的:出汗会让你在社会交往中被人冷落,也会破坏情场上的机会。但这个宣传在中国没有产生效果,在中国传统的观念里出汗是件好事,因为它会帮助排毒。(GUO,2018)

6.1.4 充足性

网络上有这样的段子:

一位哲学教授，向动物们传授哲学。

哲学家：世界上任何事情都必须从基础做起，就如任何建筑都必须从底层做起。

青蛙：真的所有建筑都必须从底层做起吗？

哲学家：当然！井底之蛙！

青蛙：正因为是井底之蛙，我才问你——难道打井也从底层做起吗？

井底之蛙用反例，揭示哲学家做了大而不当的断言。

但是，喜欢做这样以偏概全、绝对结论的，不光是好高骛远的哲学家。普通人也经常这样。一篇文章这样开头："我们总是对无知的东西感到恐惧。"不妨想想，它获得了充足支持吗？有反例、例外吗？读者恐怕会想到"无知者无畏"的成语，或者"初生牛犊不怕虎"的情况，它们指向了那样的断言不能说明的现象。

这就是证据对结论的支持的充足性问题。那位哲学家的教训是：不要随便说"任何""都必须""所有"这样性质的概括。它意味着绝对和包括一切，一个反例就足以使之无效。如果哲学家知道动物中也有高手，缓和一下口气，说"大多数建筑都可能是从底层做起"，这就不会在井底之蛙面前丢面子了。

从这里看，支持的"充足性"，和结论的内容和确定性程度有关；如果在证据数量、质量一定的前提下，它的结论包括的内容少，比如只是"有些"，而不是"所有"，它的口气不是"必须"而是"可能"，那么这个推理就可靠性高，反之可靠性低。所以，我们说，推理的可靠性和充足性与结论的内容大小成反比关系。

换句话说，这和推理的类型有关，推理追求确定性越强的，需要的证据越多。不同的推理对充足性有不同要求。所以当我们讨论充足性时，需要按照推理的类型来进行。

6.1.5 推理的类型

推理的方式可以分成几种类型。传统的是演绎和归纳两大类。演绎推理属于演绎类型,而归纳类型包括归纳概括、统计推理、类比推理、因果推理等。

另外的推理如假说演绎、最佳解释、联导论证、实践推理等,按传统的演绎和归纳分类,它们归属比较模糊因而有学术争议。但是在科学研究和实践决策中,它们存在并起着脊椎的作用,它们其实比演绎更常用更重要。如杜威所述,演绎推理一般不是我们实际的推理,而是表达一些推理结果的方式,因为它对评估这些推理的结果有用处,我们需要熟悉了解演绎的一些基本的内容。

判断推理的类型:内容范围

划分推理类型的标准有几种。一种是从认识的角度,按前提和结论所涉及的范围来定。比如划分演绎和归纳的一个方法,是根据前提和结论所涉及的普遍性。演绎推理是从普遍的论断,推理到具体的事例上。比如,假设我做了这样一个普遍的断言:"所有学习努力的人成绩都会好。"(或者用条件句的形式表达同样的意思:"一个人如果学习努力,那么他/她的成绩就会好。")小陈告诉我,他学习很努力,我当然便以此推断:那么他的成绩就会好。这个推理就是演绎推理,这是它的三段论形式:

所有学习努力的人都成绩好	(大前提)
小陈学习很努力	(小前提)
所以,小陈的成绩好	(结论)

可以看出,结论说的是小陈的成绩好,是大前提的"所有学习努力的人成绩都好"所指的范围中的一个部分,结论的内容小于前提的内容。或者说,其实结论的内容已经被包含在前提中了。当我断定,所有学习努力的人成绩都好,我已经包含了小陈学习努力就会成绩好的意思。

当然,事情有特例,演绎的前提可能不比结论更普遍,不过,至少内容范围不比结论小。

归纳的情况是反过来,是从个别的、过去的例子,推论到普遍的或者包括未来的论断。

> 小陈学习很努力,他的成绩好
> 小李学习很努力,他的成绩好
> (或许还有其他例子)
> ─────────────────────
> 所以,所有学习努力的人都成绩好

这里的前提是关于一个个已经出现过的现象,结论是关于所有的情况甚至还适用于未来。所以它的结论的内容大于前提的内容。

判断推理的类型:确定性

另外一个区分演绎和归纳的标准,是"确定性"。演绎推理是确定的推理,归纳是可能性的。再看上面的演绎推理的例子,虽然这里的大前提并不真实,但如果前提都是真的,那么结论一定真。这是有效的演绎推理的特点:真的前提一定保证有真的结论。

还有一种做法是根据论证者的信心来定:如果论证者认为他的结论是确定无疑的,那么不管实际是否确定,也应看作演绎推理。这根据作者是否把论证看作确定的意图来判断。

相应的,如果作者心目中的结论是很可能的,并不是万无一失,那么这就是一个归纳推理。比如把上面的演绎推理改一下语气成为这样:

> 学习努力的人很可能成绩好
> 小陈学习很努力
> ─────────────────────
> 所以,小陈的成绩很可能好

这就是说小陈成绩好的概率很高,但不是绝对肯定,这是归纳的推理。

实际推理的类型:充分支持是最佳选择

我们实际的思考和推理,很少有演绎的绝对性,也很少按照演绎程序来进行。在生活、职业、社会中，我们面对的问题是"雾霾的原因何在""如何解决公司网页不能显示的疑难""怎样缓解交通堵塞""我暑假应该去培训还是去旅游""如何看待法治和道德的关系"等。对它们的探究、分析和决策，没有演绎的确定性，也不是根据三段论来进行，很多也和归纳的几种类型不同。对它们，根本的是进行多种思考、解释、判断和论证之后得出最好的结论。所以，如果说它们的结论受到"充分"支持，意思是结论比其他竞争的观念、解释和决策"更好"，是"最佳"的解决或者选择。

推理充足性的类型和含义概括

必然的支持：如果前提真，这个结论必然真。
或然的支持：如果前提真，这个结论很可能真。
最佳的支持：在综合比较考虑下，如果前提真，这个结论最可能真。

6.2 演绎推理

6.2.1 演绎推理的有效性

充足的支持，在演绎推理中，是指推理"有效"。有效的定义是，它的推理形式能保证：如果前提真，那么结论一定真。注意，这里的"如果"的意思，上面的推理中"所有学习努力的人成绩都会好"这个前提当然不真，但演绎推理的"有效性"的定义，不是按照前提和结论实际上是否真来定，而是说，当前提都真的时候，有效的推理一定得出必然真的结论。有效的推理中"前提真结论假"的情况不可能出现。上面的论证，用了逻辑中叫作三段论的形式，它这次虽然用了一个不真的前提，结论也可能不真，但如果它用真前提，因为它是有效的，结论也一定会真。我们可以把这三段式转换成条件句来表示，既然"所有学习努力的人成绩都会好"，它就是"一个人如果学习努力，那么他/她的成绩就会好"，这两句是等价的。这样变换一下，那么这个三段式可以变成条件句：

一个人如果学习努力，那么他/她的成绩好	（大前提）
小陈的学习努力	（小前提）
所以，小陈的成绩好	（结论）

后面会说到，这是有效的"肯定前件"的推理。读者可以换用真前提来测试它。再看看这个推理：

2000年后，没有欧洲运动员获得羽毛球世界锦标赛冠军
彼得·盖德没有获得羽毛球世界锦标赛冠军
_____
所以，彼得·盖德是欧洲运动员

这个例子中，前提和结论都是真的，彼得·盖德是丹麦运动员，他没有获得世界锦标赛冠军。但是，这个推理形式，在马来西亚运动员李宗伟身上，却从真的前提得出错误的结论：

2000年后，没有欧洲运动员获得羽毛球世界锦标赛冠军
李宗伟没有获得羽毛球世界锦标赛冠军
_____
所以，李宗伟是欧洲运动员

这就出现了反例。下面会谈到，把它变成条件句，容易看出是无效的"肯定后件"推理。

6.2.2 评估演绎推理

评估一个演绎推理，就要看它的前提和结论是否相关，支持是否有效。
1) 相关性：前提和结论之间关键词的连接
判断一个演绎推理的前提和结论是否相关，一个做法是判断它们中间的关

键词是否出现。还是用上面的例子:

> 所有学习努力的人都成绩好
> 小陈学习很努力
> ——————————————
> 所以,小陈的成绩好

前提和结论有三个关键意思的词:"学习努力""小陈""成绩好"。相关性的要求是,在前提和结论的三行,每一个关键词总共要出现两次,结论中的两个关键词必须在大小前提中分别出现过一次。这个例子正好满足这个要求。

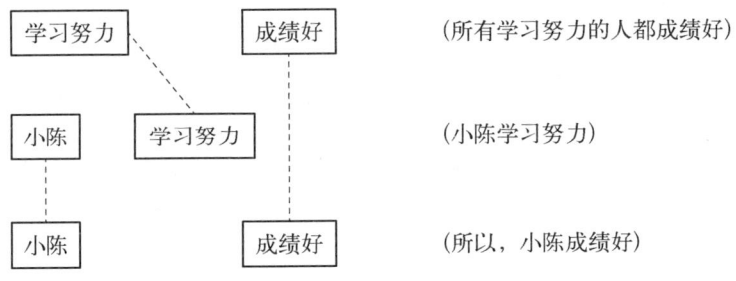

2) 充分性:有效的支持

检验一个演绎推理的充分性,就是看它是否有效。检查它的做法至少有两个,一是看看有无反例,二是检查推理形式。

① 找反例——前提都真的情况下结论却不一定真。想象对下面的推理的反例:

> 如果车的发动机坏了,车不能开
> 这辆车的发动机没有坏
> ——————————————
> 所以,这辆车可以开

读者或许在生活中就碰到过,车发动机没有问题,但因为别的原因不能开,这就是反例。

对一个推理的反例或者反驳,就是发现前提为真,但结论不真的情况。这和反驳充分条件的断言 P→Q 是一样的:如果发现有 P,但没有 Q 的例子,就表明这个充分条件不成立。

② 检测推理形式

这种做法,是看推理的形式是不是逻辑学家已经确定的有效形式。辨别一个推理的形式,先把它形式化:就是用符号来代表推理中的句子或者词项,然后用推理的连接词把它们连接起来。如果用符号 P 代表"发动机坏了",用 Q 代表"车不能开",用 ~ 代表否定("没有""不"),那么"车的发动机没有坏"是 ~P,"车可以开"等于是 ~Q("车可以开"是对"车不能开"的否定),再用"如果……则……"这样的关联词把它们联起来,上面推理的第一前提就是"如果 P,则 Q"的条件句(或者用箭头将前件 P 和后件 Q 连接,它便成为 P→Q)的形式,这个推理就有了右边这样的形式:

如果车的发动机坏了,车不能开	如果 P,则 Q
这辆车的发动机没有坏	~P
所以,这辆车可以开	~Q

它是所谓"否定前件"形式。逻辑学家们已经宣布它是无效形式。

有了形式,也可以用它来构造反例,比如:

本校的教师都有校友证
本校的校友都有校友证
———————————
所以,本校教师都是校友

它的前提和结论都是真的,但是这样的推理形式,有效吗?

如果用符号 P 代表本校的教师,用 Q 代表有校友证,用 R 代表本校的校友,推理形式是:

```
P 是 Q
R 是 Q
─────────
所以，P 是 R
```

如果把这些符号代入别的情况，比如把 R 代表本校的学生：

```
本校的教师都有校友证
本校的学生都有校友证
─────────
所以，本校教师都是学生
```

找到了反例。这个推理形式不能保证有真前提就一定会得到真结论。它是无效的。

6.2.3 演绎推理的几个有效形式

演绎逻辑的研究已经总结了许多有效和无效的推理形式，所以辨别一个推理的形式，有时就是把它和这些有效无效的形式对比。上面提到，"一个人如果学习努力，那么他/她的成绩好"的例子，其形式是"肯定前件"：它的小前提"小陈学习努力"是对大前提的前件的肯定。虽然这个例子中的大前提不真，但它的形式是有效的。

肯定前件的推理

```
如果车的电池没有电，车不能发动       如果 P，则 Q
这辆车的电池没有电                    P
────────────────────           ─────────
所以，这辆车不能发动                  Q
```

另一个很有用的有效演绎推理叫作"否定后件"，它是这样的：

一个人如果学习努力,那么他/她的成绩好

小陈的成绩不好

―――――――――――――――――――――

所以,小陈学习不努力

它之所以叫作"否定后件",在于它的小前提"小陈的成绩不好"是否定大前提条件句的后件,它有效导致的结论是对前件的否定:小陈学习不努力。

否定后件推理

| 如果车的电池没有电,车不能发动 | 如果 P,则 Q |
| 这辆车能发动 | ~Q |

所以,这辆车的电池有电　　　　　　　　　　　　~P

另外一个有效的推理形式,是选言推理。如果你只有两种可能,二者是互相排斥的,二者必居其一,那么否定其中一个可能,就必然得到另一个。

这棋要么老王赢,要么老张赢,老王没有赢,所以老张赢了。

注意,它的有效性还是在于"如果前提真,那么结论一定真"。倘若前提"这棋要么老王赢,要么老张赢"不真,即使是有效推理也不能保证结论真。这个例子实际上选择不止输和赢,还有平局的第三可能,那么这个推理不会必然导出真的结论,实际情况可能就是平局。

把本来不止两个选择的情况说成只有两个,这是假两难推理谬误。非黑即白的思维是它一个表现。典型的例子是,美国总统布什在"911事件"后对世界宣告:你要么和我们站在一起,要么和恐怖分子站在一起。不过,黑白思考的人远不止布什。

选言推理

老张现在要么在单位,要么在家　　　　　　　　P 或者 Q

既然现在他不在单位	~P
你在家里肯定找得到他	Q

另外一个有效推理是"假言推理",它应该比较容易理解,可以看作肯定前件的延续:

假言推理

如果餐厅开门比教室早	如果 P,则 Q
如果教室开门比图书馆早	如果 Q,则 R
那么餐厅开门比图书馆早	如果 P,则 R

上面列出的几种基本有效推理很常用,除了它们自身的推理作用,还是很重要的思维工具。比如,肯定前件被用来寻找隐含前提,否定后件是归谬法和反驳的基础,我们需要熟悉它们。

6.2.4 常见的无效推理形式

无效的演绎推理,就是前提真也不能保证结论真的推理。无效推理很多,但是下面的两种是大家常用的。

上面举过一个"否定前件"形式的例子:

如果车的发动机坏了,车不能开	(大前提)
这辆车的发动机没有坏	(小前提)
所以,这辆车可以开	(结论)

"否定前件",是根据小前提对大前提的条件句前件的否定,推导对其后件的否定。在这里,即使两个前提都是真的,我们也可能会碰到车不能开的情况,所

以结论是不必然的。

否定前件

如果是水果饮料,就含有添加的糖分	如果 P,则 Q
可口可乐不是水果饮料	～P
所以,可口可乐没有添加的糖分	～Q

第二个大家喜闻乐见的无效推理,叫作"肯定后件"。上面举的羽毛球世界锦标赛冠军例子,可以看作这样的推理。为了清楚起见,把它重新表述成为标准的条件句:

2000年后,如果是欧洲运动员,就没有获得羽毛球世界锦标赛冠军
彼得·盖德没有获得羽毛球世界锦标赛冠军

所以,彼得·盖德是欧洲运动员

它的小前提肯定大前提中的后件"没有获得羽毛球世界锦标赛冠军",从而肯定大前提的前件"是欧洲运动员"。上面已经指出,这个推理在马来西亚的李宗伟身上就得出错误结论。

肯定后件

如果车的发动机坏了,车不能开	如果 P,则 Q
这辆车不能开	Q
所以,这辆车的发动机坏了	P

无效推理和谬误有很多,之所以把否定前件和肯定后件挑出来谈,在于它们流行无碍,所以能识别它们会帮助避免很多错误。

6.2.5 多重方式理解有效和无效推理

为了加深理解上面叙述的几个有效和无效的推理形式,我们可以叙述它们的关系。

比如,我们有这样的三段论形式的推理:

所有教师都有校友证	（大前提）
小王是教师	（小前提）
所以,小王有校友证	（结论）

用 P 代表"教师",Q 代表"有校友证",那么大前提是"所有的 P 都是 Q"。如果用集合论的方式解释这个意思,它说的是:所有的 P 的集合,都在 Q 的集合中,P 是 Q 的一部分。用欧拉图表达:

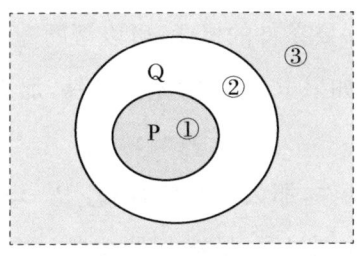

图 6.2.5.1

图中三个数字代表属于不同集合的三个人。因为 P 全部在 Q 的范围内,个人①在 P 中,也就在 Q 中,他是教师,也就有校友证。反过来,这也表明有些 Q 是 P;有些有校友证的人是教师。个人②在 Q 中,但不在 P 中,代表有可能有些 Q 不是 P,有些有校友证的人不是教师。个人③不在 Q 中,也就不在 P 中,表明不是 Q 就不是 P,即没有校友证的,就不是教师。

前面说过,三段论形式也可以表达为逻辑蕴含的条件句形式:

如果是教师,就有校友证	(大前提)	如果 P,则 Q
小王是教师	(小前提)	P
所以,小王有校友证	(结论)	Q

这说明,是教师,是有校友证的充分条件。小王相当于上面欧拉图中的个体①,他既然是 P,就是 Q。个体②在 Q 中但不在 P 中,相当于有校友证,但不是教师(可能是学生或行政人员),说明有校友证是教师的必要条件但不是充分条件。个体③不在 Q 中,也就不在 P 中,相当于校外人员,没有校友证,当然也就不是教师。

用下表来表示它们的关系:

断言(三段论前提)	解释(集合关系)	蕴含条件句	充分/必要关系
所有教师都有校友证	所有的 P 都是 Q 有些 Q 是 P	如果 P,那么 Q 如果非 Q,那么非 P	P 是 Q 的充分条件 Q 是 P 的必要条件

用集合、充分条件和必要条件的概念,可以帮助理解上面叙述的几个基本推理的有效性。以前说过:如果 P 是 Q 的充分条件,那么 Q 就是 P 的必要条件。它们的关系可以这样列出:

既然 P 是 Q 的充分条件,那么有 P 就有 Q:P→Q,这就是为何"肯定前件"的推理有效。不过,如欧拉图显示,虽然 P 是 Q 的一个部分,Q 也可以有别的构成,所以 P 不一定是 Q 唯一或必要的构成。那么,不是 P,也可能是 Q,所以,"否定前件"的推理无效。

既然 P 只是 Q 的一个部分,是 Q,不等于一定是 P,所以,"肯定后件"推理无效。既然所有的 P 都在 Q 的范围内,不是 Q,就不是 P;表明"否定后件"的推理有效。概括一下:

1)是 P,就是 Q(充分)   肯定前件(有效)
2)不是 P,不一定不是 Q   否定前件(无效)

3) 不是 Q,就不是 P(必要)　　否定后件(有效)

4) 是 Q,不一定是 P　　　　　肯定后件(无效)

6.3 归纳推理

已经介绍过,归纳推理,是从个别的、过去的例子,推论到普遍的、包括未来的论断。由此可知,归纳的最主要特点之一,是它结论的内容大于前提的内容。这意味着,结论中有比前提多的甚至新的内容。因此,有些人称归纳为发现新知识的方法。演绎则相反,结论的内容已经在前提中,所以它的结论没有新知识。

归纳的另一个特点,是它的结论再好,也只是很高的可能性,不可能像有效的演绎推理一样,如果前提对,那么结论一定对。归纳的结论最多也是很有可能真,而不是万无一失的真。我们已经无数次看到太阳天天从东方升起,我们也不能说这是永远不变的。

我们提过,人的实际推理过程,一般不是按三段论等演绎的形式来进行的。不过,实际的推理中运用归纳比较常见,比如这里介绍的三种归纳方式,人们确实在实践中运用。不过,一些科学方法论家也争辩说,归纳的用途并不像想象的那么普遍,比如波普尔就论述,很多的科学发现,就不是人们想象的那样是归纳方法的结果。这一点我们在下一讲再叙述。

6.3.1 简单枚举归纳

> 某开发商表示,北京不必抑制房价,它会接着往上涨,"电视上都播了,天津、广东的农民工通过努力在北京买了房、结了婚,连农民工都买得起房,你为什么买不起呢?"(新华网,2010)

用个别的、已经发生的例子来概括出结论,被称为简单枚举归纳,它是最基本的归纳方法。它是根据某类事物 A 的部分个体具有某种属性 B,从而推导这类事物的所有个体都具有这种属性。比如我看了自己花园的花,都是红色的,周围几个邻居花园的花,也是红色的,从这些例子,我概括说,所有的花园里的花都是红色的。

我的花园的花是红色的	（前提 1）
周围邻居花园的花是红色的	（前提 2）
所有花园中的花都是红色的	（结论）

好的枚举归纳的标准

和一切归纳一样,简单枚举归纳得不到确定的结论,好的枚举归纳能得到比较可靠的结论。如何是好的枚举归纳？还是要从前提、前提对结论的支持方面入手。下面是避免陷入"匆忙概括"谬误的一些做法。不过,以后要论述,找正面的例证,作用是有限的,就像找了无数的白天鹅,还是不能证明"天鹅都是白"。主动找反例,可能是避免归纳缺陷的更好办法。

1）前提可靠

归纳所依据的每一个例子,应该是真实的：你对自己和邻居的花园的观察,是可靠的,那些花确实是红的。那个开发商提到的农民工也能买北京的房子的事情,要了解一下真实情况,他是靠自己工资买了几万块一平方米的房子吗？

2）前提对结论支持是相关和充足的

结论中 A 代表的事物,比如天鹅,要和前提中的 A 代表的是一个种类；就是说要用天鹅来证明天鹅。结论中 B 代表的性质,要和前提中的 B 一样,即都是谈天鹅的白色。比如,那个农民工真的和北京工薪阶层是一样的人吗？

归纳推理的充足性,主要在于证据的数量、种类、质量和结论的强度几个因素。首先是数量要多,一个农民工是不够的。其次要多看一些地方,观察广泛一些,例子应该来自不同的情况。虽然你和你的邻居都有种红花的癖好,但拐个弯的那几家或许就不是这样。

调整结论的范围和强度,可以增加推理支持的程度。同样的证据下,结论越大,支持强度越低,可靠性越差。如果你改口说,我们附近花园的花都是红的,可靠的概率要增加不少。

6.3.2 统计归纳

> 拥有 iPhone 更有吸引力？英国手机零售商 Phones 4u 公布的一份调查报告显示,在接受调查的 1 500 名女性中,54％称其更喜欢与拥有 iPhone 的男性约会。(Goodwin,2010)

这个统计调查的直接推论,虽然没有明确陈述出来,但大家也想得到,即所有的女性的 54％更喜欢与拥有 iPhone 的男性约会。基于此,才有"拥有 iPhone 更有吸引力"的"提示"。意图明显是要你买 iPhone 手机。

统计归纳,常通过抽样调查,发现有若干百分比的 A 有属性 B,然后概括:所有的 A 中有同样百分比的 A 有属性 B。比如,在一个大学抽样调查了 500 个学生,发现 55％的人平均每天做作业的时间是 4 小时,你推断：55％中国的大学生平均每天做作业的时间是 4 小时。这就是统计归纳。你没有调查中国的全部大学生,这不可能做到,你只能抽取一部分人为代表,作为样本；你发现了样本的某种属性,然后推断总体也有这样的属性。这是从部分推广到一般的归纳。

统计归纳有统计科学的形象,有很多统计归纳的结果很对。因为这样的形象和成绩,它也被人大量滥用伪造。谣言和造假都喜欢打扮成统计归纳,以科学的名义操纵舆论,图谋私利。

滥用统计归纳的办法之一,就是使之偏向,不能反映真实情况。有时候这样做是因为无知。法院向旁听席上那些和被审判的嫌疑犯有亲戚、朋友、同学关系的人发放问卷表,调查他们对量刑的意见,以便作为了解"公众意向"的参考。(京华时报,2011)这可以看作出于专业能力不足,很难相信,他们竟然不知道取样要"随机"的概念。

其他的滥用,则是有意为之,有的干脆就是伪造。比如上面的 iPhone"调查",一出笼就引起争议,人们追踪寻源,很快发现,它所称的调查机构根本就不承认作过调查。有理由判断,这是 iPhone 的英国零售商自个儿制造的数字。

另外的一些滥用,需要一些技术性。比如操纵样本选取、信息提取的环节。

一些电视台为了操纵收视率调查,用钱或者利来收买样本户,让他们来看自己电视台的节目。加上建立样本户和收集资料程序的粗糙、随意和差错,虽然声称"随机"抽样,收视率的数字根本不反映实际情况。报道指出,"已被查实的'污染样本'证明,有样本户被有目的的人或机构找到,即可轻易'污染'收视数据——只要操纵几个样本户,就能够使某地方卫视在该城市收视率翻倍增长"。(人民网,2010)现在,假收视率数字已经成为公开、必需的买卖。(人民网,2018)

统计归纳的好坏,取决抽样随机性,样本典型性以及大小,调查问卷完整、清晰和中立性等因素,市面上以统计归纳露面的调查结果,大多没有这样的严格控制过程。

统计归纳的充分性

1) 样本的大小

例子的多少,是形成可靠的前提的重要条件。在全国范围内,一千到一千五百人左右为较安全的数字。这样大小的样本,可以保证最低限度的误差(3%左右)。

2) 样本的代表性

和样本过小的错误比,"不具代表性的样本"的谬误更要避免。

样本代表性意思是:总体中包括什么类型,样本中也应该包括,而且比例要相当。比如全国的大学有各种类型,有科研和教学偏重的,有综合性和专业性的,有教育、医学、农学专业的,有职业教育的,等等。你就不应该只在自己的一个大学进行抽样。而且一个大学有不同专业、男女差别、不同年龄等,你如果只是调查了自己学校文科院系的人,那也是缺乏代表性的。这样调查不能反映中国大学生的情况。

保证调查的代表性是"随机"抽样,目的是要按合适比例包括总体的各种构成成分。以前在电话簿上随机选取电话号码打电话,这个做法比较能达到这样的要求,但现在人们的电话大多不在电话簿上,都用手机,这样做的随机性就下降,需要用一些别的做法来弥补偏差。要更多了解随机调查的方法,可以查询这方面的书籍。

3) 调查方式

调查方式的意思很广泛,它包括询问方式、样本的问题、计算方法等,需要清楚、客观和可靠。假使学生对什么算作"做作业"的定义、标准不明确,得出来的答案就可能不准确。而这些正是高明的操纵者下手的地方。同样一个意思的问题,询问它的语言、问它的次序、放在什么样的其他问题之后问等,都可以成为影响人们的回答、操纵结果的手段。调查美国人对特朗普征收中国商品关税的赞同态度,把它说成是"公正贸易"的手段还是贸易战,把它放在关于中国反击影响的问题之前还是之后问,这都会引起赞同态度明显的变化。在计算中也有很多讲究,比如什么算作无效回答,什么可以剔除不计算,都是可以利用的地方。

统计归纳做手脚,可以有严重后果,这是一个例子:

> 2016年1月,多方检测发现,美国密歇根州弗林特市饮用水遭严重的铅污染,含铅量远超联邦标准,成千上万的六岁以下的儿童可能受到了伤害,舆论哗然。众人指责州长和官员"把公众服务当作商务"的哲学、为了省钱忽视人身安全的作为。媒体报道,他们的行径包括操纵检测的方法,使得铅含量看起来远低于危险的水准。他们的手法有:
>
> • 减少测试数量:按法律,2015年测试时,他们应该对2014年的测试点全部再测试,他们没有,只是去了寥寥几个已知铅含量低的测试点。
>
> • 偏向选取样品:2015年调查的71个样本中,8个是在安装了相对新的水管的街上,从而降低了发现铅污染的机会。
>
> • 削弱样本质量:测试的时候,人为的做法使得铅污染显得低,居民在取样之前被要求把水龙头打开流水几分钟,这是事先冲刷的反常做法。
>
> • 选样范围偏差:官员声称所有的测试都是在用了含铅管道的地区,是在铅污染的高风险区,实际上测试包括了没有铅风险的地方,使得总的测试结果显得比实际的安全。
>
> • 测试记录作假:在记录表上,在没有用含铅管道的区域都标上是用了含铅的管道的。(KELLER & WATKINS,2016)

6.3.3 类比

2018 年 9 月 3 日,深圳一幼儿园在开学典礼上表演钢管舞,引起家长抗议。随后被解除园长职务的赖女士表示,自己是钢管舞爱好者,钢管舞是一种运动舞蹈。"为什么钢管舞能上世界锦标赛,我就不能向孩子们介绍这种舞蹈?"(观察者网,2018)

类比也属于归纳。它从两个事物 A 和 B 在属性 X_1、X_2... X_n 上的相似,推导这两个事物在别的性质 X_{n+1} 的相似。比如,"既然我们大学的学生喜欢动画,那你们大学的学生也是",这是根据大学生的类似,推导出他们也和我们的大学生一样有动画的爱好。

类比是科学研究和发现的帮手。人们通过类比来联想、论证。科学很多研究的依据就是类比。医学的细胞、生理实验的研究,大量在老鼠上做实验,这样做有意义的根据,就是类比:因为老鼠和人在一些方面的类似,所以在老鼠身上产生的反应,也可能在人身上产生。

类比也被看作一种创新的途径。看到海豚由于特殊皮肤构造产生的游泳高速度,人们想象模仿它结构的表面,也会在泳衣、航空、管道、舰船等有这样的效用。

类比其实比我们想象的还广泛。我们应用别人的知识,运用他人公司的管理原则,采用类似的营销手段,等等,也是基于类比:我们之间相似,所以他们能我们也能。类比是这样论证和行动的隐含前提。但这个前提有时是对的,有时正是错误的来源。我们推行三大球职业化,主要例子之一,是美国篮球看来因为职业化而无人可及,其实我们没有那个运动文化和黑人运动员的基础。(董毓,2017b 第二章)我们说中国的大学生可以创业,因为既然美国比尔·盖茨、马克·扎克伯格能,我们也能。其实不一定。中国大学生和美国大学生是受到不同的基础教育长大的,后者具有更多的社会和实践的锻炼,具有更多的自主、首创精神和能力准备。(孙骁骥,2015)

情况还有这样的:时常有人对比中国传统社会的圣人绅士清高优雅之风,

感叹现在社会的拜金倾向的堕落。其实,这里有重要的方法问题。其一,引用"竹林七贤"之类的几个例子不能说明古代的真实情况,其实我们已知道那些时代也充满了读书人的利益和政治争斗。其二,这样的古今对比的议论,其实不是在和古代社会的实际比,而是和古代社会的某些文献记载比。问题是,这些文献不少交织着传说、流言、模糊、夸大、文人的浪漫、对现实的诗化……它们很多不是实际的忠实描述。将今天的现实和这样文献中的"中国传统"比较,是错误的类比,但我们的论证很少思考到这个隐含的类比前提上。

然而,"不当类比"的错误可能是代价沉重的。那位幼儿园园长本想活跃气氛,但显然没有看到世界锦标赛和幼儿园之间的不同,结果丢了工作。某县的井水散发着异味和呈现铁红色,环保局长回复质询说,红色的水不等于不达标的水,放上一把红小豆煮出来的饭也可能是红色的。他的名字因这样的类比而上了央视。(新华网,2013)某开发商有几个类比也很有名:他把房子比作钻石戒指,所以房子是财富,不是每个人都应该有。他还说房子其实不贵,乳罩按平方米算比房子贵多了。

因此,类比有很广泛的意义和作用,也会经常出错。下面是评估类比的一些原则。

评估类比的充分性

1) 前提的真假

类比的前提,是事物 A 和事物 B 在属性 X_1、X_2... X_n 方面相似,那么,首先要检查这个前提的真实。比如,中美大学生创业能力的类比,中国当代现实和关于古代社会的传说故事的类比,其实相似性是成问题的,就是说,类比的前提就不是真实的。

2) A 和 B 之间相似性的性质

即使有相似,也要看看这些相似性是否重要,是否有代表性,是不是事物的特征。红豆煮出来的饭的红色,和井水呈现的红色,只能说是最肤浅的相似,不能得出任何结论。

3) 反例:不相似的方面

更重要的一个思考是不要忘记反面情况:A 和 B 之间有没有更多更重要的

不相似的地方？红豆和产生红色井水的原因有更多更重要的不相似性。

　　4）相似性和不相似性各自与 X_{n+1} 属性的联系

　　如果你的结论是关于两个车的发动机效率一样，那么它们之间的颜色、音响、座椅的装饰之间的类比相似性就不能算数。评估类比要全面衡量相似方面、不相似方面、重要性，以及它们和结论的关系。

思考题

1. 辨别下面论断中的问题。

    1）世界没有哪个国家像中国这样有这么多宏观调控，应该减少！

    2）那些说我们作假的举报是错误的，他们是嫉妒我们，看不得我们好！

    3）为什么每个人都说我逃学不对？为什么不说校长不学无术治校无方？

    4）你的经济衰退的预测是完全错误的。这是危险的前景和对国民信心的打击。

2. 判断下面陈述的真假。

    1）一个完满的论证是一个演绎论证，其推理有效，前提真实。

    2）如果一个演绎论证的前提都真，它的结论必然是真的。

    3）如果一个演绎论证的结论真，它有可能是完满的，有可能不是完满的。

    4）一个演绎论证如果是有效的，它的结论有可能真，有可能假。

    5）如果一个有效的演绎论证得出错误的结论，那么它的前提中至少有一个有错误。

    6）如果一个演绎论证是有效的，它的前提中至少有一个有错误，那么它的结论也是错的。

3. 分析下面段落，辨认其中隐含的论证的要素，推理的方式或形式，并给予评估。

    1）工资是你的学习成绩单。

    2）如果知识分子待遇好，科研会进步；现在知识分子待遇不高，这是学术落后的原因。

3) 公安部官员:对企业高管要慎用拘留逮捕措施。
   网友:这样说表明对老百姓就可以任意拘留逮捕!
   　　对普通老百姓就可以随便拘留或者逮捕了是吗?
   　　非企业高管是否可以随意拘捕,而不必慎重?

4) 建议国家停止大学扩招:从这几年扩招产生的结果看,社会上的大学生数量是急剧增多了,但其质量严重缩水,社会评价明显贬值。

5) 如果你今天晚上复习哲学,会影响你明天的数学考试;如果你复习数学,会影响你的哲学考试;既然你没有时间两个都复习,那么肯定明天至少有一门考试会受到影响。(Possin,2003)

6) 现在大学的学生水平很差。昨天我的课上,没有一个学生能说出什么叫可靠的归纳论证。

7) 我们知道,球体可以产生圆形的阴影。地球在月食时在月亮上的阴影是圆形的,这证明地球是球体。(Possin,2003)

8) 这个戈壁石油城的命运是可见的。当地的石油资源将在20年内枯竭。再者,因为沙漠的蔓延,城市也难逃在几十年内被风沙淹没。不管怎样,这个城市将消失。

9) 有人说他十四五岁把"二十四史"都读完了。他那个时候仅有三种版本的"二十四史":1. 清朝的殿本,繁体竖排;2. 民国的百衲本,繁体竖排;3. 中华书局1974年的排印本,繁体竖排。有十几万页,4 000万字,241本。大量的生僻字,别说懂,就是念出来也费劲。

10) 给精神病人做推拿治疗,相当于我拍那个经常不亮的老电视机,都不懂为什么能成功,但是有时还确实有用。

11) 经济学家的预测当然有对的时候,停摆的钟表每天也有两次是对的。

12) IBM的总裁当然是有影响力的人,但他无法让他的女儿上哈佛大学,所以,这否定了一些人说的只有有影响力的人才能让他们的孩子上哈佛大学的意思。(Possin,2003)

4. 辨别下面的论证,并构造一个运用它的推理形式从真前提推导出错误的结论的反例。

1) 如果长期干旱，就会导致沙漠化。中国西北沙漠在过去 20 年间扩大了，这证明这段时间内那里持续干旱。

2) 这个湖污染严重，可以想象这是人们后来不再到湖里游泳的原因。现在政府准备大力整治它的污染，决心再造一湖清水，不久，这里的游泳池又将会人满为患。

5. 你来判断谁对：

　　某组织年终选下一任会长。现任会长注册为候选人参选连任。不过，理事会也提出一个候选人。对此，现任会长认为违反了组织章程中的这一条：

　　"在没有人自愿报名参选的情况下，理事会负责用提名等方式挑选会长。"

　　所以，现任会长指出："在已经有一个自愿候选人的情况下，理事会用提名的方式再推出另外的候选人，是与选举规则相违背的。"而理事会认为这样做没有违反这个规则。

6. 评估下面的论证（摘自：http://www.bjnews.com.cn/feature/2018/10/08/509400.html）。

　　新京报讯（记者王俊）近日，电子科技大学的一份研究表明：学生校园生活的规律性和成绩显著相关。其相关论文《生活规律性预测学业表现：校园生活的行为分析》已于 19 日在英国皇家学会会刊发表。

　　电子科技大学教授周涛告诉记者，研究样本涉及近两万名大学生，全部是电子科技大学 2009~2012 级的本科生，搜集了他们从 2009~2015 年，从刚进校到大三结束的三千万条刷卡记录。在电子科技大学，进出图书馆、进出宿舍、食堂吃饭、洗澡、洗衣服等在校园内高频发生的行为，都必须通过校园卡来完成，可以保证数据的海量性和准确性。

　　行为数据如何进行量化？论文的共同第一作者曹奕和高见表示："我们直接采用图书馆门禁的打卡次数和教学楼开水间打水的次数来量化学生勤奋程度，次数越多，表明学生的勤奋程度越高。"

　　研究显示，学生的勤奋程度、规律性与成绩之间有显著的相关性。

"我们使用了经典的斯皮尔曼等级相关系数方法。系数范围落在 -1 到 1 之间,绝对值越接近 1,表示二者的相关性越强。"曹奕说,"具体的,图书馆次数和成绩的相关性是 0.251,打水次数和成绩的相关性是 0.291。结果表明相关性比较强且显著,说明勤奋程度和成绩是有关联的"。

有趣的是,团队研究成果发现,成绩比较好的学生,整体上更有可能去食堂吃早饭。尤其在温度偏低的日期,成绩好的学生有更大可能坚持去食堂吃早饭。

7. 在网上搜寻下面报道的全文,讨论其中的论证,给出你的看法。

1) 复旦大学发布大学生偶像观:韩寒、王思聪、马云受关注度最高。

2) 调查显示:近三成职场男士曾遭遇性骚扰。

第七讲
科学和实践推理：最佳选择

> **学习目标：**
> 1. 认知因果关系的各种性质和解释性假说的必要构成
> 2. 理解因果论证的排除论证和机制论证两大步骤和四大要求
> 3. 了解猜测与反驳的科学发展观
> 4. 了解认知假说—演绎推理的构成，理解证实和证伪的非确定性
> 5. 掌握科学中最佳解释推理的关键要素和论证标准
> 6. 理解决策论证的辩证性和综合性
> 7. 能运用实践推理模式来研究和评估决策的合理性
> 8. 能依靠正—反—正要求来评估和完善联导推理

除了演绎和归纳，人类思维还有别的推理模式，有一些比演绎甚至归纳运用更为普遍。这些推理既没有演绎的确定性，也没有枚举归纳那样从个别到一般的性质。它们的一个共同点，在于结论是对多种、不同甚至对立因素的考虑而得出的。而演绎和归纳的推理一般只考虑正面支持的因素（虽然在评估类比时，我们提出要考察不相似性方面）。而恰恰正是因为前提的多样性和对立性，这些推

理的充足性,变成一个在多方竞争的对比综合下的"最好"支持的衡量。所以,我们统称它们为最佳选择模式的推理,它们有这样一些性质或要求:

一、存在着两个或两个以上的竞争的观念和论证,是理想的最佳选择推理的先决条件。

二、这样的最佳选择的推理是对竞争观念、论证的优缺点的衡量、排除和选择。

三、"最好"是由多种指标的综合决定的判断,它也是开放、发展的。

因果论证,科学假说的选择,最佳解释推理,生活和实践中的判断和决策,都有这样性质。

7.1 因果推理和论证

7.1.1 因果关系

发现因果关系,处于人类认识和合理行动的需求的头条位置。一个现象、问题、错误是什么引起的,知道这一点不仅扩展了我们的知识,满足了我们的好奇心和理解,而且指导进一步的预言未来、解决问题、避免错误的行动。

因果关系也是很难认识的。即使我们觉得最容易的事物,或者是我们最有信心的地方,因果关系也不一定一目了然。在国际医学期刊撤稿107篇论文新闻出来后,下面是一些关于中国知识分子造假的原因的评论(孙武,2017):

- 论文造假的问题的关键是中国没有自己的著名学术期刊。
- 期刊的责任远比造假者更大。人是有利益就会钻漏洞的。但是学术期刊只会指责别人造假,他们从不思考自己的问题。
- 官僚是万恶之源。官员肆无忌惮地造假,造成了不良的社会风气!
- 这是被评职称逼的。不造假晋升不了职称和学历,哪来的那么多新成果?
- 造假不是医生的错,是医生评职称要论文的制度的错。

- 论文造假的重灾区大都出在生物医学领域,原因何在?竞争压力大,工资待遇低,其他专业的同学早都略有小成……怎么办?

要追究造假的责任,就要找到真正原因。中国没有自己的著名学术期刊、西方期刊对中国学者防范不严、官僚也造假、评职称不应该要论文、别人比生物医学毕业生过得好等,这些都是无关谬误和"虚假原因"谬误,都不能免除造假者自己的问题。2008年,美国硅谷的一个华裔工程师因为被解雇,枪杀三名主管。在法庭上,他的姐姐回忆其家庭在20世纪60年代饥荒和"文革"中受苦受压,他自己辩称杀人是因为上司要求他离开,他感觉就像在"文革"中被人当"坏分子"批斗一样。陪审团当然拒绝这类说辞,他被判不得假释的无期徒刑。(阿波罗新闻网,2014)

因果关系性质

因果关系,是因素A导致因素B的关系。它是有普遍性的关系,在合适条件出现的情况下,这个导致关系就会出现,或者有较大可能出现。

因果关系表示原因先于结果或者和结果同时出现。

除非在微观世界,原因导致结果的机制中,应该有信息或物质传递、作用。

一方面,因果关系是多条件、多因素的复合关系,结果常是多原因一起作用导致的,要防止把复杂原因简单化的"单因谬误"。美国《纽约时报》2016年斩钉截铁地断定,因为言论极端、撒谎成性,特朗普不会当选总统,但该报忽视了特朗普的"美国利益优先"口号的受欢迎度。有人把日本连续获诺贝尔奖的原因归结为就是有钱:"经济基础积累超过一定时间","诞生诺奖就是水到渠成的事情"。(中国科普博览,2018)这里虽然用词不粗鄙,意思却是,只要有钱就可以做成大事。中国男子足球队队员个个腰缠万贯却谁都打不过的事实,凸显了这样粗鄙、简单思维的荒谬性。

另一方面,也不是所有有关因素都算原因,原因常是指直接、关键的因素。当我们谈论加油站起火的原因时,虽然空气、油等也是起火的条件,但我们显然不是指这些。将这些说成原因,和把论文造假归于西方学术刊物的同行评议制度一样。许多地方的公交车不查票,因为相信人们有买票的觉悟;如果有人不买票上车,还怪不查票是有漏洞让他钻,这人是加倍自取其辱。

因果关系有时指充分的关系,可以表达为条件句的形式 A→B,比如,如果温度到了 0 摄氏度,就会结冰;有时指必要关系,比如,没有水不可能有生命,条件句表达是 ~A→~B。

注意,条件句可以表达多种关系,不只是因果的"导致"关系。"如果有乌云,就会下雨"和"如果下雨,就会有乌云"都是条件句,后者显然不是因果关系。

7.1.2 因果论证要排除其他可能

因果论证是对因果关系的论证。就是说,这个论证的结论是一个因果关系的断言,比如,"气体加热导致气体体积增大"是真的。

因果推理也可以看作归纳,因为它们的前提是一些经常共生的现象,比如温度到 0 摄氏度时总看到有结冰现象,吸烟的人中患肺癌的人比例高,然后,从这些共生的现象,推导出因果关系。换句话说,因果推理的前提是两事物 A 和 B 共同出现的现象,结论是 A"导致"了 B 的因果关系:

A 和 B 共同出现的事例 1
A 和 B 共同出现的事例 2
等等
_____
A 导致了 B

前提表达 A 和 B 有共同或先后出现的现象,结论说 A 和 B 之间有因果关系,这是比前提承认这个关联性更进一步的断定。说 A 是 B 的原因,表示 A 会"引起""导致"B,这个导致有普遍性。所以,因果推理的结论大于它的前提,是从少到多的推理。

从 A 和 B 的关联现象的前提,推理到因果关系的结论,自然是要小心谨慎的。人们常犯的错误就是把 A 和 B 的共生、关联现象看成有因果关系。比如:

- 想得诺贝尔奖须多喝牛奶：中国人喝得少得奖少
- 亚洲是对外援限制最死的，相应的，亚洲也是世界足球水平最低的。
- 无线路由器附近植物不发芽，显然无线路由器对生物有害。

在中国加入世贸组织后，美国损失了超过300万制造业岗位、近四分之一的钢铁产业工作和6万家工厂。我们在过去20年累积了13万亿美元的贸易逆差（美国总统特朗普）

之所以单凭关联不能推导出因果关系，在于关联现象可以有多种可能、多种解释。比如，"怕老婆的男人更长寿"（网易健康综合，2016）的报道风传，女性看了很高兴。但它一个问题是没有看到这种现象的统计数字。估计调查起来也不容易，比如如何定义"怕老婆"是个难题。不过，且让我们假设，有统计显示，那些寿命长的男子中，"怕老婆"（且按事事听老婆话来理解）的比例很高。是不是这样就能说"怕老婆"是男子长寿的原因？这是一种解释，但还可以有别的解释。比如第二，男人之所以事事听老婆话，在于自己本身就尊重他人，懂事理，性格温和细腻，不急躁，不会为小事发急上火伤身体，所以，男子长寿的原因是他自己。甚至正是因为他这样的性情，才有一个有"领导意识"的老婆，得以在家里实施"粉腕"统治。第三，还可以说，尊重他人，懂事理，性格温和细腻的男人，饮食、健康、医疗、友情等状态都不会差，所以他的长寿，其实是这些生活和社会环境的第三方原因导致的。最后，还可能有人说，这两种是偶然现象，并没有一定的因果关系。看，这现象总共就有四种不同的解释。

因此，从 A 和 B 相关联现象，达到 A 导致 B 的结论，需要有几个关键的工作要完成。

因果论证的基本要求

第一个工作是排除。上面的例子显示，A 和 B 共同出现的关联现象，有四种可能：1) A 导致了 B；2) B 导致了 A；3) A 和 B 是因为第三因素 C 而在一起出现，即 C 导致了 A 和 B 一起出现；4) A 和 B 是偶然在一起出现。

所以，从 A 和 B 的关联现象的前提，推理到 A 导致 B 的因果关系的话，需要把 2)、3)和 4)的可能都要排除掉才行。不然就可能陷入将偶然关联当作因果关系,倒因为果,或者不考虑其他替代解释的谬误。

1) 事件 A 和事件 B 正相关。
2) A 和 B 正相关的性质会有这四种可能:
   或者①A 导致 B,
   或者②B 导致 A,
   或者③C 导致 A 和 B,
   或者④A 和 B 偶然相关。
3) ②③和④的可能性被排除了。

所以,①A 可能是 B 的原因。

所以,即使有"怕老婆"的男子寿命的统计现象,要达到"怕老婆"导致男子活得长(A 导致 B)的因果结论,这个论证必须排除其他三种可能:因为他自己通情达理的个性,导致他长寿,而且产生了发号施令的老婆(B 导致 A);他的长寿其实是生活和社会交往等第三方面的原因导致(C 导致 A 和 B);以及他的长寿和老婆的发号施令其实没有因果关系(A 和 B 偶然关联)。

7.1.3 因果论证要论证因果机制

现在我们清楚了,因果论证的一个基本要求,是"排除"规则:必须排除其他三种可能,才能达到 A 导致 B 的因果结论。不过,这还不够,在许多情况下,特别是在科学和意义重要的认知、决策中,因果论证还需要进一步的证据和推理:这就是要解释和证明因果机制。

A 导致 B 的因果关系,不是凭空进行的,在空间上,它们应该之间有物质、信息的接触、传递。我们可以认为有中间接触过程和机制将它们相联系。这意味着理解因果作用的机制是承认因果关系存在的关键。所以科学假说的证实,还在于要把其中的因果作用机制证明清楚。

其实,证明因果机制,也是排除其他可能的手段。在有四种解释相互竞争的情况下,哪一种具有最可信的因果机制,哪一种就能占上风。后面会谈到,这也是选择假说的必要条件。

应该指出,"男人怕老婆更长寿"的报道中,倒是指出了几个"怕老婆"如何起作用的机制细节。一是听话按时回家吃饭,吃得规律、干净、均衡,而且按时作息,少交际应酬,少不良习性,睡眠也好。二是在老婆要求下陪她逛街、洗碗做家务,增加了锻炼的机会。三是和老婆多沟通多分享多妥协,共同承担负担,减少心理压力,营造良好家庭氛围。

这样的具体论证,给其他解释增加了压力,它们不仅需要细致具体的正面论证,还需要考虑这样的反驳。最后的结论,要靠这些竞争的解释和论证之间的比较和衡量。

媒体上报道的因果论证,大部分没有这样的机制论证。比如有报道称:"梨形"身材会增加女性发生记忆丧失问题的概率,因为有研究发现了这样的统计现象:臀部大的女性更容易健忘。报道中还猜测,原因是臀部脂肪可能会造成大脑中某种血栓的形成,导致阿尔茨海默病或者大脑血流受阻(陈宗伦,2010)。报道没有提到排除论证:首先,这样的关联现象,到底是偶然关联,还是第三因素引起(遗传或者某种饮食),还是因为记忆力丧失而引起这样的肥胖?其次,报道虽然猜测"臀部脂肪造成大脑血栓"的原因机制,但对此没有任何细致、可信的说明和论证。

对因果机制的要求,可以帮助改善因果假说。比如,和一般"喝骨头汤可以补钙"的观念相反,医学专家提出,"大量喝骨头汤易致钙流失",就是说大量喝骨头汤反而可能是钙流失的原因。这听起来反常甚至不可信。但是,新闻报道说,医学专家首先反驳了喝骨头汤可以补钙的观念,指出这是"以形补形"传统观念:觉得骨头具有坚实的物性,人体中99%钙都存在于骨头中,人们自然而然会认为,多喝骨头熬的汤会补钙,但这是错误的。骨头里的钙不容易溶解到汤里,因此汤里含钙量非常低,而且人体吸收效果差,所以喝骨头汤其实不能补钙。接着专家提出了正面的论述:骨头汤里含有大量脂肪,长期喝,还容易导致高血脂、高尿酸、肥胖。所以大量喝骨头汤不仅不会补钙,反而会导致钙流失。(中国新闻网,2012)

这个假说和论证考虑了对立观点和解释,也谈及了具体的因果机制,这是不错的。不过这里的因果机制似乎缺一环节。即使我相信喝骨头汤不能补钙,但为何说大量喝骨头汤容易导致钙的流失?文中只提到骨头汤里含有大量脂肪,长期服用容易导致高血脂、高尿酸、肥胖。从汤含有脂肪,脂肪导致高血脂等,这两个环节,按照常识,似乎可以接受。但是,再下一个环节是:高血脂、高尿酸、肥胖会导致钙的流失吗?按现有知识,这似乎并不清楚,网上搜索"导致钙的流失的五大主要原因",并不包括肥胖等症状。所以,这个因果链条有断裂,甚至可能有反例,需要补充这个环节,排除反例或其他可能,并予以检验。

进行对假说的检验,是认知过程的必要部分。从杜威到恩尼斯都强调,设计和执行检验(即使是对日常生活中的假说),是批判性思维的认知技能的重要部分。虽然限于篇幅,这里不做细致讨论,但十分鼓励读者注重这方面的学习。关于设计观察实验的原理,比如穆勒五法和有控制的对比实验,可参见(董毓,2017a,pp.286-296)。

7.1.4 论证因果机制的四大要求

因此,论证对原因 A 到结果 B 的作用机制,要满足一定条件,不能随便发明一个说法就算数。下面是关于机制的论证应该满足的四个要求。

第一,要描述从 A 到 B 之间的机制。描述要具体、详细、直接,不能断裂、不能空洞、不要犯牵强附会的假说(far-fetched hypothesis)谬误。对自然现象,要描述物质或信息的作用,对人和社会现象,要描述直接相关的目的、信念、规则的作用。上面提到几个假说都有链条断裂问题。对高铁霸座的解释中,有的搬用抽象或者模糊的概念,比如"国民性""人格"来填空;有的恨不得从孔夫子或者秦始皇讲起。这些年泛起的公路上哄抢翻车的水果、货物,展览会上哄抢展品等现象,被人归结为 20 世纪五六十年代的饥荒和艰苦。这就像那华裔工程师把自己杀人归结为饥荒和"文革"一样。更有甚者,有位自称"平权和女权问题权威"的人,咬定"整个东亚地区生育率偏低,与社会治安良好,强奸率低有直接关系",因为女性感受不到威胁,就更倾向单身而不生育。(饭财经,2018)世界上什么东西都可以这样那样扯上关系,但天气干燥不是煤气爆炸的原因。另外提一句,一贯推卸个人责任的人,一是会一贯说假话,二是不会真有出息。

第二,推理合适,避免谬误。比如,一小学生作文,从自己不努力学习开始推理,到成绩上不去、会被家长骂、会失去信心……将来会不能毕业、赚不了钱、不能纳税、影响国家未来……最后一直到引起人类灭绝。(华声在线,2012)这样推理叫作"滑坡谬误",它把一系列可能性当作连续的必然性来推理。成年人其实也这样推理,多半还没有这样有趣。

第三,要实证。对因果链条上的关键环节,要有证据或者理由说明:它存在,而且确实能这样作用。这是对机制进行客观验证的要求。它把那些抽象的概念、神秘的力量和谁也不能重复的奇迹排除掉。实证,可以是设计控制对比试验,或者是作出预言来检验等。

第四,没有反例或替代解释。没有考虑反驳是大量论证的通病,"匆忙结论"(hasty conclusion)的谬误(不考虑其他证据、观点、解释和论证)很普遍。"男人怕老婆更长寿"的报道虽然列了正面因素,却丝毫没有考虑反面因素。如果有人说,怕老婆会带来心理压力,会产生这个那个不利健康的影响,怎么办?把现在严重拜金、虚假、腐败等现象归结为半个世纪前的穷困,这不能合理面对明晃晃的反例:为什么 20 世纪 80 年代没有这样严重的现象?为什么后来愈演愈烈?翻车的车主看到蜂拥而至的乡民,还以为是来救助的,这个期待本身就说明他们原来不是这样的。那么过去是不是因为物资匮乏没有东西可抢?那时公共稻场、菜场上常露天堆放谷物、蔬菜而安然无恙。不同价值观区分了饥饿中修红旗渠的英雄和驾着拖拉机哄抢他人财物的乡民。合理的解释必须有内在一致的说明力。

总结一下:当存在着 A 和 B 共生现象时,好的因果论证需要两大构成:一、考虑对这个现象的四种可能解释,并排除论证其他可能,从而得出 A 导致 B 的唯一结论;二、这样的排除论证本质上应该是对因果机制的论证,而且力求符合上面的四大要求,并得到验证。最好的因果论证,就是这样的最佳论证。

关于因果机制论证的更多案例,参见(董毓,2017b,pp.246 - 254)。

7.1.5 解释性假说的必要构成

从因果关系的论证,我们可以知道,科学中起关键地位的假说是什么样子。

科学假说，多半是根据有限证据提出的对未知现象的猜测性因果解释。它就是对现象的猜测性的因果关系陈述。就像对某一杀人案件，侦探根据一定的证据（比如现场脚印、血迹、录像、证词等），依据一定的原理（比如涉及财产、仇恨等纠纷可能成为动机）和其他调查（比如各嫌疑人的行为、凶器的来源、在现场的证明等），提出"某某人可能是杀人嫌疑犯"的陈述和论述，它就是解释这个杀人案件发生的原因。

这样的因果解释假说，在进入实际的检验论证之前，如果要获得认真对待，就必须满足上面几节说明的因果关系论证的要求：反驳、排除其他可能，和说明原因导致现象的机制。这是我们在日常中判断各种假说和猜测的手段，更是科学的行业标准。不符合这个标准，假说就不能算好。我们看两个有喜剧和悲剧色彩的例子。

1772年，法国化学家拉瓦锡（Antoine Lavoisier）开始研究燃烧，当年他就从实验中发现，和"燃烧是分解过程"的燃素说观点相反，燃烧其实是物质和空气的化合作用，金属燃烧后增加重量就是这样的结果。这样，燃素说不能解释的反常，即镁在燃烧后质量增加的现象，可以被他解释为因为和空气（其实是氧）的化合的结果，而其他燃烧后质量减少的情况，可以解释为因为它们的燃烧产物为气体，消散在空气中，只留下无法燃烧的灰渣，才会有燃烧后重量变轻的错觉。这样，拉瓦锡关于燃烧是化合作用的观念，既解释了燃素说不能解释的所有现象，又解释了金属增重这个燃素说的反常。

但是，这个学说的关键：空气中对燃烧起作用的构成（氧气）的存在和作用机制，拉瓦锡一直没有在实验上确定，从而阻碍了拉瓦锡完成他的学说。实际上，瑞典化学家舍勒在加热硝酸盐的过程中，曾得到这样的气体，后来英国化学家普利斯特里在1772年时进行氧化汞加热的实验，也得到了这种既能助燃，又能支持人呼吸的气体，但普利斯特里由于受"燃素说"的影响，一直认为，这种新气体是"脱燃素气体"。1774年普利斯特里访问了巴黎，告诉拉瓦锡这个氧化汞加热的实验，拉瓦锡豁然开朗，沿着普利斯特里的思路，反复进行了一系列定量实验，终于找到了他所寻找的帮助燃烧的那种纯净的气体，他把它命名为"氧气"，并证明它具有可量度、可采集的性质。由于氧气的存在和它在燃烧中的作用的机制被揭示、证实,1777年,拉瓦锡向巴黎科学院提出一篇名为《燃烧概论》的报告,正式建立了燃烧作用的氧化说,否定了"燃素说",完成了化学史上的一次伟大革命。

下面则是一个有个人悲剧色彩的伟大发现。

在19世纪中叶,匈牙利医生塞梅尔魏斯(Ignaz Semmelweis)管理维也纳医院的第一门诊,这个门诊的产妇因为产后伤口感染而死亡有时达20%,远高于第二门诊。他对原因做了各种猜测和相应改变,均没有效果。直到他的同事科勒契卡(kolletschka)教授在一次尸体解剖时意外被解剖刀割伤手指,最后出现类似产褥热的病征而死亡,他意识到,原来那些在第一门诊接生的医学生,经常先给尸体解剖,再去给产妇接生,所以他们可能把手上沾染的某种"尸体微粒"带到了产妇身上!

根据这个假说,塞梅尔魏斯下令第一门诊的医学生为孕妇接生前,必须用漂白水洗手。立刻,孕妇的死亡率下降了,检验有力地证实了这个"尸体微粒"(即后来的细菌)的假说。

照说他应该马上成为科学的英雄和产妇的救星。然而,当时的绝大多数医生没有承认他的假说的正确,即使他们一些人按照要求洗手。思想保守和僵化,是重要原因。他的假说也有一个重要弱点被人抓住,就是它不能解释:在医生干净的手上(他们解剖后会用肥皂洗手)为何存在看不见的"尸体微粒",它们如何能迅速传播和繁殖,如何给人类带来致命的危害。就是说,他不能说明这个假说中的原因的存在和起作用的机制,而这是由法国的路易斯·巴斯德(Louis Pasteur)的细菌假说和证实完成的,且就在塞梅尔魏斯1865年含怨去世不久。塞梅尔魏斯和巴斯德,代表因果机制影响假说命运的悲喜剧。(董毓,2017a,pp.278-281)

7.2 科学中的推理

科学是我们时代伟大进步的主要原因之一。读科学中计算光线在宇宙中飞行路径和时间的简单而又精确无比的公式,你不能不崇拜科学代表的人类理智的奇妙。科学给我们每个人带来了天翻地覆的变化。20世纪90年代初,互联网刚刚诞生,而现在人们离开它已经不知道怎么生活。今天回想仅仅是20多年前的岁月,如同回忆中世纪一样。按那个时代的步伐来丈量,我们这一代人,就像一瞬间飞越了千年。这都是因为科学技术。

学习科学、理解科学、掌握科学,人和国家不仅走在时代潮流之前,而且能引导时代潮流。

7.2.1 科学发展动力:猜测与反驳

科学在近代,特别是在18、19世纪开始显示它的奇妙和宏大力量时,哲学家们就开始把它当作宗教一样带着崇拜心情来理解。他们想要知道,科学是什么,科学何以有这样的成功和力量,科学怎样发展。

归纳主义科学方法论

直到19世纪末,研究科学的哲学家们的共识是,科学的本质是证实,获得科学知识的方式,是在坚实的观察经验上,通过归纳的方法,得出可靠的结论。这样获得的科学知识,是证实的真理,它具有绝对的地位,科学的发展是这样的真理的累积过程。这样的科学观被所谓"逻辑经验主义"或者"逻辑实证主义"的学说代表着。它是归纳主义科学方法论和绝对真理观的合体。证明这样的科学观的标本,就是牛顿力学,经过千百次证实的它被看作绝对真理。牛顿几乎被看作上帝旨意的展现。

20世纪初出现的相对论和量子力学,改变了这一切。问题的深刻程度不在于牛顿理论有具体的困难,而在于它的世界观的彻底打破。我们的时空不再是装物质的盒子,而是被物质运动牵引而动的风云,牛顿理论不是真理。这样的科学革命产生的影响,是颠覆性的。

波普尔证伪方法论——猜测和反驳

代表这个深刻变化的,是20世纪30年代奥地利科学哲学家卡尔·波普尔出版的《科学发现的逻辑》一书(Karl Popper,1959)。他提出的科学观,影响很深远。今天我们如果不再提波普尔这个名字,这只是因为他的思想已经成为我们的常识。当时,他的观念却是翻天覆地的。他认为,科学的本质不是证实而是证伪,非科学的比如巫术和占星术也可以找到证实的例子,它们不会被证伪:不管遇到什么失误它都不会被放弃。科学发现的过程不是运用归纳方法,而是"猜测与反驳"。科学从问题,而不是观察开始;没有问题,就没有思考。科学家通过想象,提出大胆的猜测——对问题现象的解释性假说。然后,从假说推导出可以被证伪的、新颖大胆的预言,对它进行严格的检验,争取否定它。如果假说没有被证伪,而是成功地通过各种严格的检验,那就算它获得了正面的支持,可以被看作含有更多的真理成分。不过,这接受是暂时的,迟早它会被新的检验而证伪、被抛弃,这时,新的问题产生,新的猜测被提出来解释它,即新一轮的猜测与反驳又在运作。这样,人不断走向更好的问题和猜测,得到更多的真理内容:

问题→假说→预言和检验→证伪(或先证实,最后被证伪)→新问题→新假说……

7.2.2　科学发现:形成、检验和选择假说

这个科学观的核心,是猜测和反驳,即假说的提出和对它的否定性检验,这是科学的动力机制。假说,上面说过,是对疑难现象的原因或形成机制的一个猜测性的解释。它是科学发现的过程的枢纽。如何提出假说和如何检验假说,是理解和学习科学的关键。

科学方法论把科学发现分为"发明假说"和"判别假说"两大阶段。它们有不同的性质和原则。

一、发明假说

从问题到假说:想象和试错等自由思考,没有逻辑或一定之规。我们比喻,科学家在想象假说的阶段时,类似于侦探破案,根据现有的信息线索,提出最可信的因果解释假说。这个过程是逐步的,科学家可以一开始提出一个初步、大概的假说,以此为工作依据,来进一步寻找证据,尽量把图景拼得完整,得到能排除其他可能和对机制有具体细节支持的解释来。

二、判别假说

一旦形成比较有信心的假说,下一步就是通过它作出可以检验的预言,并实

施检验,得到结果;然后对检验结果作出评估和对假说的判断。这样个阶段有两个步骤:

1) 从假说到检验。即根据假说推导出预言并实施检验,这运用相关的科学知识、原理,有时还有数学工具的推理,这是逻辑性和经验性结合的过程,我们称之为"假说－演绎推理"。

2) 从检验到判断。检验产生正或者负的结果,需要辨别判断它的准确性和对假说的证实或者证伪的意义,这个过程并不像人们想象的简单直接。假说在检验之后,到底是被接受还是被否定,还要根据一些其他指标来综合判定,特别是一般都有多种竞争假说的情况下,接受或者拒绝,是一个选择最佳的过程。我们称这个过程为达到最佳解释推理。

可见,1)是2)的前提和必要条件,但不是充分条件:有了检验结果后,还需要再和其他假说的检验结果进行综合的比较,最后的假说接受是一个"达到最佳解释推理"的过程。

我们在下面对它们做进一步的叙述。

7.2.3 发明假说:线索和想象

在《科学发现的逻辑》一书中,波普尔明确说,科学在发明假说阶段,是大胆想象力和机遇的产物,没有可供遵循的逻辑方法。其他方法论家也承认,发明,没有规则可循,只要有帮助几乎是什么做法都可以去试一试。

不过,发明假说并不是凭空想象,毫无线索可循。科学家在此像侦探一样,要去收集任何对他有用的信息和线索,然后把它们这样或者那样拼凑出一个可能的图景。爱因斯坦提出相对论时,他十分了解当时的理论困境,知道寻找以太失败的实验结果,以及洛伦茨提出的空间变短时间变慢的假说。塞梅尔魏斯在提出"尸体微粒"假说之前,已经提出过好几种假说来猜测为何他的第一门诊的产妇死亡率远高于第二门诊。这些猜测包括"瘴气"、拥挤、通风、食物、操作熟练度、产妇生孩子的姿势甚至宗教仪式,因为这些是两个门诊的可能不同之处。比如,第二门诊产妇生孩子时的姿势是侧卧;他便要求第一门诊的产妇生孩子时姿势改为侧卧;另一个不同,是神父来给第一门诊临死产妇做祈祷时,要走过几个病房,经过很多产妇的病床,而且事先还打铃。他猜想,这可能会带来恐惧,引起产妇生病。他要求神父改变路线,悄悄进来,也不要打铃。但这些假说和测试,都没有带来产妇死亡率的变化(Churchill,1986,pp.373-374)。直到最后,他根据科勒契卡教授死亡的启示,提出"尸体微粒"的假说,然后推测如果用漂白水洗手,可以清除这样的微粒,接着他便予以实施,最后得到证实的结果。

塞梅尔魏斯猜测原因的过程,说明已有的信息、线索和偶然事件的启发,有重要作用。这不是那种简单枚举归纳,因为从解剖尸体、产妇死亡这样的现象中,不可能归纳出微粒这样不同类别的事物(归纳是从事物 A 的部分推断到 A 的全部)。但是这里有理性因素:分析、借鉴、排除、联想等思考,在想象假说中起了作用。

塞梅尔魏斯每一次提出猜测假说后,便以此来进行推测和检验,虽然做法比较简单,但实质上就是进行假说—预言推理和检验。取决于学科和情境的差异,假说—演绎的推理和检验可以简单也可以复杂。它们可能运用到各种知识、原理、假设、信息、条件和数学工具。我们下面举一个较为复杂的例子来看假说—演绎推理的情况。

7.2.4 判别假说:假说—演绎推理

假说—演绎推理,指从假说中推导出可检验的例证。这是根据假说和相关知识、假设和条件的推理。科学史上比较有名的是证实爱因斯坦广义相对论的例子:根据关于空间会因为物质引力发生弯曲的假说,预言引力场会使光线偏转。1919 年,英国天文学家爱丁顿带领的观察组通过观察日全食得到证实。这是科学的伟大成功和童话般的故事。

引力时间延迟效应(夏皮罗时间延迟效应)

广义相对论后来还得到别的验证,它们也是重大科学成就。1964 年,美国麻省理工学院的欧文·夏皮罗(I.Shapiro)设想,如果广义相对论正确,那么当光经太阳引力场时,既然由于受到引力的作用,它的运行途径上有弯曲,这就相当于光线要走比直线更长的距离,其运行时间也将会减缓,减缓量和角度偏移量成正比(越弯曲越减缓)。1967年,他设想了用于证实他的预言的观测实验:从地面上向金星和水星表面发射雷达波(以光速传播的电磁波)并测量其往返时间。在没有太阳处在水星和地球之间时,从地球到水星的雷达波往返时间是23分钟。夏皮罗通过计算推断,当水星在太阳背后时,由于太阳引力导致的雷达波传播的时间延迟将达到0.000 2(200毫秒)左右,相当于多走了60公里的距离变化。

借助麻省理工学院的"草堆"雷达天线,科学家测量了当金星在太阳背后时的雷达反射时间。当金星开始运转到太阳背后时,科学家就能测量到雷达在它和地球之间的往返时间出现延迟,而且就在金星移出太阳背后之前,这个延迟的测量大约是0.000 2秒(Churchill,1986,p.379;维基百科,2014;Wikipedia,2018)

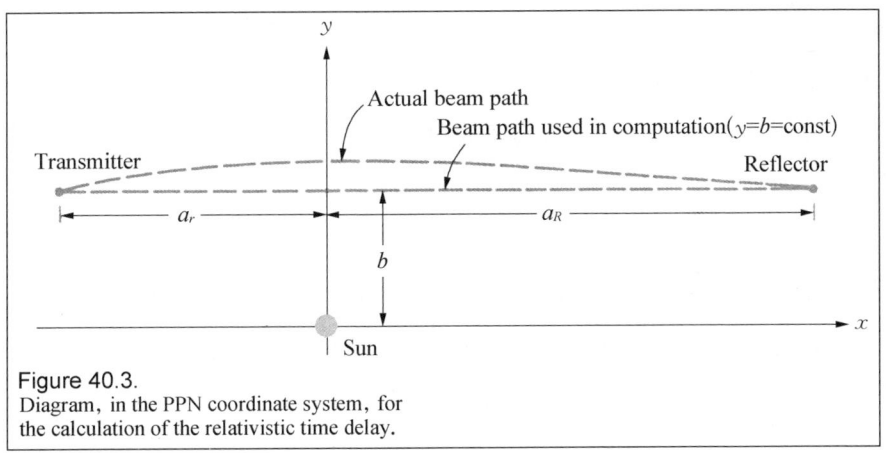

Figure 40.3.
Diagram, in the PPN coordinate system, for the calculation of the relativistic time delay.

上图显示夏皮罗计算的光线传播受如太阳引力场影响而时间延迟。在用雷达的实验中,发射源(Transmitter)即地球向反射源(Reflector)即水星或金星射出雷达并接受它的返回,在没有太阳引力影响下,空间是平的,雷达来回途径是图中的直线(Beam path used in computation),但是由于太阳的引力场,它途径是图中的曲线(Actual beam path),即空间弯曲导致了来回距离和时间的延长。延迟时间的计算和引力常数G,太阳质量M,光速c,发射源到太阳的距离矢量a_r,太阳到反射源距离矢量a_R,雷达途径和太阳中心的距离矢量b等有关(实际计算公式中的符号和图中显示有不同)。(引自:http://slideplayer.com/slide/

7575949/24/images/4/Shapiro+(1964)+time+delay+Actually+measure+the+echo+time.jpg)

现在,在星际探测器的测距中,都要考虑到太阳引力场导致的时间延迟效应。

7.2.5 证实和证伪的复杂性

这样的观察证实,自然对假说是一个必要而有力的支持。没有实践的检验和证实,假说不管有别的什么优点,都不能被接受,这是一个必要条件。

不过,实验的证实,并不等于接受假说的充分条件。牛顿理论也是经过很多证实的。科学历史证明,即使是大胆预言的严格检验下的证实,也不能说它就一劳永逸地证实了假说的真实性。科学方法研究已经普遍承认,事实对理论的支持,有不可消除的不确定性。

从逻辑推理上看,证实也没有确定性。假说—预言—验证—证实是这样一个推导:

假说:如果规律 H 真,某种条件下观察结果 P 就会出现
检验:构造这样的观察实验条件,观察结果 P 出现了
_____
所以:规律 H 是真的

这个论证的形式是:

如果 H,则 P
P
_____
所以,H

大家记得,这是逻辑无效的推理形式:肯定后件。从逻辑观点看,想用事实

确定地证实一个普遍假说,是不可能的,总是存在着前提(正面的检验结果)真和结论(假说)错的可能。历史证明,千百次证实的理论依然可以被推翻。所以,波普尔说,我们其实从来没有确定地证明过一个理论的真,归纳主义的方法论和关于科学知识的绝对真理观,是错误的。

相反,波普尔指出,验证的负结果,对理论的否定有确定性,这是证伪推理的形式:

假说:如果规律 H 真,某种条件下观察结果 P 就会出现
检验:构造这样的观察实验条件,观察结果 P 没有出现
———————————————————————————
所以:规律 H 是假的

它的形式是:

如果 H,则 P
$\sim P$
—————
所以,$\sim H$

大家记得,这是"否定后件"推理。所以,波普尔说,证伪主义有逻辑基础,一旦实验否定结果,就无可争辩地判定了假说的死刑。科学的态度,就是马上抛弃它,思考新的假说。

不过,当预言 P 没有在检验中出现,检验真的就这样马上否证了假说 H 吗?许多科学方法论者论证说,波普尔的观点是简单粗糙的,它既不符合科学实际,又不符合科学发展的历史。

因为,预言 P,是由假说 H,加上初始条件 I(实验、测量、计算的条件和数据等),和辅助假设 A(在推导中对有关因素的存在和作用的假定)一起推导出来的。所以,假说—演绎推理,不应该简单地写为"如果 H,则 P",而是"如果(H 和 I 和 A),则 P",即证伪表达应该是:

如果（H 和 I 和 A），则 P

～P

————————————

所以，～（H 和 I 和 A）

那么，如果预言 P 没有检验成功，逻辑上，它表示，前提"如果（H 和 I 和 A），则 P"中的 H、I 和 A 的组合有错误，但是它们到底是哪一个有错误呢？逻辑对此问题无能为力，而是需要科学家去对这个组合的每一项一一排查，这是科学的具体工作。

其实，在这个证伪推理形式中，还有一个地方也会出问题，就是第二个前提～P。这个否定的结果是真实可靠的吗？观察和实验本身，也可以是出错的地方。首先，操作过程中出错的现象很普遍，做中学化学实验，如果做不出教科书上写的效果，首要去排查的，当然是仪器设置和操作程序是否正确，而不是否定原理。

其次，检验预言 P 的观察实验，不管是用透射电子显微镜还是毫米微波扫描仪，也是运用一定的知识和原理进行的，也是推理和实证。这些检验依据的知识和原理被称为"观察理论"。按波普尔的用语，它们也是科学假说，只是已经证明更可靠。如果观察实验没有看到 P 出现，"观察理论"也可以是原因所在。1815年普劳特提出假说：所有元素的原子量均为氢原子量的整数倍，但是不久，精确测定的氯原子量为 35.5，不是整数倍，似乎反驳了假说。后来发现，当时测量工艺的原理假设有问题，也没有认识到测量样品有同位素的存在。（董毓，2017a，5.2.2节）

可见，一有反例就该抛弃假说的看法，既不符合实际，又不符合科学史。哥白尼的地动说在诞生的时候，也面临自己不能解释的"反常"和证伪，有不少否定它的事实，如果按波普尔的来，那就没有它后来的发展。

7.2.6　引力时间延迟效应的推理构成

为了说明假说—演绎推理的复合构成，我们再来解剖上面的引力时间延迟

效应例子。它的假说根据爱因斯坦广义相对论,假说—预言推理依赖于这样一些原理、假设、信息和工具:

- 假说:

    太阳的引力场使附近空间弯曲,导致光的运行路径变长,传播时间延迟
- 初始条件(推理需要的相关条件和信息)包括:

    太阳引力场、质量等测定

    对太阳、水星或其他星体位置的精确测量数据

    关于光和电磁波传播的知识

    计算光线的时间延迟和太阳质量、引力、信号距离等关系的数学表达式

    太阳、行星按照其规律的运转状态等
- 辅助假设(使推理能如此成立的各种假设),包括:

    没有其他大物体的引力场足以干扰电磁波在太阳附近的运行

    对在星球表面不同位置反射对电磁波速度测量准确性将不会有大的影响

    其他诸如地球空气对电磁波的影响可以忽略等
- 预言:

    在太阳处在水星和地球之间时,雷达发出的电磁波从水星到地球的23分钟的往返时间会减缓 0.000 2 秒。

夏皮罗的预言,是在这些隐含前提和条件共同存在的情况下推出来的。

可以想象,即使预言的 0.0 002 秒延迟在观察实验中没有出现,在判定广义相对论的错误之前,科学家会进行繁多的检测排查工作,从推导方程到实验设置到操作程序,都会一一核实。

一个科学假说的真正证伪,是在和它对立的假说被判为"更好"之后。这个"更好",要由多重的因素和标准来判定,检验是其中必要、重要的一个因素,但不是全部。

7.2.7 选择假说：最佳解释推理

那么，判断一个假说为更好的因素和标准是哪些？我们说过，一种现象可以有多种解释，也应该有多种解释，科学依靠多样化和竞争而进化。评价和接受假说是竞争者的选拔赛，看哪个最佳。这是评价假说的"达到最佳解释推理"。要注意，要使最佳为真正的佳，要有多个好的假说来竞争，这是推理充分的前提，要不然，挑选是矮子里挑长子，其充分性就不足。

假设，过去这一周早上课堂上，你感觉特别疲倦、不断打瞌睡。你觉得自己睡的时间已经很长，也没有熬夜打游戏，所以很纳闷，这是为什么呢？是因为天气热、教室空气不好？是睡眠虽长但质量不好？是像中医说的脾胃功能不好？是课没有趣味？还是甚至预示有什么病？

对爱打瞌睡现象 O，你想到了多种解释：

解释假说（E_1）

如果教室空气不好，人就会爱打瞌睡
你爱打瞌睡
―――――――――――――
所以，是因为教室空气不好

如果有原因 C_1，那么就有现象 O
有现象 O
―――――――――――――
所以，有原因 C_1

解释假说（E_2）

如果睡眠质量不好，人就会爱打瞌睡
你爱打瞌睡
―――――――――――――
所以，是因为睡眠质量不好

如果有原因 C_2，那么就有现象 O
有现象 O
―――――――――――――
所以，有原因 C_2

还可以有其他的解释 $E_3 \ldots E_n$（有文章列举 20 种疲倦原因，包括焦虑、负面评价自己、缺少碳水化合物、缺水、减肥、运动过度、缺铁、喝太多咖啡、不吃早餐、缺少户外空气、睡前看屏幕、太累等，见 Van Hare, 2017），好，你都知道了。但是，你需要决定哪一种最可信。

这就是评价假说,在说明现象 O 的所有假说 $E_1, E_2 \ldots E_n$ 中,如果某一个,比如 E_1,被判定是最好的,那么它是可以接受的。最佳解释推理的模式是这样的:

有未知现象或问题 O
提出对该现象多种解释性假说 $E_1, E_2 \ldots E_n$
解释 E_1 是这些解释性假说中最佳的
_____
所以,E_1 可以接受

达到最佳解释推理的关键,就是如何决定哪一个更好。这是一个考虑各项指标的综合工作。

7.2.8 科学最佳解释推理标准

不同领域、不同的选择中,达到最佳解释推理会有不同标准和依据。在科学的假说选择和判断中,最佳解释的判断是根据一系列标准的论证,即按照这些标准来论证哪一个更好。因此,恩尼斯说,最佳解释推理应该称为"最佳解释论证"。

科学方法论中,假说的选择和判断标准,可以按照科学革命时期和科学常规时期分为两组。

谁是最好的——科学革命中的竞赛标准

科学革命,指的是诸如哥白尼理论对托勒密理论的颠覆时期、爱因斯坦相对论对牛顿理论的颠覆时期。这个时期的竞争理论是大的、世界观的对立,所以以往知识都可能重新认识或者重新安排,不能按照现成的知识来衡量,因为没有可以依据的超越、中立的裁判。

1) 能比别的假说作出更精确的论断
2) 能说明别的假说也能解释的事实

3) 能比别的假说解释更多的事实——能说明别的假说不能说明的现象（反常）

4) 作出了别的假说不能作的、想不到的甚至反对的预言和检验

5) 通过了别的假说通不过的检验，它的预言在严格检验下成功

6) 能统一以前互不相干的现象

7) 能通过自身的发展解决对它的"反常"，能解决新的问题

说明一下，2)和3)指的是最佳的假说应该有更大的解释力。所谓解释一个事实，指如果这个假说真，这个事实就会出现（依据一定的背景知识）。比如，抽烟对肺癌的解释力，在于抽烟，肺癌更可能发生。解释是说明现象的原因和机制，一个假说解释力更好，在于能更容易、简洁、具体地说明别的假说不能说明甚至感到诧异的事实。4)和5)指的是类似能力的比较。如果一个假说能比其他假说说明更多的现象，常常意味着它能比其他假说推导出更多的预言，这样它的可检验性更高，更可能通过别人不能通过甚至不能想象的检验。标准6)是以爱因斯坦广义相对论统一了以前不能统一的现象为楷模的，不过有些哲学家认为，它并非在每一个场合都必要。标准7)是对波普尔规则的松动，容许假说开始可以有反常而不必被判死刑。但这有个要求：一个好的假说，到后来是能把反常合理解释或排除掉的，如果长期不能这样，它就越来越面对被证伪的压力。它不能一直逃避理性审判。

谁是最好的——常规情况下的竞赛标准

大多数情况，是科学哲学家库恩说的那种"常规科学"时期，科学家依据现有的、已经接受的理论来探索世界、解决问题，而不是提出革命性的原理来改造知识和世界观。在这种情况下，因为大家都遵从已有的科学理论和世界观，认可现有知识是真的，那么判断具体的解释性假说的标准，就比较强调和现有知识的一致性，研究者根据科学实践列出了这样的一些主要标准：

1) 可检验性并且检验后没有被证伪

2) 一致性：和已有的可靠的知识更一致

3) 丰富性：有更多的内容，可以比竞争的假说推导出更多的观察现象
4) 简单性：能更简单地说明事实，更简单地推导出要解释的事实（不需要更多假设）

重申一句，这样的最佳解释论证，是按照 7.1 节因果论证的必要性质为基础的。一个假说要好，要有资格成为有力竞争者，首先需要排除其他可能和对机制作出细致可信的说明。

这样选择的科学假说，应该是比竞争者更可信。在理想意义上，它等于是没有合理替代的假说。即其他的假说都已无力构成对它的合理替代。就像相对论现在达到的地位。

7.3 实践、决策和其他推理

我们每天都在进行判断、选择和决策，这些假说依据的推理和科学的推理有许多不同。但是，这些推理的充分性、可靠性，也来自在多种可能中选择最佳的方法中。

7.3.1 决策案例：为何是怨声载道的乱局？

2017 年，为了消除雾霾，北京周边地区加快了用天然气或者用电代替燃煤的改造工程。然而，在 11 月中冬天降临时，出现许多地方不能按时完工和无气源供应的窘境，很多城市和农村居民在 0 摄氏度以下的寒冬中等待着暖气的到来。困难的原因包括，要改造户数量超出估计，工程量大大增加；需要的气和电到最后才发现来源没有保障，出现大面积"气荒"；管道设备和系统不完备不能承受；拆旧煤炉很迅速，新基础建设却不能完成，或者设备不到位不能转换；政府补贴负担重，但百姓依然感到用天然气负担很重；等等。结果是，要么没有足够的气或设备不到位而受冻，要么气价大升不能承受，许多人不得不重新用煤。这样本来意愿良好的规划、决策和行动，却出现这么多的失算、缺失和窘迫，产生了很大的生活和社会的负面影

响,被媒体称为"一场处处失利的环保战役""怨声载道的乱局"。(财新网,2017)

这是一个大型工程的决策和行动,这样的实践决策,需要周密的分析、探究、构思、评估和论证。就是说,它需要遵循批判性思维在决策中运用的模式(见第一讲,图 1.3.3.2)。有理由认为,煤改气(电)的工程之所以遇到这样的困难,是没有走这样的决策过程。下面,借用这个例子,说明这个决策论证模式。

7.3.2 决策进程:从问题分析到实践推理

具有批判性思维的决策推理,一般而言,始于问题分析,接着是收集信息、提出替代方案;然后,根据可靠性、成本、风险等标准,进行选择和综合,最后,决定最佳解决方案。

分析决策的问题和目标

和科学及其他思考一样,实践的决策思考的逻辑开端,是确定和分析要解决的问题、需求和挑战。第二讲中的二元问题分析法,是完整和深入的分析法。通过分析问题的背景、意义、范围,了解它的要素、结构、类型、标准、观念等,人们得到指导下一步的依据和标准,知道如何收集信息、构造替代方案,评估和选择最佳方案。

"煤改气(电)"的决策所要解决的问题,是改变生活燃煤对首都产生的雾霾等污染,它的子问题中,包括"能否在今年完成全部的煤改气(电)的目标"。分析这个问题的构成和关系,可以了解决策所需要的信息,帮助判断,比如:

1) 问题的客观对象的分析:
   - 基本要素和属性:煤、天然气、电、民用、天气、温度因素和变化、设施等。
   - 原因:和生活、工业、环境的关系(冬季取暖,小燃煤锅炉污染严重,"1 吨散煤直接燃烧的大气污染物排放量,相当于电厂用煤的 5~10

倍")等。
- 运作方式：用天然气或电代替该地区的煤来满足取暖等民用需求。
- 范围和影响：京津冀及周边地区28城市，2017年10月底前要全面消除小燃煤锅炉，预计以电代煤、以气代煤300万户以上，替代散煤1 000多万吨等。

2) 问题的认知内涵和性质的分析：
- 问题的类型：这是一个大工程的规划、决策和实施的问题（即需要决策论证）
- 关键概念：关于这样的转换的必要性和可能性的关键观念（比如煤改气的可能）。
- 问题背景、来源和发展：近几年北京地区的污染，特别是冬天雾霾，严重影响居民生命、生活和首都声誉。已经广泛认为，民用散煤取暖对冬季雾霾贡献最大。到2017年控制PM2.5目标已经确定，但时间不多，需要在各种行政、财政和经济手段下加快甚至提前完成，打一场"大干快上"的战役。
- 论证特点所需的信息和推理：既然这是一个决策论证，就需要相应的信息和理由，并包括实践推理。根据实践推理的模式特点，它要有目标和手段两大方面，即它要论证：目的前提、多种方案前提、最佳选择前提、可行性前提、副作用前提，这些将保证这个决策是最佳决策。下面将更详细地叙述这样的实践推理的模式。
- 不同观点：有没有对这个"战役"的必要性、可行性、最佳性等方面提出不同观点和论证？有没有指出实际的困难和决策的缺点？
- 价值因素：诸如改善首都地区的环境的重要性大于经济、工业发展和生活习惯的重要性等因素（它们本身的正确性和对这样的"大干快上"的做法的影响）。

可见，一旦这样分析问题，就会对问题的要素、条件等有深入和全面的理解，对下面的步骤有了指导方针。

积极寻求有关信息

有了对问题要素和决策目标的分析,接下来的步骤,就是相应地收集过去和未来的各类正反信息。收集信息不能只是做样子,而是要分析、解释、提炼它们,以便得到充分和深入的认知,得到构造解决方案的思路以及评估和选择的根据。

按照这里的问题分析的要素,就会对煤、天然气、电、天气、温度因素和变化、设施等这些方面进行信息收集和评估,看看条件是否确定,关键的信息和前提是否准确可靠,推理和估计是否合理,完成的手段是否具备,不同意见是否存在。比如,这样一调查,就了解,部分 28 城市政府的人,已经提出过对气源供应保障、天然气产生的臭氧和成本的担忧,国家能源局的人也说"他们夏天时就知道今年天然气会有很大缺口"。一旦相应准备,就会避免后来在改造户的数量、工程量、气和电供应、管道设备和系统、百姓的负担能力等方面的"意外"。

发现或构造替代的选择方案

根据对问题构成的认识和收集的信息,下一步就是寻找或构造替代方案。构造多种替代方案是一个分析和创造性的工作。可以有很多可能性,不过根据要素、情境和需要,在相关和可行的标准衡量下,好的基本方案也不是无限多。在代替手段上面,可以有集中供热替代、地源热泵替代、太阳能等清洁能源替代、房屋节能改造等选择。在工程推行方式方面,可以按照地区差别、用煤程度差别、改造难易程度、气源和资源供应充足性、工程实施方便、对首都雾霾影响程度、其他手段的可行性等方面的因素,构造不同的选择性,逐步地推进方案,而不是全部齐头并进、毕其功于一役的做法。构造一个可信可行方案,是对这些选择的综合。

评估、比较选择方案

再接下来,就是评估各种替代方案的优缺点,选择最好的方案。或者还可以用这些替代方案来构造新的、综合性的方案。

评估方案的优缺点,就是根据信息和选择标准来比较替代选择。考虑的标准包括可行性、效率、成本、影响等。影响有空间和时间的维度。空间维度指对上面分析出来的各个要素的影响,比如对人的生活、生产、社会各方面的影响等,是全方位的考虑。时间是指短期和长期的影响,比如对未来这个地区的经济、文化、政治发展的影响。

还有一个重要的因素：在商企和其他实践中，决策必然要包括价值考虑，就是对目标、影响的重要性的考虑——它们哪些是对我们更重要的判断。在财政负担、经济发展和环境保护之间，你更看重哪一个？这会影响你评估一个方案的优缺点。社会实践决策，是事实和价值一起作用的推理。我们将在下面讨论涉及事实和价值的推理的特点。

综合平衡的判断

最后是综合论证。通过比较各种选择的可行性、优缺点、影响，综合论证其中的最佳选择。煤改气(电)工程的决策最佳方案，也可能是对替代方案的综合和实施方式的综合。比如综合应用其他能源和房屋节能措施的手段，采取有重点和次序的逐步实施方案，从而避免资源和人力限制，以最小的成本获得最大效果。

最佳选择决定后，就是认真执行。批判性思维要求决策时谨慎，执行时决断。

当然，即使是慎重的决策，在行动时，也要经常监测它的作用和影响。在需要时，根据目标、新信息和实际条件变化而调整、修订甚至取消行动。这是理性的作为。

7.3.3 决策推理的基本模式

在这个决策中，要用非形式逻辑学者沃尔顿（Douglas Walton）描述的"实践推理"。(Practical Reasoning)(Walton, 1990, p.154)这个实践推理包含两类前提：目的前提和手段前提，在上面例子中，目的前提是要减少首都的雾霾。目的前提是否值得也是需要论证的。需要下更多功夫的地方是手段前提。一个采取手段 A 来达到目标 G 的实践推理，在于确定 A 是一系列替代选择中的最佳选择。所以，手段前提中要包括"替代选择前提"，即要有多种可选择的替代方案，它们每一种足以达到 G（即它是 G 的充分条件——它也可能是 G 的必要条件，但推导情况类似，在此且省略不论），并且自身都可行（即能够实施），那么 A 应该是这样的替代中最可接受、最佳的选择，而且，它的副作用小于其他选择。

可见,实践推理的模式应该是:

1) 论证:要达到目的 G 是值得的 （目的前提）
2) 提出:可以达到 G 的各种替代方案[A_1, A_2 ... A_n] （替代选择前提）
3) 论证:在已知条件下,某方案 A_1,自身是可行的 （可行性前提）
4) 论证:A_1 是最可以接受的方案 （最佳选择前提）
5) 论证:采用 A_1 要比不采用 A_1 达到 G 好 （副作用前提）

所以,应该做 A_1

沃尔顿指出,其实,实践推理是回答这五个问题:除了目的 G,还有别的目的要考虑吗?手段 A_1 有替代选择吗?A_1 是最可接受或最佳选择吗?A_1 自身可行吗?A_1 有副作用吗?

回到煤改气(电)工程的决策上,如果是按照实践推理模式,它需要考虑的前提内容有:

1) 目的前提:论证控制雾霾目的的必要性。
2) 替代选择前提:考虑多种替代方案,比如集中供热替代,煤改气、煤改电以及使用地源热泵、太阳能等清洁能源替代,房屋节能改造等选择。另外,还有实施方案的多种重点有序的选择。
3) 可行性前提:需要论述煤改气可行,并可以达到控制污染的目标。这就需要论证它的条件已具备,包括:关键信息"以气代煤 300 万户以上","预计替代散煤 1 000 多万吨"是否准确可靠(是否建立在了解到底有多少户需要改和可以改的情况之上)。然后,在此估计上,在当前和预测未来气候变化情况下,计算是否有足够的天然气或电的供应保障(天然气、电的供应来源和量是否足够);推断是否有足够的资金、技术、设备和人力进行施工(足够的输气管道,输电线路材料,可以建立管道输送能力、电网负载能力,有足够安装管道、配气箱、仪表等设备的工程专业人才,等等)来完成这样的进度;考察居民是否有足够的资金和意愿承受替换的经济负担(燃气壁挂炉的价格,气或电的价格),以及改造四处漏风的房屋需要,等等。

4) 最佳选择前提:如果选择气和电,论述在煤、气以及各种方式发的电(太阳能、风能等)中,气和电优于其他选择。如果选择一个综合方案,就要进行相应的论证。

5) 副作用前提:需要论证气、电的污染的后果小于煤,还要论证如果不这样大力进行煤改气的话后果会更糟。

每一个前提的思考,都有助于构造和选择决策方案。如果这样做,应该可以避免意外后果。

7.3.4 有多种替代选择,是决策成功的一半

为了论证一个行动的提案 A,我们要对它作正面论证,列出执行 A 的主要好处和坏处,论证好处是主要的、坏处是次要的。而且,为了证明 A 的好处,我们还应该从相反的方面来看:要证明不执行 A 或者执行任何别的方案的坏处,也就是从否定别的选择来证明 A 的最佳。在排除了别的选择之后,A 也就成为自然的选择——这是选择最佳的推理的一个必要环节。

排除性的论证,自然需要先把所有可能选择列出来。决策起始于了解什么是面对的问题、什么原因。而了解它们,也是为了知道可能有多少替代方案,有没有忽略——"我们忽略了什么?"这个问题,被基辛格当作透视世界大局的智慧之本,说的就是批判性思维的辩证性、全面性。

很多时候,选择需要发现和构造。批判性思维是构造性的。事情不是只有 A 和 ~A 黑白两极,在中间地带总有不同的选择、综合和妥协。在一个提案的论证中,你要把最可能的几种选择方案或思路首先列出来。如果你不这样做,你会陷入片面,论证将是白费心机。如果你的提案只在黑白之间选择,审核人在几分钟之内,就可能推翻你花了数月得到的论证。他只要找到你没有考虑到的另一个选择就行了。

为了稳妥和全面,你从研究的一开始,就应思考,除了我想要支持和论证的方案 A 之外,还有哪些别的可能,在 A 和~A 之间的中间地带,有没有综合各方优点的妥协方案?一共会有哪些可能的方案?

我们说过,构造多种替代选择,是最佳解释推理、实践推理、联导推理等推理的共性,而且这些选择要高质量。构造的替代选择如果只是做样子,是低水平的,那么矮子里挑长子,虽然得出的是最佳选择,但它的充足性、可靠性依然会可疑。

构造出好的替代选择,是需要创造性的问题,当然不容易。不过,我们一再指出,分析问题、信息、目标的构成,可以帮助了解问题的背景、维度和范围,从中找到构造替代的线索。问题构成本身,就可能蕴含替代方案和解决手段,对分析的要素进行重新组合,就是形成替代选择的一大途径。在第九讲,我们还会叙述具体的做法。

要素的重新组合可以形成很多的选择。但到底哪些是有意义的因素和选择,哪些是有意义的组合,这要依据真理性、相关性、充足性的推理的一般性要求,也取决于问题的具体情境、标准、价值观和目标,比如商务活动中的收益、成本、效率、风险、安全性、可靠性等考虑。

7.3.5 评估依据:价值和事实的综合平衡

决策论证的根据:事实和价值

任何行动,都有正反两方面的因素和影响。使用气和电取暖,环境好处明显,但成本、就业、资源限制甚至经济发展方面,可能有所损失。煤改气(电)工程的出发点,是首都的环境为上的价值观,它建立在生活用煤是雾霾一个主要来源的事实之上。这是价值和事实因素的综合论证。社会实践的论证一般是这样的综合,下面对此再做一些说明。

事实:多维度考虑可行性、意义和效果

现在我们清楚了,关于最佳解释、行动的论证,都是包括正反方面的论证,它是多维度的考虑集合。多维度不仅包括正反,而且更广义地说,是包括一切有关的,不一定是对立的方面。它还包括对过去、现在和未来的时间跨度的考虑。比如过去相似的行动所产生过的经验和教训。在人口稠密地区建化工厂,可能有环境问题;对建工厂的论证,就要考虑过去环境影响的经验教训。这是类比推理,如果选择的事例得当、相似,符合好类比的要求,就可以从过去的经验中得到很好的支持。

关于现实的考虑,首先是现实可行条件问题:若现在施工,它可能具备的条件——是否可以建成。然后是它的影响,比如施工过程带来的噪声、交通、生活等影响。这是它的现实条件和即时影响的问题。

将来的考虑主要是对它的未来作用、后果作出预测,用以支持它。

价值在论证中的重要性

实践的决策和自然科学推理的一个不同是价值因素。价值因素,指我们对生活的善和美的因素的重要性(价值)的看法。常见的价值因素包括:经济发展、文化的发展和保持、环境保护、伦理道德方面的意义、和谐的人际关系、生活愿望、理想、目的、幸福、健康、进步、权利、地位、美的享受等。价值观念不仅决定行动方案的选择,甚至影响对事实的看待。注重经济发展的厂家和注重环境安全的居民,会对输油管的建立产生对立、影响他们各自的决策。事实的考虑和价值的考虑是交织的。人们有时以价值观念为纲,根据对经济、社会生活、文化、伦理和人际关系、美学、心理等指标,来了解一个行动的作用的事实。有时人们先考虑各种事实,然后,在此基础上,讨论它们的价值意义。其他时候,两个方法交替使用。

所以,要考虑,我们提议的行动,是否对这些善和美的价值产生不利影响,比如资源的贫乏或恶化、不安全感、不信任、仇恨、痛苦、暴力、不方便、生活质量和社会地位的下降、丑恶、死亡等。如果该行动有不利作用,就要调整、减少它。论证要用该行动对善和美的有利促进,来论证它的好处,并要论证它对价值因素的副作用远小于正面作用。

7.3.6 联导推理和鉴定推理

联导(conductive)推理或论证,指由多个理由集合、联合("联导")推导出一个结论。它在人类推理认识史上是一个奇怪现象。它应该是人类最古老、最经常的推理方式——想想我们自己日常的选择决定就知道。虽然逻辑从亚里士多德开始就成为学术研究对象,但是联导推理这个词直到1971年才由美国哲学家威尔曼(Carl Wellman)首次提出,距今仅半个世纪。

联导推理采取第三讲里叙述的独立多前提的树式结构。每个前提并不依赖其他前提,它们各自都能支持结论,它们集合在一起,为结论提供了很强的——但还不是完全确定的——支持(有的研究者认为,结论达到确定性的情况或许可能)。例如在法庭上,证人说被告开了枪,分析报告指出子弹属于他拥有的那种枪,有人听到他说他要"搞定"受害人,等等。这些理由共同为他的定罪提供一个很强的支持——但依然不是绝对保证。这是一个例子:

1) 我将接受南京的那份工作,因为
2) 那里的人很友善;
3) 工资高;
4) 城市建设不错;
5) 我已经有些朋友在那里;
6) 工作时间不是很长;
7) 公共交通方便。

从2)到7),每个前提自身都支持决定1),它们集合在一起,为1)提供更有力的支持。不过,这个例子只是考虑了正面因素,正如加拿大哲学家戈维尔(Trudy Govier, 2005)指出的,好的联导论证,必须要包括正、反因素,即它的前提有正面和反面两类,评估要这样考察:

- 正面支持的前提是否可接受;
- 支持的前提是否和结论正面相关、它们的力度如何;
- 作者承认的反面前提是否和结论负面相关;
- 其他(作者没有承认的)反面前提是否和结论负面相关;
- 总体而言,正面前提的综合是否强于反面前提的综合。

如果能判断正面的综合强于反面的综合,这个论证就满足了好论证的标准,否则不是。

也就是说,好的联导论证的模式,也是要通过对替代方案和反对观点的考虑,来达到"最佳"的结论。联导论证是多个正、反各方证据的综合平衡。我们可以把它简略表达为"正—反—正"(pro‑con‑pro)的程式。第一个"正"是正面支持结论 A_1 的证据,它可以有两种:① 做 A_1 有好处的正面支持证据,② 不做 A_1 就不好的反面支持证据。"正—反—正"中的"反",是指那些反对做 A_1 或者支持其他的结论 A_2 …… A_n 的证据。"正—反—正"中的第二个"正",是考虑正、反论证后,对结论 A_1 的综合论证。下图是这样正—反—正综合论证的一个表达。

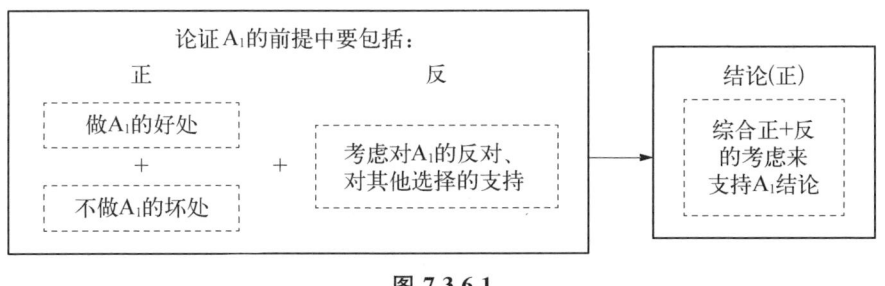

图 7.3.6.1

还有一种也是很常见但很晚才进入研究者眼界的推理或论证,可称"鉴定推理"或者"标准识别推理"(appeal to critieria in support of a classfication, Hitchcock,1983, pp.33‑34; Michael Scriven 2009 提出的"probative inference"也试图表述这个推理),它是按照一个现象的某些特征来确定该现象所属类型。比如我流鼻涕、咳嗽,似乎符合感冒的几项特征的两项:我感冒了吗?确定一个员工是不是好员工、一个行为是不是性别歧视、一个政策是不是公平等,都是按照一定标准,根据现象的特征与之符合程度来鉴定。可见,鉴定推理很常见、很有用。它的难处,常来自标准自身的模糊或争议,比如什么算"歧视"的标准,并不清楚而容易判别。这时我们常用某些特征来代表它,如果某现象有这样一些特征,就算作属于这个类型。

希契科克认为,鉴定推理和联导推理本质类似。在鉴定推理中,为了确定一个现象的类型,要考虑两大问题:① 每一个特征的相关性(这是属于感冒的一个特征吗?);② 所有正面的特征,集合起来。它们的力度,是否超过了反面特征的(我还有哪些不是感冒的特征,它们更多、更重要吗?)简言之,和联导推理一样,也是要用正—反—正方式来评估鉴定推理的好坏。

思考题

1. 下面是一些报道的标题(必要时在网上搜寻报道的全文),判断是什么样的推理,合理吗?

   1) 保护耕地致房价大涨。

   2) 最新研究发现:男性食指越短脾性越暴躁。

   3) 13岁男孩凌晨坠亡前晚沉迷"吃鸡",家人拟起诉游戏公司。

   4) 单身汉注意:娶个高学历老婆会更长寿。

2. 2017年1月,一名男子逃票翻墙进入宁波雅戈尔动物园被老虎咬死。家属称园方有漏洞:"再怎么说,死者就算是从后面翻进去的,那也是动物园管理不当,不能给别人翻进去的机会,那别人就不会从那里翻了,你既然有漏洞,别人肯定就会想着(逃票),这个方面的话动物园也应该有一定责任。"网络和舆论分为"挺人派"和"挺虎派"。下面是一些评论,请指出其中隐含的推理,并评估其合理性。

   "挺人派":

   1) 软件出现问题,负责任的是软件设计者,公园出现问题,公园也应该承担一部分责任,人类的生活中总是会出现意外,公园要完善自己,才能杜绝此类事件再发生。

   2) 这就像行人横穿马路被车撞死,结果有人不但认为撞死活该,还心疼起车子被撞坏一样,其背后不是对规则的敬畏,而是对生命的漠视。

   3) 票价确实高,定价的组织是吃人者。一个中年男人,为了省下150元,丧命虎口,咬死他的,是那只老虎吗?是高门票,是低工资,是入不敷出的窘迫！

4) 如果票价合理谁愿意冒生命危险逃票！不是所有人都是有钱人，一个辛勤的打工者，如果连门票都买不起，我们这个社会是否该反省一下？

5) 若揪着破坏规则而鞭挞，试想我们哪个人不是规矩的践踏者，若论该死，又有谁该活的？中国人，请放下你手中的石头。

"挺虎派"：

1) 家里门是锁着的，小偷能撬开门锁偷东西，所以责任在于被偷的住户：为什么你的锁不能阻止小偷呢？你也有一部分责任。

2) 以后罪犯也可以反告受害人防范不力了。

3) 什么都别说了，我现在就出门在马路上摔一跤找国家索赔去！

4) 嗯，动物园的确有漏洞，应该三步一岗五步一哨，机枪架起，铁丝网拉起，碉堡排排，地堡座座。

5) 高速隔离带也不高，你咋不翻呢？

3. 在网上搜寻下面报道的全文，讨论双方的论证，给出你的看法。

1) 广州小学生米饭行为实验：米饭被大骂一个月会变臭

2) 鲁花宣称听音乐发酵的酱油更好 专家：没有科学依据

3) How Birth Date Affects Future Success

4. 对一个因果解释的论证应该考虑哪些方面的证据和理由？

5. 一个科学的假说应该如何达到最佳？检验在其中起什么作用？

6. 为什么说决策论证中列出了可能的行动选择就意味着成功了一半？

7. 报载：福建某村给400亩水稻听《感恩歌》《大悲咒》音乐，称比不放音乐的对比田增产15%。不过，该村负责人说，摇滚音乐不行，植物长期听可能会死掉，必须是轻柔、阳光向上的音乐。华侨大学生物工程与技术系某副教授分析说，音乐是一种富有节奏的声波，可促进植物的生长，调节物质，使含量增加，直接影响植物各器官细胞分裂和叶片、花芽等的形成，并与抗逆性密切相关；声波的振动还能使植物细胞产生机械刺激，促使叶片上的气孔张开，增强对营养物质的吸收、传输和转化；另外，播放音乐还能驱逐害虫。下面哪些信息，有助于你相信这个报道表达的真实因果关系？

Ⅰ. 对比试验的细节，包括排除其他因素影响的说明。

Ⅱ. 关于音乐促进植物生长机制的细节证明。

Ⅲ. 反例说明：同样作为有节奏的声波的摇滚乐为何不行？

    A. 只需要Ⅰ

    B. 只需要Ⅱ

    C. 只需要Ⅲ

    D. 需要Ⅰ和Ⅱ

    E. Ⅰ、Ⅱ、Ⅲ都需要

8. 指出下面推理中的假说、辅助假说、初始条件、预言、实验结果及其对假说的作用。

1) 物质守恒定律指物质既不能创造也不能消灭。根据热的热素说理论，热是一种物质。伦福德(Rumford)观察，当钻造炮筒时，会产生大量的热。测量炮筒在钻前和钻后的重量，表明它的物质量没有变化。(Hutcheson & Joy, 1986, p.190)

另外，如果假设物质守恒定律是正确的，热素说的科学家该如何说明伦福德观察？

2) 1695年，年轻的科学家埃德蒙·哈雷开始思考牛顿发表于1687年的引力理论是否能说明彗星的运动。哈雷研究了他在1682年观察到的彗星，运用记录的彗星运动和轨道，哈雷推测，根据太阳的引力吸引，这颗彗星应该以大椭圆的轨道绕着太阳运行，完成一圈需要76年。他意识到，其他星球的引力对这彗星也会有影响，特别是木星的引力，但他将这些予以忽略不计，因为这些过于微小和难以计算。

哈雷还认为，这颗彗星以前一定已经环绕太阳运行了很多圈。他搜寻到的资料显示，从1305年开始，大概每75年就有彗星的观测报道。哈雷断定，这些都是这颗彗星的观测，他现在已经根据牛顿理论计算出了它的轨道。另外，哈雷计算了下一次它回来的时间，预测1758年12月它将再次被人们观测到。

哈雷的研究发表于1705年，他于1743年去世。这颗彗星，现在我们称为哈雷彗星,在 1758 年圣诞节那一天重新出现,遵循的正是哈雷描述的轨道。(Churchill, 1986, p.389)

考虑:哈雷预测的结果是否构成对他所预言的好的检验,为什么?

9. 试评估这个提议和论证。

"目前之所以有些学术期刊能够靠版面费发大财,主要的原因还是变相的垄断造成的垄断高价,也就是审批部门人为地限制学术期刊的刊号,导致目前学术刊物太少,办一个新的学术刊物太难,已有学术刊物变成事实上的垄断造成的。如果审批部门能够自由地放开学术刊物的办刊规定,让市场来进行自由竞争,不出几年,那些专靠收版面费敛财的学术刊物马上会被淘汰。"

10. 回忆日常生活中运用过的一个联导论证,并讨论如何使之更合理。

11. 试列出一个好论证的各种理由,说服同学周末和你一起去看一部新电影,而不是去唱歌。

12. "如果它走起来像鸭子,叫起来像鸭子,那它就是鸭子":这是什么推理?如何评估它?

第八讲
深入和严密思考：考察假设

> **学习目标：**
> 1. 理解思维、论证和行动对各类假设、前提的依赖
> 2. 了解论证涉及的各类隐含前提和后果
> 3. 能运用数种线索来辨别隐含前提和假设
> 4. 能根据五大标准来评估和调节补充的隐含前提
> 5. 理解科学中隐含假设的普遍作用，以及科学发展和它们的关系
> 6. 能推导信息、陈述的必要含义，和了解从后果论证的作用

8.1 辨别隐含假设和前提

在检查了推理的合理性后，按照思维图，下一步是考察假设。人的思想和论证，都有前提和假设，其中有些没有明显表述，就是隐含的前提或假设。在第三讲分析论证时，我们就练习过辨别和补充论证的隐含内容。隐含前提和假设在人的思维中处于枢纽的地位，而它常常又是大家没有意识到的"无人区"，很有必

要进一步讨论这个问题和相关技能,从而充实我们的认知、判断和发展的能力。

8.1.1　隐含假设的普遍性和作用

论证的"隐含假设""隐含前提",虽然没有表达出来,地位却相当于桥柱的水下部分。

比如这样的日常谈话例子:

> 老李卖住房很可能是不得已,他一直在赌博。

显然,这里需要有一个沉湎于赌博会引起人的财物大损失的前提,它可以类似于这样:

> (沉湎于赌博很可能导致倾家荡产)
> 老李一直在赌博
> ———————————————
> 所以,老李卖住房很可能是不得已

为什么要加上这个隐含前提?因为没有它,或者它不对,就不可能从老李赌博的事实,推导出他卖住房是不得已的结论。说话者没有明说这个前提,或许是因为觉得这是常识。

再看看这个推理:

> 居民烧煤取暖导致了城市冬天的雾霾污染
> 我们将改造烧煤炉,用天然气或电
> ———————————————
> 城市的雾霾就会得到根本的治理

这个推理有效吗?用煤取暖确实是雾霾的一个重要原因,但难道其他情况不会引起雾霾?如果汽车排放、工业排放等增加的话,减少烧煤的作用会被抵消。读者或许可以看出，这是个"否定前件"推理，它从否定一个充分条件的存在，就否定结果的出现，这是无效的。

但是，如果加上一个假设，排除其他原因：

> 居民烧煤取暖导致了城市冬天的雾霾污染
> 我们将改造烧煤炉，用天然气或电
> （汽车、工业等排放和气候等其他因素不会恶化）
> ——————————————————
> 城市的雾霾就会得到根本的治理

假定别的原因可以不考虑，论证就显得合理了。可见，隐含假设决定论证的成功，它们是必要的，而且可以使论证从不合理变成合理。假设决定论证的合理性。

隐含假设或前提之所以隐含，有时候是被看作不用说明的常识，或者是某种不应该质疑的根本世界观原理。但是，它们常常是思想的革命性发展、常规被突破的地方。

假设概念比前提概念广，假设可以在不是论证的思考中存在，比如在判断事实的时候（检查观察理论）存在。"前提"是论证的概念，是论证的理由。论证的理由可以是假设，也可以是已经认可的事实。这是按假设有猜测、暂时、没有经过证实的意思而言。但如果按波普尔的观点，一切都是假设，甚至观察事实也不是确切无疑的，那么前提也就都是假设。

第一讲就说到，考察假设也是自我反思的主要内容。批判性思维教育家布洛克菲尔德（Stephen Brookfield,2011）说：反思隐含假设挽救了他。他曾经在抑郁症中不能自拔，主要原因是认为抑郁症代表人的精神软弱、反常，不是一个"正常的男人"的表现，一个正常的男人应该坚强，靠自己的精神力量战胜它，不要吃药。后来他意识到这样的隐含假设是错误的，抑郁症就像高血压一样是疾病，和人的精神软弱无关，他认为"正常男人"应该理性、坚强、靠自己战胜一切的假设也是错误的。一旦认识到自己犯了"不当预设"谬误，抛弃那些关于自我的深层假设,他就开始了治疗过程,结果病情得到控制。

所以,他认为,找隐含假设是批判性思维的第一要务。他定义的批判性思维的过程就是:1) 辨认支配我们思考和行动的假设;2) 检查它们的正确性和有效性;3) 从多种视角来审视我们的观念和决定;然后 4) 在此基础上采取合理的行动。

8.1.2 隐含假设和前提的类型

现在我们介绍论证隐含内容的类型。扩展上面的例子,假设有这样的对话:

甲:老李卖住房是不得已,他一直好赌博。
乙:哪个老李?姓李的老职工好多呢。
甲:门市部的经理啊,你经常找他订货的那个。
乙:啊?是因为赌博吗?我从没有听说他赌博?
甲:我太太和他太太很熟。
乙:唉,又一个赌博牺牲品,他们将来靠什么生活?

我们已经知道,这个论证中有一个隐含前提:沉湎赌博可能会导致倾家荡产。这是结论"老李卖住房是不得已"的必要前提,这是填补推理中的空白,我们可以称为"填空者"。然后,乙询问,"哪个老李?姓李的老职工好多呢?",这涉及关于谈话对象的确定,就是在谈话中指的这个"老李",必须存在,而且能清楚确定是谁。谈话的对象存在与否,是否能清楚确定,是谈话的前提。这是我们称为"预设假定"或者"指称假定"。

而且乙还问到甲说话的根据,"是因为赌博吗?"甲回答说,"我太太和他太太很熟",这里隐含了"因此我知道真实情况"的意思。这是个假设,甲以此来支撑自己说的话,我们称为"支撑假设"。最后,论证隐含的还可以是结论,它还会有含义或者后果。比如乙问"他们将来靠什么生活",这就是问隐含的后果。

所以,论证隐含的一般有这样几种:

1) 预设假定（presuppositions），谈论的对象存在并可确定吗？如（要卖住房的）"老李"，需要确定到底指谁。

2) 隐含前提（supressed premises），省略的前提：本是论证的必要部分，但在表述中被省略了，所以又被称为"填空者"。如上面的前提：沉湎赌博可能会导致倾家荡产。

3) 支撑假设（underlying assumptions），又被称为"支撑者"，是下一个层次的隐含假设——前提的前提、前提后面没有表述出来的观念、知识和事实。如"我太太和他太太很熟，所以我知道真实情况"。

4) 含义（implications），主要指论证蕴含的意义和后果。

每一种假设或者前提，对论证都是必要和重要的。比如支撑假设，是证据、认识、观念的基础。它在各种领域有不同类型，起不同作用。在科学中，考察支撑假设是认识发展的重要手段。我们在后面会谈到。

在讨论隐含前提之前，我们要强调指称假定的问题。指称假定的对象，比如上面例子中的"老李"，到底存在不存在，能否清楚地确定指的是谁，这两个要求是关于该对象的讨论的起步前提。如果不知道讨论的对象、问题是什么，那么讨论没有意义和价值，应该马上停止。

据报道，一度有三个地区争夺《水浒传》中的虚构人物西门庆的"故里"。

其一是山东阳谷县城，它建立了旅游点"王氏茶坊"内堂，正中摆着一张旧式大床，木桌旁为"西门庆"与"潘金莲"幽会的塑像，还有西门庆"经营"的产业，如生药铺、盐铺、当铺和绸缎庄等一应俱全，还有"潘金莲手工艺品""西门庆绒布"等特色旅游产品。

其二是山东临清市，它计划投资约三亿元，建设西门庆院落、王婆茶馆、武大郎炊饼铺等，"恢复原有老字号和娱乐场所"。

其三是安徽黄山市徽州区，它于2006年打出"金瓶梅遗址公园"旗号，称"西门庆不是山东人，而是安徽人！是徽商的代表！"（新华网，2010a）

这是为了经济利益而以虚假来骗人的勾当。这种虚妄很多，并导致大量无谓的争论和受骗。还有的谬误比如"有负载的问题"，就是问题事先有预设——时常是不当预设。所以，思考和论证，首先要警惕预设对象是否存在并可以清楚确定。

8.1.3 辨别和补充隐含前提

隐含前提，指论证必需但没有表达的前提。用它们来完善论证的过程分为两个步骤：

1) 辨别和补充：发现论证中前提和结论之间的缺口，然后补充填补缺口的隐含前提。

2) 考察和评估：补充的隐含前提是否足够使论证有效（演绎）或者合理（归纳），是否过强，是否可检验、可信。

先讨论辨别和补充隐含前提的步骤。

辨别和补充有两种出发点，一是根据作者原意，二是根据使论证合理的需要。这里主要讨论后者。没有一种方法适用于所有情况，下面是一些依据具体论证而运用的参考做法。

① 寻找连接前提和结论的关系

隐含前提本来是论证中需要的前提。因为它的缺乏，你感觉到论证中有"缺口"。比如：

> 如果产量过剩，价格就会下滑
> ―――――――――――――――――
> 所以，今年西瓜价格比去年便宜

读者或许感到，"西瓜"在结论中出现，前提中却没有，结论像是凭空产生，因此需要有把"西瓜"和"产量过剩"联系起来的前提。前面说过，逻辑推理中，可以通过连接词找到它们省去的前提，因为要求每个关键词应该出现两次。将"价格就会下滑"和"价格比去年便宜"两个短语看作都是"降价"的意思，这个词出现了两次,而"今年西瓜"和"产量过剩"各自仅出现一次,所以把它们连接起来就是补充的前提。读者可以试试在下面的例子中补充隐含前提:

如果地下水上升并蒸发,它的盐分就会留在土地里

所以,中国北方有许多盐碱地

② 符合逻辑的有效形式

因为隐含前提的最终目的是使论证有效或者合理,另外一个办法,是确定论证的逻辑形式,并按照它来补充缺乏的前提。

比如西瓜价格比去年便宜的例子,它的逻辑推理形式是:

如果产量过剩,价格就会下滑	如果是 A,则是 B
今年西瓜产量过剩	x 是 A
所以,今年西瓜价格比去年便宜	x 是 B

这是常用的有效推理"肯定前件"的一种形式。注意,在补充隐含前提时,根据"肯定前件"的形式来补充,是一个常用的做法。读者可以首先用这个形式来寻找隐含前提。

③ 想象和排除反例、例外情况

演绎推理的有效性,在于没有例外:如果前提真,那么结论必然只有一个真——反例是不可能的。那么一个找隐含前提的途径,就是想象反例,并构造限定性的前提,将这反例排除。

在 8.1.1 节讨论的居民烧煤取暖的例子,它无效,正是因为有反例。即使改烧煤为烧气或用电,但如果遇到其他汽车、工业排放增加、严重的湿热天气等情况,城市的雾霾依然会严重。所以,我们加上一个前提排除这些反例,表明推理在这个前提下是合理的。

第六讲举过这个选言推理的例子:"这棋要么老王赢,要么老张赢,老王没有

赢,所以老张赢了。"它有效,但前提不真,因为选择不止这两项,还有平局的第三种可能,所以,它只有在排除平局的假设下才可能真:

这棋要么老王赢,要么老张赢
(没有平局的选择)
老王没有赢
——————————
所以,老张赢了。

所谓反例,表示充足条件不成立,就是前提真,结论却不真。比如"如果产量过剩,价格就会下滑"这个充足条件句,它的反例就是,即使产量过剩,价格也不下滑。有这样的情况吗？或许需求也因为外来人口大量进入而增加,或许剩余产量被政府调配到外地,或许还有别的市场调节手段也可以保持价格……如果找到合理反例,这个充足条件就被反驳。

保证论证结论的必然性,就是考虑到各种不明显的意外、反例,然后用假设将它们显示并处理。在科学研究、技术制造、商务决策各领域中,要想思考严密、全面和创新,就要善于想象各种可能的例外、反例。

辨别隐含假设、寻找反例、假想推理和想象替代观念,是高阶思维的四大功夫。

④ 提议、决策论证的隐含前提

一个决策论证,常常是针对一个现象、目标、争论提出的一个解决办法,这是实践的推理。7.3.3 节说过,除开存在替代的前提,对一个结论的实践的推理还需要这样的前提:

第一,目的性：应该达到这个目的；

第二,替代选择和充分性：它是多种替代选择中的一个,实施它可以达到这个目的；

第三,自身的可行性：这个做法可以实施；

第四,最佳性：在可选择的各种做法中,它是最好的,其他做法都不行或者不如它；

第五，最小副作用性：它的负面效果，小于不做它或者做其他做法的负面效果。

前面讨论的煤改气（电）的决策的例子就说明，好的决策需要考虑这些前提。但是，许多决策论证，没有表达这样的前提，这就需要我们把它们挖掘出来，从而帮助思考严密和发展。

比如有人这样提议：

> 像高铁霸座这样不守规矩的事太多了，我们应该罚霸座者终生不得坐火车。

它说出来的前提和结论很简明，作者认为这样可以解决问题。但是，要成为一个好的决策论证，它其实必须还有下面的前提：

第一，需要改变人们霸座不守规矩的行为（目的）；
第二，这个措施可以改变不守规矩的行为（充分）；
第三，罚终生不得坐火车的做法可以实施（可行）；
第四，罚终生不得坐火车的做法是达到这个目的的最佳做法（最佳）；
第五，罚终生不得坐火车的做法正面效果大于负面效果（副作用）。

当我们一个个地考察这些隐含前提的细致内容、合适性和可信性时，我们会深入问题的本质中，可以获得更全面的了解，可以判断这个提议和论证的好坏，可以发展认识。我们用这样的方法讨论煤改气（电）的论证，就显示了这样的作用。

8.2 评估隐含假设和前提

辨别和补充了隐含前提，下一步的任务，就是看这隐含前提能否使论证变得合理，而且自己可以接受。这是评估隐含前提或假设。现在来看看这个评估应该做什么工作。

8.2.1 评估隐含假设和前提的需要

8.1.1节讨论的居民烧煤取暖的例子,因为加上前提"汽车、工业等排放和气候等其他因素不会恶化",使得这个推理变得合理。但是,这个前提本身可信吗?有充足理由来假定其他排放、气候环境等不会变糟糕吗?如果没有,这个前提其实没有挽救这个推理。反而,这个推理犯了"依靠未经论证的前提"的谬误(beg the question),就是说,加上的这个前提其实是"不当预设",甚至是"循环论证"。循环论证,是用来论证结论的前提自身,已经预设了结论为真。经典的例子是"上帝存在,因为《圣经》这么说的",而必须假定上帝存在,《圣经》才真。

因此,加上的隐含前提需要合理,它自身要符合一定的标准。如果没有对隐含前提进行限定,我们随便加,那么,任何无效的论证都可以通过添加前提而变为有效,比如:

以权谋私是腐败	P
所以,以权谋私是犯罪	C

如果简单加上"如果P,则C",就可以使这个论证有效:

(如果以权谋私是腐败,则以权谋私是犯罪)	(如果P,则C)
以权谋私是腐败	P
所以,以权谋私是犯罪	C

这个加上的隐含前提,因为就是重申原有的理由和结论,被叫作"重申前提"。它虽然使推理满足了"肯定前件"的形式而变得有效,但它自己有问题。它不但没有新意,而且不是这里人们真正想说、推理真正需要的隐含前提:"腐败是犯罪。"

8.2.2 评估隐含前提的原则

所以,要使补充的隐含前提合适,使推理最终合理,要考虑这样几个标准:

1) 宽容原则:它更符合作者的原意吗?它没有把作者"稻草人"化吗?
2) 必要:增加的隐含假设能使推理合理、有效吗?(能使论证免除反常吗?)
3) 程度合适:是否太强或者太弱?
4) 自身可信:这个假设本身有疑问吗?它可以检验吗?有证据吗?证实了吗?
5) 不多余:不要补充已经有的前提。

最后一个标准应为常识,虽然有时因为词语不同,不容易看出补充的是不是已有前提的重复。

下面举例说明其他标准。

首先,关于宽容原则。我们需要按照原来论者的意思加隐含前提,不要加他无意加甚至不接受、不承认的。而在不了解原意的情况下,我们要将原来的论证建得显得合理,而不是显得错误。即不要犯"稻草人谬误",让原作者持明显荒谬、好驳斥的观点。用上面的一个例子:

老李一直在赌博
──────────────
所以,老李现在卖住房是不得已

至少可以有这样两个隐含前提可以选择:

① 沉湎于赌博将导致倾家荡产
② 沉湎于赌博很可能导致倾家荡产

如果作者原意不清楚，你应该补充哪一个？为什么？

这两个都可以使结论合理，但合适的显然应该是②。因为虽然沉湎于赌博的普遍结局是输得精光，但赌博成为赢家的小概率情况还是不能完全排除的，就像长期购买彩票的人中真可能有一个最终中了。我们在这里应该为原来论者选②，不应该假设他就是①的意思。

注意，选择②所构成的论证是一个归纳的论证，结论是高概率的合理而不是必然。选择①则构成演绎的论证。

8.2.3 隐含前提必须是必要的

补充的隐含前提的第二个标准就是必要。这不难理解，因为这正是隐含前提的目的：增加的隐含前提能使推理合理、有效（能使论证免除例外、反例和其他情况），换句话说，它能使前提和结论连接起来，即前提必然或者很可能导致结论。

这个高速公路规划是不完善的，因为它没有考虑对环境的影响。

这里有两个可能的增补，应该选哪一个？

① 考虑了对环境的影响的交通规划是完善的
② 只有考虑了对环境的影响的交通规划才能是完善的

答案是选②。理由是，如果选①，这个论证的标准化就变成：

（考虑了对环境的影响的交通规划是完善的）
这个高速公路规划没有考虑对环境的影响
―――――――――――――――――――――
所以，这个高速公路规划是不完善的

这是"否定前件"推理。如果把①标准化为条件句"如果考虑了对环境的影响,那么交通规划就是完善的"可能更容易看出。它是无效的,所以这个隐含前提没有使推理合理。

②表示,考虑对环境的影响是完善的交通规划的必要条件,可将它标准化为"没有考虑对环境的影响的交通规划就是不完善的",加上它,这个推理成为有效的"肯定前件"推理。

8.2.4 隐含前提需要程度合适

第三个要求是强弱程度合适。8.2.2 节说明,在老李赌博的例子中,如果加上"沉溺于赌博将导致倾家荡产",它可使论证有效,但是自己可能会面对某个赌徒某一天真的赚了一大笔的反例。所以,要选弱一点的前提。太强的前提,没有充足证据,不容易站得住脚。

但是,弱也不是弱到最低限度就好。上面提到"重申前提",它能使论证有效,但没有什么意思,也无法检验,因为它重复的就是已有的前提和结论。再看这个例子,假设有人说:

地球是球形的
─────────────
所以,它上面有生命

这不是一个有效或合理的推理,虽然前提和结论都是真的。如果我们加上最弱的重申前提:

(如果地球是球形的,那么它上面有生命)
地球是球形的
─────────────────────────────
所以,它上面有生命

这倒是把推理变成有效的,但是,这重申前提没有额外意义和内容,除了地球是球形并且有生命的事实之外,没有其他内容可以供检验其真假,所以我们说它是无法独立检验的。"独立"检验就是对不同于原来前提包含的内容进行检验。

所以,最合适的是不过强,但比仅仅必要的程度要强,它要有多余的内容可以独立检验。如果我们加上这样的可能断言:

(如果一个星球是球形的,那么它上面可能有生命)

地球是球形的
_____

所以,它上面有生命

这样加上的前提,因为断言了除地球之外的星球可能也是这样,那么我们就可以用其他星球来(即独立于地球的情况)检验它,以便证实,是否球形的星球就可能有生命。

提一下强弱程度的概念,它指适用范围的大小和确定性的高低。接受强的,就必须接受弱的;但接受弱的,不一定接受强的。如数量、频率、程度的差别:

① 所有的儿童每天至少应该睡 10 小时
② 大多数儿童每天至少应该睡 10 小时
③ 有些儿童每天至少应该睡 10 小时

① 不应该经常用考试来判断儿童发展
② 从来不应该用考试来判断儿童发展

① 我们要防止有危害儿童健康的重大风险。
② 我们要防止有危害儿童健康的任何风险。

8.2.5 隐含前提需要可检验、可信

隐含前提是前提,那么和对其他前提的要求一样,它需要被认为是真或者可

接受，而这依靠对它的检验。上面讨论的重申前提的弊端之一，正是它无法独立检验，所以无法判断其真假（除开它重申的情况之外）。所以，这是我们的第四个标准，隐含假设应该是可以独自检验并且经过检验而可信的。

所以，这里有两重要求：一、要可检验，那么隐含前提要比仅仅是逻辑必要的强。自然，另一方面，不要强到错误的程度。二、独立检验的结果可以使人接受为真或者可信。

只有隐含前提能起到使论证合理，自己又有理由可以接受，这个补充才算满意完成。

最后说明一点，在判断论证合理性时，绝对没有例外、反例的情况是很难达到的。很多情况下，反例在理论上总是可能的，所以，论证的合理性不在于绝对不可能有反例，而在于有理由认为，反例在论证的范围内不太可能发生。比如，"在汽车、工业等排放和气候等因素不会恶化的情况下"，这是个排除反例的隐含前提，它本身的合理性并不在于它绝对不会错，而在于这些汽车、工业等排放增加和气候等因素恶化的例外情况，在可见的、可以控制的条件下，不太可能发生。如果这样，这样的假设是可以接受的。

另外，加上这样排除反例的假设，也是表明，结论需要在这样的条件下成立，论证是有限制的合理。

8.3 科学中的假设

隐含假设和前提的作用，在科学中显得特别明显，它们凸显了科学的本质和发展的原因。

8.3.1 科学坐落在隐含假设的网中

在第七讲，我们指出了，假说—演绎推理依赖初始条件和辅助假设。其实，不仅仅是推理预言时科学依赖于假设，在假说、论证、检验、运用的各个阶段各个领域，科学都是依赖于假设和条件的。很多时候这些假设和条件没有说出来，它们就是隐含假设或前提。

意识到科学无处不依赖于隐含假设这一点,有助于深入理解和发展科学。第三讲提到,真正学习和理解某一知识,可以是四种做法的综合运用:一、从产生、发现它的思考史来把握;二、从它的观念联系和推理结构来理解;三、从它的实践运用中体会;四、从对它进行条件和场景的变换和改变的尝试中领悟。这四种方式都需要对知识的隐含假设有了解。知识的最低形态,是把科学知识当作教条背诵下来:记住,地球是圆的。知识的较高级形态,是了解"地球是圆的"的知识,是经过这般的检验和证实的。知识的更高形态,是理解"地球是圆的"的知识,是依赖各种假设、条件的;如果变化它的假设和条件,知识的真值就可能会变化,它的适用情况会有不同变化。科学认识,依靠对假设的运用和考察而发展。

在18世纪初产生的关于燃烧现象的燃素学说,是一个重要成就,它是化学从古代混沌的思考中走出的第一个清楚、统一的理论。1703年,德国哈雷大学的医学与化学教授史塔尔提出燃素说,认为一个物体之所以可以燃烧,在于它含有可以燃烧的物质"燃素"——无数细小而活泼的微粒,物体的可燃程度和它包含燃素的多少成正比。燃烧过程就是这种燃素从物体中释放出来,这就是说,燃烧是一种分解作用,物质燃烧后,留下的灰烬是成分更简单的物质。

这个分解的学说,可以被用来说明氧化、呼吸、燃烧、分解等很多化学现象。比如金属是灰渣与燃素的化合物,燃烧后,燃素释放出来,剩下的就是灰渣。如果燃素进入灰渣中,就可以形成金属。到18世纪中叶,燃素说成为化学的公认理论。

但是,燃素说在当时就有反例,即它不能解释的"反常"现象。比如,实验结果发现:镁在燃烧后质量不减反增。但是,根据燃素说,它燃烧后会释出燃素,剩下是灰渣,它的质量自然应该会减少。所以,燃素说不能解释这样的定量实验结果。看来,它被镁的燃烧实验证伪。

面对镁的燃烧实验的证伪,燃素说科学家的一个做法,就是调整燃素说推理中的一个辅助假设,即燃素有质量,质量有重量。燃素说依靠这个辅助假设,推导物体燃烧、燃素释放后物质减少、重量也应该减少的结论。如果改变这个辅助假设,即有质量不一定有重量,那么就可以不被这个实验证伪。法国化学家文耐尔提出,燃素有时具有为地心引力吸收的向下的重量,即"正重量",有时具有与地心引力相反的向上的重量,即"负重量"(即所谓"轻量"),当金属燃烧、失去具有负重量的燃素后,剩下的金属灰烬的重量反而会增加。有人还比喻说,金属失去燃素,好比活着的人失去了灵魂,因此就像肉体死亡后比活着的时候要重那样,"死"的灰渣自然就比活的金属重。这样改变辅助假设,添加额外的假设,燃素说的科学家得以说明了这个反常现象。

后来,法国化学家拉瓦锡的竞争假说"氧化说",成功地说明了金属燃烧增重现象,又通过实验提取氧的存在,说明了它的氧化作用的机制,最终否定了"燃素说"。不过,燃素说科学家的行为,表明科学是假设的网,调节这个网来应付问题,是常规的做法。

8.3.2 隐含假设深植在观察经验中

在讨论假说—演绎推理时,我们叙述了假说的推理、检验和判定过程。这个过程涉及了多重的因素,比如:假说(有时称为"理论假说")、初始条件、辅助假设、观察理论(或者"背景理论")等。它们都是科学论证中需要的理由、条件、根据等成分,通过它们的结合,才能推论出科学的假说、预言、判断和结论。

即,科学推理的每一步骤,都受到隐含假设的保护和支撑。

在前面我们已经提到,历史测定的氯原子量一度是 35.5,这看来否定了普劳特的假说,但后来人们认识到,其实是测量背后的观察理论有不正确的隐含假设,使人误以为那样测量的氯原子是纯粹的。哥白尼提出的地动说也遇到这样的情况。人们对他的假说有许多反驳,其中"塔的证据"是最重要、最难对付的之一。

"塔的证据"是这样推理的结果:如果地球真像哥白尼所宣称的那样,是环绕着它的轴旋转的,那么地球表面上的任何一点在一秒钟内都将移动一个相当大的距离。如果有一块石头从这样运动着的地球上的一座塔顶上落下来,它将按照它的"天然运动本性"向着地心落去。在它下落的过程中,由于地球的旋转,塔将随地球而运动。因此,当石头落到地面的时候,塔已经向前移动。所以石头就应该落在距离塔基相当远的地面上。实际上,石头却落在挨着塔基的地面上。

因此，地球不可能是旋转的，这就否证了哥白尼的地动说。

对此，伽利略揭示，这个"石头应该落在距离塔基相当远的地面"的预言和检验，其实是根据亚里士多德理论得出的，这是"塔的证据"背后的隐含假设。它认为匀速运动的规律和静止的情况不同，所以石头落在塔基处的观察只能表明地球是静止的。但这个观察背后的亚里士多德理论是不对的。伽利略则提出了运动相对性原理，即在匀速运动的地球上物理的现象就和地球在静止中一样（在一切静止或匀速运动惯性参考系中力学现象具有相同的形式）。在匀速运动地球上看到的物体下落，就像地球是静止一样，也应该是垂直方式。即，并非只有地球是静止的时候才有垂直下落的现象。伽利略用这样的实验来证明：从一只匀速行进的船的桅杆顶上落下一块石头是落在桅杆底部的甲板上。这证明，石头落在塔基处不能证明塔没有做匀速运动。

这就是说，从塔上落下的物体没有到远离塔基的地方的观察，并不证明哥白尼的地动说错了，而是这样推理和观察背后的亚里士多德理论错了。伽利略的运动相对性原理是一个新的推理和观察的理论，它置换了原来的观察理论，那么这个"反常"的观察就不反常了。

8.3.3 科学发展常在于考问深层假设

从上面的叙述，可以概括说，科学发展，来自考问和改变隐含的、深层次的假设，包括各种辅助假设、观察背后的假设（观察理论），以至于假说中的核心观念。

在考问和改变这些假设时，是有理由和有次序的。科学研究中，常常不是一开始就去质疑根本假设，而是先质疑辅助的、不重要的假设。但是，如果调整辅助假设的手段证明没有用，就是应该怀疑根本假说的时候了。托勒密的地心说，就是在无休止地调整辅助假设后被怀疑的。它的核心假说是：地球位于宇宙中心静止不动。每个行星都在一个称为"本轮"的小圆形轨道上匀速转动，本轮中心在称为"均轮"的大圆轨道上绕地球匀速转动。当观测与行星位置计算不符时，他的后继者的做法就是加上辅助假设——新的本轮，在本轮上再添加小本轮。至15世纪哥白尼的时代，地心体系的均轮和本轮加到80个左右。最后，总算是有人对这样调整辅助假设的游戏厌烦，哥白尼提出了地动说，动摇了地心说的根本。这就是科学革命。

科学进步和革命，常常来自对假设的发现和质疑。众所周知的大革命有哥白尼推翻地心说、拉瓦锡推翻燃素说、电磁以太理论的抛弃、爱因斯坦的相对论和普朗克等量子力学对近代力学、牛顿世界观和决定论哲学的全面革命。旧的理论遇到反常，都会用调整、提出辅助假设来解决它，这样的做法，虽然可以挽救根本假说，比如地心说、燃素说，但常常本身是怪异、可疑的，长期不能证实。到这个时候，就是触及更根本的假设的时候。即使是最本质的基础和世界观，当有具体的反驳证据时，也需要重新审查。有理由的质疑，可能就是创新的开端。

不过，正如我们多次提到的，一个假说遇到反常，不等于马上就要投降。哥白尼的地动说遇到许多严峻的反驳，包括观测恒星位置时看不到视差，在肉眼观察下火星和金星并不随着一年时间的推移而发生可看到的大小变化等等。由于观察能力的限制，和哥白尼本人不能跳出亚里士多德的形而上学框架，他不能恰当回答这些反驳，他也是靠一些暂时、牵强的假设来应付。直到伽利略，局面才有了变化。伽利略用望远镜观察天空，突破了肉眼的局限，改正了那些观察的反例。他创立了新的力学，取代亚里士多德力学，消除了"塔的证据"这样的反例。伽利略历经半个世纪才完成这些重大的发展。他的《两种新科学》一书发表在1638年，距哥白尼主要著作的发表，几乎有一个世纪之久。所以，如果按照波普尔的反驳即抛弃的观点，就没有哥白尼的成功。科学发展，是复杂而漫长的竞争，没有一个标准和方法可以包打天下。我们需要在过程中坚持批判的、开放的理性观。

8.4 隐含意义和后果

8.4.1 陈述或信息的隐含意义

正确理解一个陈述、话语、信息所代表的含义，或者善于从它得出可靠的结论,这是重要的技能,它也是认知、思考、决策和交流的能力中的一个需要。

第五讲提到这个例子:国内诸多媒体报道了所谓蒋有绪院士建议征收"呼吸税"的新闻,结果网络、社会上痛骂声一片。一位科学记者发现,当时最早的《新快报》的报道,并没有说"呼吸税",而根据《广州日报》的大洋网对论坛进行的文字直播,蒋有绪的原话是:

> 城市森林既然有这么多好的功能,是否可以考虑进一步关于生态税收的问题,因为他享受到收益的,每一个市民也在排放碳,我们是不是可以搞10块钱、20块钱的基金,这些钱来进行造林,而企业也可以通过税收支持城市森林的维持。

这位科学记者说,从《新快报》报道和大洋网的直播中可以发现,蒋有绪并没有讲过什么"呼吸税"。不幸的是,有网络媒体在转载《新快报》的报道时,干脆将标题篡改为:院士呼吁征"呼吸税",每人每月20元保生态。(李虎军,2008)

这位科学记者的理解是对的,网络媒体将蒋有绪的话解释成主张收"呼吸税",是错误的理解,甚至可能是有意的歪曲。"呼吸税"这个词代表着两个理解错误或者歪曲。

第一,"每一个市民也在排放碳"这句话,并不等于指呼吸的排放碳。呼吸时排放的二氧化碳是"人的碳排放"中的很小一部分。一个人只要开一辆大排量的车和用天然气取暖,排放就可能大于他呼吸排放的十倍以上(科技日报,2006)。只要在网上搜索一下"减少个人碳排放量"的讨论就知道,它是指人的衣食住行各方面使用能源的行为。所以,在环境保护和一般科学常识中,将"个人排放碳"等同于个人的呼吸排放碳,并且要对此收税,这是荒谬的。这是假设蒋院士不仅不了解自己的领域,而且甚至连科学常识都没有,这是"稻草人"谬误。

第二,虽然或许可以争辩说,"我们是不是可以搞10块钱、20块钱的基金"这句话有模糊性,但是"基金"这个词的正常理解是不等于(有强制性的)税收的。蒋院士对个人用"基金",对企业用"税收",显然他有所区别。将他说的"基金"理解为强制性的"税收"，这是反常的解释，那么这需要有证据说这是他当时的意思，做这个反常理解的人有论证的义务。由于文中并不包括这样的证据，也没有人对他访问来确定这一点，可以判断这是不合理的解读。

所以，"呼吸税"不但不是蒋院士说的，也不可能从他的原话中合理推导出来。因此，基于这样的错误解读的一切媒体喧嚣和痛骂，都是轻率和无理的，或者是被人忽悠的表现。

产生这样的情况原因有多种。"呼吸税"是要大家出钱，人们自然不愿意。另外一个是今天专家的名声不好，所以这很容易被看作专家胡说的新例证，从而用成见代替了具体分析。

理解能力的欠缺也可以是原因。从一段话中推出它的含义和结论，需要一定的文字辨别和推理能力。如果有多种不同可能解释，除非有合理论证，否则就不能取其一种为必然含义。如果需要额外假设的情况才能得到推论，或者有合理的反例，那么就不能看作它的必然结论。

比如"今年我们地区出现大面积的风灾，好多房屋受损，向保险公司申报赔偿数大增"这个陈述中，我们可以推导出这样的结论——"相关保险公司的相关支出大大增加"，因为没有其他合理的假设说风灾的保险不会得到保险公司的赔偿。不过，如果我们推论说，"明年我们这里每一家房屋的保险费都要涨"，这是不是必然结论呢？这里需要一些额外假设，比如保险公司无法消化这样的支出，或者只能这样做才能保持利润目标，或者不怕全面涨价会失去顾客等，在这样的情况下，我们可以说这个推论有可能，但不必然。再引用一个已有的例子：

> 在最近的未来，很多发展中国家面临着人口增长和资源减少的双重危机。

如果有两个推论：

① 发展中国家的人口将来不会继续增长。

② 发展中国家政府将会更难为国民提供较好的生活水平。

哪一个是上面陈述的结论呢?

显然②是,它表明这个陈述的直接结果:人均资源越来越少,而这是人的生活的必要条件。①的情况也不是不可能,但它需要其他的假设,比如资源短缺到人口无法增长地步,或者政府实行人口控制政策,但这些假设,因为没有信息可以判断,使得这个结论不必然。

8.4.2 论证的后果

论证,特别是决策和行动的论证,有其后果,有些不容易看出来,需要进行推理。推理有的比较直接和肯定,有的也需要假设和条件,所以后果也有必然和可能的区别。

用后果来论证是一个重要做法,它的作用取决于对后果的推理。如果一个论证会有很严重的后果,而且对这个后果的推理十分合理充分,那么对论证的作用是强有力的。

下面是用后果来论证的一个例子:

> 有人说让人自由下载音乐对艺术家有好处,因为这会帮助他们宣传自己的作品。但是,如果录制音乐没有酬劳,对那些音乐制作者们——作曲家、演员、录制公司——有明显的后果。因为如果这样,可以合理地预测,后果就是音乐减少,音乐的种类减少。至少,那些录制者和作曲家靠销售他们的音乐来生活的可能性降低了,和免费竞争是很难的。(Hyatt,2006)

这个论证的结论,是反对开头的观点:自由下载音乐对音乐家有好处,因为这实际上是宣传他们的作品。证据是从这个观点推出的后果:如果可以免费下载音乐(英文 Free 有自由和免费的意思),那些生产这些音乐的人没有得到报酬,没有报酬,就无法靠制作音乐谋生,结果是音乐从业者减少(因为"很难和免费竞争",所以没有人做),再进一步的后果是音乐产量和种类都将减少。这个论证不仅否定了免费分享音乐对音乐家有好处的观点,也指出这样对音乐消费者也没有好处:音乐少了。这是用推理得到的后果来论证初始的观点。

不过,要区别一点,不要单纯以后果好坏来判断命题的真假,不然这是"诉诸后果"的谬误。别人说我美,当然使我高兴,但高兴并不证明我真的美。

从未来、后果来看问题,也是重要的设计、计划和发展的思考方式,可以帮助达到严密甚至创造。美国著名投资家芒格坚信,决策一定要多元思考。他特别强调逆向思考,即从后向前看(invert)的思维。他用假想百事可乐创业的例子来说明。假设一个人要创立这样的一个饮料公司,他的思考就应该包括从后果和他要避免会发生的情况来看,比如他就应该问这样的问题:

这个新饮料应该有什么样的属性?这个饮料的属性不应该有饮后残留味道,不然人们不敢多喝,怕口里遗留不好的味道。

这个饮料的制作应该可以容许低成本的大量运输。

这个饮料应该让他人很难模仿复制,为了这个效果,应该采用罕有的成分,或对成本保密。这样做可以避免竞争。(Rockwood,2004)

这些对后果的考虑,促使厂家一开始就找出对策,成为研发和生产这种饮料的出发点。芒格说,决策者还应主动想办法去否证自己的结论,以便避免陷入人的根深蒂固的证实偏见。这是波普尔的证伪主义科学方法论的核心,也正是我们下一讲的主题。

思考题

1. 辨别下面论证的隐含前提或假设。

   1) 梁山伯、祝英台之墓确实在河南汝南,戏里面就是这样说的。

   2) 花钱如流水的人,是挣钱很多的富人。

   3) 现在高铁上违规的惩罚是180天不能坐火车,违法成本太低,要提高。

4) 史蒂夫要小心了,有头北极熊在他身后。

5) 按现在的消费速度,世界的油、气资源仅够二三十年。所以我们必须现在就大力开发太阳能、风能和其他替代源。

6) 电子系的同学都上过计算机C语言编程课,很显然,这个游戏室的同学有些不是电子系的。

7) 武术很难成为奥运会比赛项目,虽然可以给运动员表现打分,但标准太主观、模糊。

8) 心理学不是科学,它不能准确预言人的行为。

9) 这个数据库系统的设计是不足的,因为它没有采用具有足够数量的CPU的服务器。

10) 推迟减少二氧化碳排放的期限是不合适的,因为这样会不公正地使那些花费资金来提升能源效率标准,或采用可再生能源的国家处于经济上不利的处境。

2. 看看下面推理需要什么样的隐含前提,这些前提假设本身可信性如何。

1) 你胖了啊!所以,你的血压增高不奇怪。

2) 己所不欲,勿施于人。

3) 仓廪实而知礼节,衣食足而知荣辱。

4) 某报揭露某部长有绯闻,证据是一美少妇离开部长大门的照片,解说是:"图为该女士正离开这部长的家,她肯定认识他!"

5) "咱中国是最不适合搞恐怖袭击的国家,因为中国对户籍的管理严格。你在小区里一转悠,一帮老太太追上了,你找谁啊你!你这家伙鬼头鬼脑的,进我们小区门也没有!你想安炸药,能让你安吗?"

3. 辨别下面推理中隐含的谬误。

1) 甲:那些不吭声的听众是支持我的观点的,只是不敢对台上的学阀说。

乙:你怎么知道那些不吭声的就是支持你的观点的?

甲:我和他们一样啊,有不同观点在这个场合当然不吭声!

2) 人们批评某出版社出版的某译者的大量哲学等类译著中错误百出,认为原因之一是非哲学专业出身的译者没有哲学素养。译者反驳称,自己有哲学底子,"没有底子的话,我不会出那么多译作,出版社难道都是傻瓜吗?"

4. 判断或者补充合适的隐含前提或假设。

1) 科学家费曼写道,他受邀参加一次"平等的伦理"的会议,但他发现会议的主题——所谓"教育平等的伦理"意思"朦朦胧胧"、没有清楚定义,所以会议充满了诸如"知识的支离破碎"之类的"来回兜圈子、胡说八道、满嘴跑火车"的唠叨。

下面哪一个表述最可能是费曼的意思?

A. "教育平等的伦理"的议题有误,因为平等和伦理没有关系。

B. "教育平等的伦理"的会议主题本身没有讨论的价值。

C. "教育平等的伦理"和"知识的支离破碎"之间完全没有关系。

D. "教育平等的伦理"问题所指对象不清,所以无法合理讨论。

2) 工厂最近又新加入一条生产线,显然工厂对家用人工智能机器的市场很有信心。

下面哪一个是这个推理的必要隐含前提?

A. 工厂将增加收入。

B. 现在家用人工智能机器很受欢迎。

C. 这个新生产线是制造家用人工智能机器。

D. 不是家用人工智能机器,需求就不大。

3) 游泳比散步对保持身体健康更有效,所以你应该停止每天散步,开始去游泳。

下面哪个陈述,如果作为前提加上,可以使这个论证成为演绎有效的:

A. 你的一个生活目标是健康。

B. 没有条件去选择网球等其他运动。

C. 游泳和散步是唯一的两种保持健康的方法。

D. 如果有一种比散步更好的保持健康的方法,你就应该选择它,而不是每天散步。

4) 喝"皇冠"威士忌不用加东西,你不会去兑饮一等的加拿大威士忌。

下面哪一个作为前提加上去,可以使这个断言成为演绎有效的推理?

A. 喝一等的加拿大威士忌不用加别的东西。

B. 一等的加拿大威士忌不应该兑饮。

C. "皇冠"威士忌是一等的加拿大威士忌。

D. "皇冠"威士忌不是一等的加拿大威士忌。

5) 表现对孩子的粗暴、家庭争吵和动物死亡的场景应该在儿童节目中减少，因为在成人看来习以为常的东西对孩子可能是悲剧。（Hitchcock，1983，p.89）

下面这三组隐含假设哪一种最为合适：

A. 如果在成人看来习以为常的东西对孩子可能是悲剧，那么表现对孩子的粗暴、家庭争吵和动物死亡的场景应该在儿童节目中减少。

B. 对孩子的粗暴、家庭争吵和动物死亡的场景对孩子是悲剧。我们应该避免让孩子见到悲剧。

C. 在成人看来习以为常但对孩子可能是悲剧的东西中包括对孩子的粗暴、家庭争吵和动物死亡。在其他情况一样时，电视应该避免让孩子见到悲剧。

5. 指出下面推理中的假说、辅助假设、初始条件、预言、实验结果及其对假说的作用。

20世纪初，德国心理学家沃尔夫冈·苛勒通过实验发现，关于动物行为的刺激—反应的理论，不能说明动物利用物体达到目的的行为。相反，动物的行为似乎表明，它们对自己动作和目的的关系有顿悟的领会，它们似乎理解了它解决问题所依据的什么可以导致什么的原理，而不是停留在盲目的试错上。为了检验这个观点，他测试动物能否将学到的做法迁移运用。苛勒有一些黑猩猩已经学到了用箱子来作平台获取悬空的食物。于是，他把箱子移走，结果，这些黑猩猩很快便找到替代物，比如桌子或者小梯子，把它们移到合适的地方，然后爬上去取悬在空中的食物。甚至有一次，一只黑猩猩把苛勒拉过去，试图用他来当梯子。

考虑：假设实验出现负结果，你如何应对来保护假说？

6. 你觉得从下面这句话中可以合理得出哪一个结论？

"湖边的居民反对在附近建一个垃圾焚烧厂。"

A. 当地居民没有可以供焚烧的垃圾。

B. 当地居民不希望用焚烧方式处理垃圾。

C. 当地居民要求在其他地区建立垃圾焚烧厂。

7. 综合评估论证。

论题：应该限制大学生每天玩电子游戏的时间吗？

下面是持支持立场的论证，如果真，哪一个最有力？（读者可去寻找和评估反对的论证）

A. 应该，电子游戏商为了牟利不管社会效果，应该给予限制。

B. 应该，据统计调查，青少年网民中玩过电子游戏的占大多数。

C. 应该，大学生玩电子游戏过多严重占用学习时间，使教育质量下降。

D. 应该，据统计调查，不少人认为是现在大学太轻松，教育质量下降。

第九讲
开放理性：辩证、创造和综合

> **学习目标：**
> 1. 认知：片面性自身是谬误，也是更多谬误的来源
> 2. 明确批判性思维的开放理性对创新的意义
> 3. 理解批判性思维的辩证性的内涵、理由和对多样性的要求
> 4. 能够进行实现辩证的几种方法
> 5. 能有意识开始运用分析—变换—组合思路构造替代观念、论证和方案
> 6. 知道假想推理的作用
> 7. 了解正—反—正的几种修正和综合方式
> 8. 理解综合是将局部认知构成合理、有机的整体

9.1 辩证：对立方的合理竞争

现在，我们来考察好论证的第五大标准：辩证性。论证要有辩证性，是最近这几十年才明确提出来的要求，但是，它立刻成为当代批判性思维的一个特征和

鼎足原则。今天,单纯讲论证,已经不能被看作批判性思维了。为什么?

9.1.1 片面性和被忽悠

2015年,《新京报》发出如下新闻:

近日,北京"十三五"规划建议发布,提出"完善促进人口转移机制,研究户随人走的迁出政策和鼓励户籍外迁政策"。12月8日,北京大学社会学系教授陆杰华接受《新京报》采访时表示:户随人走的迁出措施执行起来可能比较困难,比如京津冀协同发展,鼓励北京老人去河北养老,但在社保与户籍挂钩的情况下,要求个人离京后迁出户籍,很难实现。

随即,网络媒体"看看新闻网"发布这样内容的微博:

北京拟研究户籍外迁政策　鼓励老人去河北养老

北大教授陆杰华分析:为稳妥推进在京稳定就业和生活常住人口落户工作,积分落户的准入条件可能会面向长期在京工作、居住的流动人口放开。同时研究户随人走的迁出政策和鼓励户籍外迁政策,比如京津冀协同发展,鼓励北京老人去河北养老。(《新京报》)

读者将两文一比较,就应看出微博是不靠谱的转述。但是,一听说要让北京人放弃北京户籍去河北养老,不管听起来多么可疑,没有人去查《新京报》的原文,立刻"朋友圈已经炸了",全是对该教授的痛骂,说他要"赶尽杀绝"北京人,他"脑子里都是屎"。有"创新意识"的网民还发出配有他"遗像"的"讣告"。最后,《新京报》发布"严正声明",指出"相关微博和微信公号的内容对《新京报》报道断章取义,歪曲专家本意,造成严重失实"。"请各位网友看清报道原文,切勿信谣传谣"。(《新京报》新媒体,2015)

这样的例子随手可得。第五讲提到的2018年流传的"呼吸税"新闻,也是这样。如果上网一查,就知道这是10年前的旧闻,已经有人分析而澄清。但是,一样的,人们不查,马上痛骂蒋院士"猪狗不如"。有人甚至怀疑这其实是政府有意放风,如果不予以痛斥,就会成为"新的税种"。

你只要多看一张报纸,很多人的谣言就会破产,但他还是造谣,为什么?

他知道你不会多看。他知道：你意识不到自己已经有片面性。

即使已经澄清"呼吸税"是和原文不符的歪曲，有的评论还是坚持不查原文："原话怎么说的其实没必要深究，关键是挖掘蒋院士最终的目的是建议国家做什么？老百姓们要探究的是这个最终实际的建议是否能接受，而不是'呼吸税''生态税''生态基金'这些词本身。"这就是说，不用看它的原文，就可以"挖掘蒋院士最终的目的"，可以探究"这个最终实际的建议是否能接受"。该评论还对制造和传播"呼吸税"的媒体行为表示了理解："由于媒体本身的属性，在没有改变当事人原话的最终目的的前提下，为了引起老百姓关注，进行一些包装，也是可以理解的。"

如何知道媒体的包装"没有改变当事人原话的最终目的"？有这样不关心探究新闻的真实性的态度，被人忽悠不是偶然的，正如改变蒋院士的原话和目的的"新闻"所证明的。

9.1.2 突破守旧和偏向：辩证和寻找替代

盲从和谬误的一大来源，是片面性。错误，可以是完全不符合事实，也可以是虽然有真的一面，但只是部分的、片面的。这是第五讲叙述的"挑选偏向证据"的谬误。美国媒体的国内新闻，一般不会有意公然造假，但挑选、强调对自己或党派有利的事实的现象十分普遍。所以，以"天天说假话"著称的美国总统特朗普，反而说主流媒体大多是假新闻，媒体对此气急，但也气短。

片面性，与生俱来、根深蒂固。它是我们的人性。第五讲叙述过，观察的局限和错误，来自生理的局限。它的另一大来源，是心理。研究表明，我们本性上，就容易被肤浅、片面的东西迷惑。问问自己，我们是不是不由自主地喜欢自己正确、排斥不同观念？我们是不是天生喜欢舒服、倾向简单、直观、熟悉和习惯的东西？所以，我们或者对他人掩盖事实、犯"挑选偏向证据""掩盖证据"的谬误，或者自己不全面考虑就下结论、犯"匆忙结论"的谬误。不管是对人还是对己，这些都是无视其他证据、观点、解释和论证的表现。

而且，我们还有不认错的本性。所谓"证实偏向""信念保持"的心理倾向，让我们哪怕错了，只要有一点借口就不会认错。说起来要实事求是，其实我们更想要让事实服从信念,而不是信念服从事实。我们不能承认观点错误,它就是我的面子,我不得不自我保护。

我们论述过,利益、观念和情感,是阻碍真知的三座社会性屏障。想想:我们是不是经常被情感、党派和利益影响了中立性、客观性?我们的实际表现是不是在宣告:我喜欢的、我赞成的,就是真的?在我们心中,证据的真假和重要性,是不是取决于它是支持还是反对我们?我们是不是在判断现实时,经常受到先入为主的观念的控制?我们是不是因为过去的成功和经验,变得保守、封闭、不思进取、脱离实际,结果成功反而成为失败之母?

甚至,知识,既可以是力量也可以是障碍。一个时代的知识也有局部性和片面性,在没有开放的心态下,固守知识可以成为固守偏见,就像反对相对论的牛顿物理学家一样。

所以,那些盲从行为和盲从态度的公然宣示,并不奇怪。人们意识不到片面性的错误。

这就是为什么批判性思维把"开放"和"反思"放在核心精神之中。这是为了破除我们心理和观念的牢笼。批判性思维要求我们,主动反思自我和批判自我,检查自己可能偏向,避免被它影响。批判性思维推崇不断发展观念,敦促我们不囿于局限的知识,要破除对专家和知识的迷信。批判性思维高举批判和开放的理性旗帜,是促使我们打破"信念保持"心理倾向,消除对犯错误的恐惧感,超越自我,把自己和自己的观点分开,敢于抛弃错误。

批判性思维不但高举"开放"精神旗帜,还要以具体的步骤和标准来落实它。最重要的步骤之一,就是要求论证有辩证性。辩证,是多样的替代观念和论证之间的批判性对话,这样也就敦促创新:寻找或创造替代假说、观念、反驳和论证。这些是本讲强调的要点。

9.1.3 辩证:对立面的理性论证

可见,批判性思维的关键内涵是两个:① 有对立方;② 理性讨论。辩证常常表现为持不同观点的多个论者之间的论辩,但也可以是一个人的自我对话:独自从正反两面来思考和推敲一个观念。批判性思维的反思,很多时候就是这样。所以,辩证不等于"论辩"。

没有辩证,不是论证

之所以强调辩证,理由来自哲学认识论:真实世界,是超出任何一个观念框架的容量的东西;就像爱情,超出了那些既过分又不足的浪漫电影一样。真理,是认知的全面性、发展性的动态表达。虽然我们强调每个人都应该力求客观,但是,最好的保险,是"集体智慧"的方式,就是多种观点的竞争和论证。辩证的方法,帮助达到全面性,也推动构造替代观念和论证。所以,辩证有双重作用:走向真理,鼓励创新。

辩证还有帮助推理可靠性的作用。在论证中运用举例,具有归纳概括的缺陷:再多的白天鹅例子,不能保证所有天鹅都是白的结论。反例是重要的,但仅从正面论证的角度,难以看到、找到反例。辩证就是有意识地从反面论证,主动去找黑天鹅,以避免归纳的缺陷,这样,举例才具有合理性。

我们指出,科学在不同假说的竞争中进步。反驳之所以被看重,也是因为它的这个作用。一些研究者就干脆将批判性思维界定为"构造和评判替代论证"。

因此,这是一条当代守则:论证,在没有诚实地考虑其他观点之前,不能判为成功。

自我对话、自我反驳

所以,实现辩证,就是竖立对立面的合理竞争,在没有对立的情况下,你自己应该作"吹毛求疵"者(play the devil's advocate),假设在不同的视角下搜寻不同理由或者反例,引进或构造不同论证,以便创造不同选择的可能 。注意,引进的不仅仅是反对观点,还应该认真思考它的论证,不能只是"你说东我就说西",不然就是单纯"诉诸对立"谬误,成为非理性反对。

"审议":辩证的一个好代表

辩证的目的是获得知识、解决问题,作出明智的判断。那么,辩证,就不是我们常见的那种为战胜对手的辩论赛。批判性思维的论辩双方,应该保证"合作"的态度,努力去找到问题、缺陷,予以排除,使思考更完善。

辩证对话的最好模式是所谓的"审议":组织一个小组,对一个议题,两个或更多成员开始持不同、对立的立场,进行对话和讨论,尽量从自己的视角,把议题的方方面面挖掘出来,不是争辩谁对谁错,不是辩论一个立场,不是反驳对方成员,双方都为了完善结论而论证。

审议反映辩证本质:对立和理性的结合(其实是合作)。

合理规范:"语用论辩"的论证理论

辩证的一个本质是理性讨论,如何保持理性? 一些人试图为此拟定规则。一个有影响力的理论,是范·爱默伦(Frans H. van Eemeren)和荷罗顿道斯特(Rob Grootendorst)提出的"语用论辩"学(Pragma-Dialectics),它拟定了合理解决争端的批判性讨论的十大规则(被人称为"十诫"),它认为,许多论证的谬误,就是对这些规则的脱离(van Eemeren, et al. 2002, pp.182-183):

1) 自由规则(Freedom rule):各方都不能阻止对方论辩发言。

2) 举证责任规则(Burden of proof rule):谁提出的观点、论断,谁有责任给出论证。

3) 观点规则(Standpoint rule):你所批判的观点必须确是对方观点。

4) 相关性规则(Relevance rule):给出的论证和反驳必须和它的论点相关。

5) 隐含前提规则(Unexpressed premise rule):论者也应该为他的论证中的隐含前提负责。

6) 起点规则(Starting point rule):只有论证的前提被对方接受,而且符合第8规则时,该论证才算成功地辩护了它的观点。

7) 论证形式规则(Argument scheme rule):只有论证的形式运用正确,该论证才算成功地辩护了它的观点。

8) 有效性规则(Validity rule):只有论证符合第6、第7规则,而且它的隐含前提也被对方接受,论证才算成功地辩护了它的观点。

9) 结束规则(Closure rule):论证如果不成功,自己就应放弃其论点,论证如果成功,对方就该撤销怀疑。

10) 使用规则(Usage rule):论辩中的问题和论证的语言表达要清楚、准确、不晦涩。

可以想象,如果遵守这样的"十诫",无谓的争论会减少,会帮助认识和问题解决。

9.1.4　论证和讨论中的常见谬误

在此,顺便说一下用识别谬误来评估论证的传统做法。

在论述如何评估论证的各讲中,我们指出过各种不好的推理、论证、认识和思维的方式,并时而用"谬误"(fallacy)一词来指称它们的一部分。用识别论证中的谬误的办法来评估论证,是一个方便、有用的做法。不过,当代批判性思维研究认识到,这个做法有局限性,也不是批判性思维的必要部分。因语境的不同,有时"谬误"不一定是谬误。比如抨击对方人品属于人身攻击,在政党竞选或者法庭上,这却是容许的:政治人物的人品和他的工作有关系,证人的信誉和证据的可靠性也有关系。有一些谬误是有争议的,比如诉诸权威(appeal to authority),一些研究者认为是谬误,但我们其实需要依靠专家权威(更好的词可能是"滥用权威",但如何算是滥用,判断模糊和有难度)。另外,单纯给论证贴谬误标签,容易陷入纯粹找错,攻其一点不及其余的行为。许多有价值的文章都可能在某处有某个谬误。批判性思维理论家还指出,如果只是通过谬误来学习如何论证,如同教人打网球,只演示如何打错的样子,这不是有效的教学。而且,日常认知和思考中的错误,远多于列出来的推理谬误(Hitchcock, 2017, pp.401 - 408)。

所以,本书以正面论述合理论证和认知为主,将谬误理解为对它们的偏离。我们主要教怎么做对和做好,辅以显示什么是错和差。这样,批判性思维教学内容将更广泛、更有效。

理解这些后,在此列出把本书涉及的 40 多个谬误,以方便读者认识。

概念澄清的第四讲,讨论了模糊、偷换概念、意义歪曲、空洞、晦涩、不一致、自我矛盾、自我否定、脱离语境和断章取义等谬误。

第五讲:主要讨论了有疑问的前提和掩盖证据(或挑选偏向证据)谬误的各种情况。

第六讲:在论述推理的相关性要求时,显示了诉诸传统、诉诸大众、诉诸势利、诉诸情感、诉诸无知、诉诸动机、人身攻击、转移议题(red herring)、滥用权威等谬误。

论述推理充分性时,在演绎推理部分,陈述了假两难谬误、肯定后项与否定前项两个形式逻辑谬误。归纳部分所论述的不充分、以偏概全的谬误包括匆忙概括、不当类比、不具代表性的样本和错误的抽样调查方式(bad polling techniques)等。

第七讲,在因果谬误的讨论中,包括了虚假原因、复合原因、将先后现象当作因果关系、倒因为果、匆忙结论和滑坡等谬误。在假说部分,指出了牵强附会的假说谬误。

在关于隐含假设的第八讲,叙述了复合(有预设的)问题(loaded questions)、稻草人、以未经论证的前提论证(beg the question)、循环论证、诉诸后果等谬误。

在第九讲,针对辩证、全面的要求,再次谈到挑选偏向证据或掩盖证据、匆忙结论,以及诉诸对立的谬误。

还有两个可以提一下。一个是分割谬误(division),认为整体的特质就是个体的特质(男人比女人高,所以每个男人都比每个女人高)和相反的合成谬误(composition),认为个体的特质就是整体的特质(你聪明,所以你家人都聪明)。

9.2 构造和创造多样思考:分析和变换

《中国青年报》2010年7月11日报道:中国学生"过于听话"阻碍创新。上海世博会青年周请来世界名校的学生与中国学生交流。让外国学生惊讶的是,很多中国学生都能说一口流利的英语,但开场白几乎一模一样:"我教你一首中文诗吧!"几个外国学生差点儿以为初识教人学诗是一种"中国礼节"。其实,这是主办方老师为一名中国学生提供的例句,却几乎被所有中国学生当"标准答案"模仿。

报道叹道:"在世界名校的学子面前,中国学生的创新能力不能不让人焦虑。"

在场的一位家长说,"像我女儿这样的中国学生,过于听话,几乎没有了好奇心"。

参加对话的西方学生认为,挑战老师的观点是很平常的,教授是他们的"研究工具"。他们的学习方法是自主探究式的:"先听各类讲座,正反面的都听,听完回宿舍上网查资料,选个感兴趣的课题研究,遇到困难再找与之相关的教授指导。"(摘自《中国青年报》,2010)

有没有批判性思维,直接关系到有没有创造的能力。

批判性思维对创新的要求和推动,蕴含在辩证和替代的要求中。要辩证,就需要正反面,这就需要寻找或者构造替代的观念、解释、论证。辩证的需求直通对创造的要求,批判性思维是不破不立,也是不立不破。

下面讨论批判性思维和创新的关系,以及构造对立观点、替代方案、不同论证的一些思路。

9.2.1 批判性思维既促进创新,也要求创新

英国发育生物学家约翰·戈登(John B. Gurdon)获得2012年诺贝尔生理学或医学奖,他突破了两个成见。当他1962年用实验证明一个成熟细胞中的DNA仍然储存有让一颗细胞发育成一只完整青蛙的所有信息时,他颠覆了原先对于细胞发育和特化的认识。这种从不成熟细胞到特异化成熟细胞的过程在此之前曾经被认为是不可逆的:成熟细胞不可能返老还童、重新回到多能干细胞的阶段。他曾面对很多权威的长期反对。

另一个突破是关于他自己的。戈登在中学期间,生物学的成绩在同年级的250名学生中排名垫底,其他科学成绩也处于下游。他曾被老师称为"笨得完全不应该学习自然科学"。为此他一度转学古典文学,但后来还是因为强烈兴趣而回到生物学。戈登说,当年伊顿公学的成绩单如今还放在他任职的剑桥大学的戈登研究所办公桌上。这张成绩单是他唯一装在框内摆放起来的东西,因为这让他想起一名中学老师对他的嘲讽,宣称他如果在大学选择自然科学专业,将"完全是一种浪费时间的做法"。

可以简明地概括批判性思维和创新的关系：

1) 批判性思维的质疑和开放意识，企图从心理上打开自我禁锢的牢笼。它强调人类认识、技术不会到顶，人不能故步自封。

2) 批判性思维者有自主、积极、好学、求真的习性，这是创新者的精神状态。开放理性精神使人头脑灵活，脚踏实地。这是探究、实证的精神状态。

3) 批判性思维"不立不破"的规定，"迫使"人以创造来完成批判过程。因为批判性思维的判断，是竞争观点之间的选择，那么，如果没有竞争者，便要构造之。

4) 批判性思维的探究，要求提出问题和分析问题，然后寻求丰富信息，并进行辩证思考，这些活动为创造提供了问题、信息和思维的三大条件，奠定了产生灵感的基础。

5) 批判性思维的分析和综合的方法也是启发新观念、新发现的方法。分析问题、数据、论证的隐含假设，寻找反例，进行假设推理等，可以开拓思路，有助于发现新的联系。

6) 批判性思维的辩证性有助于激发新观念。研究证明，多方的批判性讨论、质问和挑战，最能激发思维和观念。

7) 批判性思维的实证理性，它规定用全面的事实和推理来证实、完善形成的新观念。

下面来讨论构造替代的一些原则和途径。

9.2.2 寻找替代的意识和途径

主动的替代意识

批判性思维者的一个主要标志是对替代的渴求。恩尼斯指出，对替代思考的"警醒"和渴求的意识，占据着批判性思维的精神的中心。

三的规则

遵循这样的精神，亨特（David Hunter, 2009, p.60）提出"三的规则"：

- 对一个议题,寻找三个不同的视角来看。
- 对一个观念,提出三个问题。
- 对一个目标,找出三种行动方案。
- 定义一个关键词,找出三个例子。
- 对一个论证,寻找三个理由或反驳,等等。

亨特认为,思考一个甚至两个相对容易,想出第三个就比较难,但这很可能是有新收获的地方、新思想的生长点。

第三观点的来源可以是:

- 对问题或者论证的要素的一一分析、替换和考问。
- 对证据全面性、真实性、推理充足性的判断。
- 对隐含假设的挖掘。
- 对其他证据和视角的努力搜寻。
- 对其他(对立)观点的兼听。

用分析—变换—重构的尝试来发现替代

讨论创造新思想新论证的"办法"是困难的,创造涉及灵感和机遇,这些不能像构造汽车部件一样按部就班制作出来。不过,它也不是完全没有线索可寻。正如苹果创始人乔布斯说的,创新就是联系,把原来没有想到的东西和方面联系起来。人们意识到,问题、信息和思考三大要素的共同作用,是较好的刺激灵感和发现新的信息间的联系的做法(董毓,2017)。研究和实践表明,分析问题和情境的构成要素,获得丰富的信息,了解它们的状态可能性,然后如果对它们进行变换的连接,就可能得到新的关系和功用,还可能达到新的问题解决或替代方案,这就是创新的"分析—变换—组合"道路起作用的原理。研究指出,商务中一些创造新观念的做法有(Smith,2003):

- 寻找类比;

- 要素分解；
- 修改已有结论；
- 假想推理；
- 重构过程中的步骤或构成成分；
- 不同的组合方法。

这些做法的精神，是"先分析后重构"，即先打破、分解对象的构成、背景、过程等要素，然后变换要素之间的连接以不同方式组合，看看能否构成新的思路。比如下面这样的构成：

- 论证要素：前提—推理—结论。
- 信息构成：数据的性质和变量。
- 因果关系：原因—作用关系/过程—结果。
- 工程系统：比如商务信息系统的构成要素和关系。

下面举例说明它们的分解和变换组合。

9.2.3 用论证的分析和组合来构造替代论证

仅就其逻辑构成，论证有前提—推理—结论三要素，对它们的变换，便可以构成新论证。比如：

1) 采用和原论证相反的结论，用新理由来支持这个结论。
2) 采用和原论证相反的结论，反驳原论证的理由。
3) 从原论证的理由出发，用不同解释或推理，得出不同结论。
4) 指出原论证的反例、未考虑的因素、不确定和其他不足。
5) 综合正反因素，论证自己的更好更有力。
6) 构造第三方论证，包括现有对立论证的优点。

你自然可以综合运用上面的途径。比如,采用和原来论证相反的结论,同时运用新的理由和反驳原来论证所提供的理由。看看这个例子:

议题:是否应该在高考之外给予学校自主招生的权利。

支持方和论证:在高考之外给予学校自主招生的权利,因为这样避免了高考的应试教育的缺陷,有利于选拔高考不理想但有才能的学生。

构造新论证:

1) 反对结论,提出自己理由:

反对在高考之外给予学校自主招生的权利,这样不一视同仁,违反公平原则。

2) 反对结论,反对对方理由:

反对在高考之外给予学校自主招生的权利,这不仅没有避免缺陷,还会因为高校招生中滥用权力,反而将无能学生选拔进来。

3) 从原论证的理由推导不同的结论:

高考的应试教育是有缺陷的,有些有才能的学生并不善于高考,但是我们可以构造考核其他才能的全国考试来选拔这样的人才,而不是把考试权力交给高校。我们还可以改革高考,采用灵活和多种的方式,比如增加思维和能力的考核,来适应选拔真正人才的需要。

4) 提出对原论证的反例:

已经有报道,人大某招生办主任利用自主招生贪污;一些高校自主招生不透明的做法也引起社会议论;2017年报道,对北大、清华和人大学生2009~2013五年的研究发现,现行自主招生的学生在学业表现、社会活动和组织能力、毕业去向等多个评价维度与统招生并无显著差异。(财新网,2017a)

5) 考虑多种正反理由,综合论证:

正:高考的应试教育弊端人所共知,需要改变,人才是多样的,标准也应该是灵活的,需要用不拘一格的方式选拔;高校更了解学术和职业的需要,能更有针对性地选拔所需人才;自主招生只是补充,并不能代替高考,只是给予降低分数的优惠政策;自主招生过程有明确规则,遵守公开透明精神,保证公平。

反:高考是有缺点但依然是唯一能保证依照学习成绩选拔人才的手段;自主招生偏向城市有资源的人群而不是真正人才;各校自行其是使标准变得主观、模糊和随意;自主招生打开了滥用和腐败的门;一些有争议的招生已经出现。虽然有规则,但不公开,论文抄袭、资格作假、徇私舞弊的情况已不少见,进一步败坏了社会风气。

综合:改革高考的应试教育性质,将它设计得更能广泛聚集人才,更紧密适应高校、企业和社会需要,带动基础教育向培养真正的人才方向努力。高校的自主招生应该是高考前提下的局部调节,不能任意扩大比例和权限,过程应该有实实在在的公众的监督机制,对偏离公正和真实的一切行为采取严格法律制裁和道德约束。高校对各类人才的培养机制应该相应改革,以适应不同的需求和发展。

显然,这给正方提出更多挑战,它需要为自己的立场锤炼更全面的论证。

这是从论证三要素的调整来构造新论证。如果用问题分析法对论证的议题进行分析,会有多得多的元素被分析出来,相应就有更多的变化和新论证的可能。读者可以这样一试。

9.2.4 用信息分析和组合来创新

我们处于大数据的时代,需要获取数据,分析数据,运用数据,善于从数据中得到更多新的信息,创造新的产品,使企业在竞争中成功,发展经济。我们看一个运用个人信用的数据来创造新运用、新产品的案例。

西方社会有记录个人信用数据的机构,它们每天从各种金融机构收集每个人的日常财务消费活动数据,包括借贷、负债、消费、信用卡付账(时间、地点、金额、信用卡)、信用卡债务情况。

数据结构不复杂,除了你负债、还债、付账记录,其他属性就是你的姓名、性别、年龄、地址、电话等身份内容。每天,经过每个银行和信用卡机构的支付情况,被每个机构银行送到信用记录服务机构数据库。

然后,这些信用机构根据每个人过去的负债状态、偿还次数、及时程度、拖欠次数、拖欠程度等数据,来计算最新信用分数,再提供给金融机构。这些金融机构根据人们的信用分数,来决定对他们的贷款、优惠和其他服务。

这样的信用服务机构不止一个,那么它们就形成竞争,每一个都希望银行和金融机构购买自己提供的数据,以获得服务的费用。那么,如果大家都是差不多的数据、差不多的分数,如何竞争?

争夺在于如何从同样的数据里,得到更多信息,产生更多的服务产品。这是两个机构各自不同的利用数据的做法。

个人信用记录服务机构 A:

基本服务:根据每天输入的数据,准确计算个人的新信用分数,向更多金融机构提供服务。

个人信用记录服务机构 B:

1) 基本服务(如 A)。
2) 根据数据中每个人过去的支付记录,找出规律,如果出现反常变化,或某指标剧烈变化,就启动警告,供金融机构调查。这是找数据中的支出金额、时间、地点等要素的模式。
3) 根据数据中包含的各个区域(比如邮政编码)人群的信用分数平均值,供广告公司决定向特定区域投放广告和推销产品决策。这是根据数据某一属性的集合特性(同一区域人群信用分均值)。
4) 如果发现有人从事金融欺诈,根据数据中他使用信用卡消费的时间地点,寻找经常在同时同地一起使用信用卡的人,发现他的同伴。这是发现数据中的某一属性在不同个体之间的联系(不同人共同的消费时间和地点)
5) 根据数据中人们过去支付欠款的历史,对有同样欠款次数但有不同支付能力趋势的人(比如刚刚找到工作的学生和马上退休的老人),采取不同的信用评估方式,区别对待经济发展状况不同者。这是将各种信息集成而提供更综合的判断。

更多地这样分析数据隐含的规律、特征、关联,发明更多的应用……

这些,都是分解数据的各种属性和关系,变换透视出发点,改变组合要素和方式,找到模式和预测规律。由此构造出创新的产品应用,获得更多价值和收益。

结果,机构 A 在竞争中被机构 B 击败而破产。

9.2.5　用问题要素分析、组合来寻找因果关系

对因果问题,直接按照二元问题分析法,分解问题的构成,将它们变化、联系,或者进行假想推理,可能会产生很多不同的发现、论证和结论。这是一个因果解释报道:

> 过去 15 年气候变暖,同时,几种来自欧洲南部的昆虫在较冷的英国被发现,所以,气候变暖是这些昆虫在英国出现的原因。(本案例改编自董毓 2017a 9.2.1 节)

把它构成的问题分解,首先确定它的问题是什么:发生了什么事情——相对较冷的英国出现原本只生存在欧洲南部的昆虫,为什么? 本质上,这是关于昆虫的生存环境和迁移的可能的问题。分解它的要素,就有:

时间:什么时候发生——最近这 15 年
地点:什么地点发生——英国、欧洲南部
因素:什么因素参与——昆虫、气候、昆虫迁移、土壤等(用问题二元分析法来全面分解)
问题要素:为什么发生——因果关系:气候变暖导致它们在英国生存

然后,你可以这样开始问问题:

- 什么是这里的最关键的因素,问题的关键是什么?
- 这问题在我的经验中和什么相关联,和什么相似,和什么不相似?为什么?
- 解剖它包含的内容和要素,按我的看法,它们之间的关系如何?它们有别的可能吗?如果变换任何一个要素,在我看来会出现什么情况?

根据你对关键因素的理解,依据自己的经验或猜测,对它们进行变换、联系、推理。比如,将某一时间和不同地点相联系,问在同一时间段,别的地方是否出现这样的现象,或者将某一地点和不同时间联系,问英国这个地区 15 年前到底是什么样的温度。

这样分析和变换,可以提出新的子问题。下面是一些子问题例子:

范畴	原陈述涉及因素	分析、质疑、变换、组合、推理
问题	为什么英国有了原生存在欧洲南部的昆虫	确定事实:这些昆虫真的是最近才在英国生存的吗?
时间	最近这 15 年	15 年前的英国温度到底怎样?那时它和欧洲南部的温度差别多大?现在的差别呢?15 年前英国有没有这样昆虫生存和消亡的观察?这 15 年中英国温度变化有起伏的不同情况吗?它们以前有无在其他地方生存、死亡的记录?
地点	英国,欧洲南部	在英国什么地区?是英国气温最温暖的地区吗?发现昆虫的地区真的比以前更暖吗?它在 15 年前的温度如何?还有欧洲或其他地区有这样昆虫吗?那个地方气温如何?这些昆虫以前经受过比英国冬天更冷的气候吗?这些昆虫有没有迁移到别的地方并生存下来?那里的气温怎样?那里对昆虫的生存条件怎样?
因素	昆虫,食物等生存需要因素,气候,昆虫迁移等	气候——仅仅是温度变化?还有别的因素构成这些昆虫的生存环境吗?它们变化了吗?它的食物需要什么环境,气候对食物有变化影响吗?昆虫的生存条件在不同气候或地区是否存在?气候、土壤、湿度、食物链、迁移到底是怎么样的?这些因素到底是怎样起作用的?昆虫自身的能力有变化吗(内因问题)?

续表

范畴	原陈述涉及因素	分析、质疑、变换、组合、推理
关系	气候变暖导致这些昆虫在英国生存	这些昆虫必须在什么温度下生存？它们如何来到英国？它们只要温度合适就可以在别的地区生存吗？到底什么原因使它们迁移和生存？它们在那里的生存、死亡的因素、条件如何？环境、经济、人文活动的因素有没有影响？等等

从这样的分析、要素变换，得到更多思路，帮助发现原因。可见，问题分析法是创新的帮手。

9.2.6 用工程要素分析、组合来构造新的方案

问题、情境的要素分析和组合方法，能够帮助产生工程设计，构造问题解决的多种方案，有助于思考严密和创新。我们用一个简单例子说明这个精神。

现在的商企所依赖的电子商务系统，无不需要"高可用性"（high availability），意思是它具有冗余设置，使得一个系统受损时，另一个可以顶替使用，从而保证全天候的工作状态。现在是网络全球化时代，北美在睡觉的时候，中国消费者正在网上搜寻和订购，印度的客户服务人员正在帮助顾客完成交易，所以，电子商务系统停一刻都会使销售收入流失。

一个典型的电子商务系统可以由网站服务器群、应用服务器群和数据库服务器群构成。它可以叫作"故障转移集群"（failover cluster）结构，每一群由两个服务器构成，其中一个处于工作状态，另一个处于等待状态，如果工作的服务器损坏，它将转移到等待的服务器上，以保证整个系统继续运转，这样达到系统的高可用性。

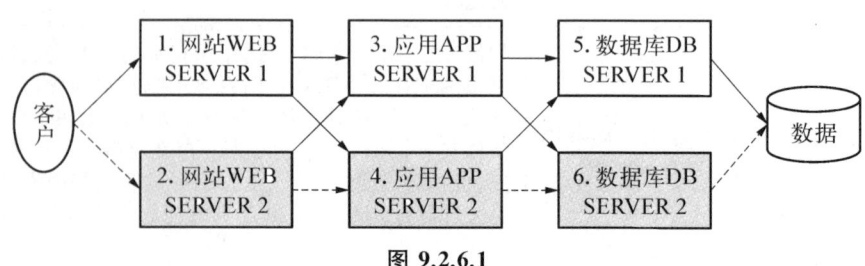

图 9.2.6.1

设想，你被要求建立一个这样的系统，并且测试在各种情况下，它都具有完备的高可用性。那么如何测试"在各种情况下"它都能工作？你可以运用分析—变换—组合的推理来设计这个测试。比如，正常情况是图 9.2.6.1 下部的组群的三个部分(2、4、6)都不工作，图上部的组的每一个部分(1、3、5)都工作，这个系统可以正常工作。这是测试的情境一。第二种情境是服务器 1、4、6 可以工作，服务器 2、3、5 不能，那么这个系统也有高可用性。第三种情境是服务器 1、4、6 不能工作，但只要 2、3、5 可以，系统也正常。第四种是 1、3 可以工作，5 不能，但如果 6 可以，那么系统也可以运作。这就是各种组合构成的测试方式。

读者还可以想象其他的情况，看看到底有多少种可工作的情况。系统不能工作的情况只有在两个群的同样功能的服务器，比如 3、4 都不能工作的情况下出现。这是你设计各种测试方案的组合原则。这样可穷尽对各种可能的测试，帮助达到思考和行动的严密性。

很多好的商务和工程设计、决策就是这样：在分析要素后，将它们进行不同组合，得到各种替代方案，然后，按照时间、成本、方便等的标准衡量它们，从中选择最好的来实施。

9.2.7 用假想推理来构造新的思路

创新过程里，用假设情境的假想推理的方式是一种常见和有效的途径。分析能力和假想推理能力的结合，能促进创新和严密。

假想推理常常在分析的基础上进行。它针对分析出来的要素，想象各种可能有关的情境，然后推导这样的情境会导致什么样的结果，对所考虑的观念、解释、方案、论证等会有什么遭遇，是否会遇到问题或反例，从而是否需要补充完善。

假想推理也称为思想实验，在科学中由来已久。伽利略反驳亚里士多德的重物体比轻物体下落快的断定，传说他做了比萨斜塔实验，但他更可能用的是思想实验。他想象并推理：如果一个轻的物体和一个重的物体绑在一起下落，那么，重的应该下落快些，轻的下落慢些，这样轻的会减慢重的物体的下落；但是，这两个绑在一起的话,应该更重,那么,下降速度会比它们其中任何一个单独的下落更快。这两种对立可能显示,亚里士多德理论导致了矛盾。

爱因斯坦回忆说,他在16岁的时候,做过这样的思想实验:如果他以光的速度跟着一束光行进,会看到什么?那这束光应该是静止不前的电磁场在振荡。但是,根据实验和麦克斯韦电磁场方程,这是不可能的,因为对他这样的观察者,物理学规律都应该和他在地球上静止站立的时候看到的一样。那么,既然这个以光速前进的观察者看到的光还是以光速前进,他如何判断自己是静止还是运动?爱因斯坦自己说,这个谜团其实就蕴含了狭义相对论的萌芽。光速不会变化,变化的是其他东西,比如时间。

熟悉科学史的知道,爱因斯坦还进行了其他思想实验,使他的狭义和广义相对论思考更全面。

除了科学,假想推理在其他思想领域也运用普遍。哲学领域的电车难题、中文房间,都是假想推理的著名例子,它们起到了很有力的思想和说明作用。

假想推理被频繁用在商业、军事、政治等活动中。美国海军战争学院用针对假想敌的战争推演的方法来训练指挥官,使他们能应对未来战争各种情境。据称除了"二战"中日本神风敢死队的战术外,其他战争情境都被这所学院想象到了。该院院长维斯卡普说,他们训练就是学会批判性思维,提出好的问题,挑战假设,用这个来思考,应对未来各种情境。

假想推理在决策、预测和问题求解中有着广泛的作用。在数据分析和挖掘的软件中,所谓"what—if"(假设这样,会出现什么结果)的分析工具是必须的配置。分析员根据数据建立计算模型,然后,假设改变某一变量值,看它可能产生什么结果。这样决定各种可能情境、结果和对策。比如人力资源经理想知道,如果给员工加5%的工资,看看公司的成本在各个地区、部门福利、奖励等的方面,会产生什么样的影响,他就会使用软件中的这样假想推理的功能。

9.2.8 全面的多样化发散思维

注意,多样、替代的思考,不是在辩证环节才开始,而是应该从论证的每一环节上入手。回顾我们评估论证的五大程序:概念、事实、推理、假设和辩证,在这每一步,都应该发散思考。在澄清概念时,一个关键词的定义、意义如果取不同的意思,可能会给论证带来变化。比如"学习努力的人都成绩好",就可以从如何定义"努力""成绩好"来寻找不同思路。在判断证据的真实性时,应该考虑不同的依据和解释的作用,比如什么是这个事实背后的观察假设。在发掘隐含前提、假设过程中,比如关于决策论证的可行性等假设,要深入寻找它所包含的那些因素、条件,这样会产生很多细节了解。考察推理时,寻找和比较不同的因果解释是规定动作。在考察类似于"'谷歌搜索'研究结果显示德国是全世界最有远见国家"这样的报告时,就应该涉及关于方法和标准的考问:它是怎么推理的,可以有什么不同解释?它运用什么方法、价值观和标准?讨论这些更高层次的问题,也会产生不同的思考和论证。

我们强调过这四大高阶技能:挖掘隐含假设、寻找反例、假想推理和构造替代(解释、观念和论证)。它们将有力帮助你成为一个有创新能力的学习者、研究者、判断者和解决问题者。

表 9.2.8.1

	构造不同、替代、竞争论证的分析方法
构造新论证和综合	• 采用和现有论证相反的结论,用新理由来支持它 • 采用和现有论证相反的结论,反驳原来支持它的理由 • 重新解释支持现有论证的理由,构造新的不同论证 • 构思反例来构造不同论证 • 综合使用上面的方法
变换组合要素,构造新替代	• 问题分析:它包含什么内容、要素和关系? • 如果任何一个要素变换,会出现什么情况? • 如果变换它们之间的关系,会有什么别的可能? • 这问题在我的经验中和什么相关联? • 这问题对我而言和什么相似,和什么不相似?为什么?
全面发散思考	• 从寻找关键词的不同定义出发 • 推敲事实的隐含假设和不同解释 • 变换评判的观念、价值和标准 • 构造不同推理过程,想象不同作用因素 • 设想不同结论的意义、影响和后果,构造更好后果的论证
辩证	• 构造对立面 • 进行善意和理性的批判对话—审议

9.3 最后判断：综合和平衡

在构成多种解释、观点和论证后，要评估它们的优缺点，选择优胜者，这是一个综合决定。

想象和评估，有不同的立足点。在想象、提问、寻找和构造不同论证时，我们要大胆放开，不要被任何观念框架困住。不要害怕提出一些会让人哄堂大笑的想法。但是到了构造论证、推理和检验的时候，经验、逻辑和认识发展的要求，必须得到认真的遵守。只有可信、相关、重要的理由才能用来论证。在对立的论证、竞争的理论之间，判断谁好谁差，需要依据实践、综合和发展的标准。别忘记，有多少证据说多少话。

9.3.1 开放理性的规则：正—反—正

经过再三论述，我们知道了，思考的辩证性、全面性，处于理性和智慧的核心，是批判性思维的"规定动作"。在论证时，除了要有支持的正面理由，还要有对"反面"的观念、论据的考察和回复。要不然，论证不算完成、决策不能算合理、判断不能算明智。

因此，为了实现辩证性要求，人们规定，合理论证，要具备前面提到的"正—反—正"（pro - con - pro）程序。第一步的"正"，指的是作者对自己观点的正面论证，这个好理解。

第二步的"反"，是表述反对方的立场和根据。在此，作者要忠实地叙述反对方的真实、原始立场和他们的有关论据。

第三步的"正"，其实是综合，也可以叫作"合"。在此，你论述对反方的观念、论据的回复和处理，并得出你的最终立场。它可以是这样的几种：

1) 对立观点基本上是错误的，没有可取之处，反而加强了正面观点和论证，所以，坚持第一步的正，即你的论证的原结论不变，并且加强这个论证的某些部分。

2) 坚持正方观点,但反对观点有一定道理,所以你要修正结论的强度和适用范围。

3) 反对方的论证是合理的,完全驳倒了你的主要论点和论证,那么你应采取对方的论点和论证。就是说第一步的正被放弃,这时你的论证其实是"正—反—反"。

4) 反对方的论证是合理的,驳倒了你的主要论点,你采取反对方的论点,但用自己的原来的论证来修正它,将各方论证放在他们各自适应的范围。

5) 前面的正和反都是不合适的,你提出新的思路或解决方案,并予以论证。这时你的论证是新的超越,它包含原来的正反论证的内容,但形成新的观点。

一般来说,2)—4)的情况较为普遍。认识的发展、修正、补充、改善的情况比较多。

5)代表着新的、更高层次的综合。这样的情况虽不如前面的结局多,但在学术和实践中都存在,它代表新观念的产生。科学革命,比如爱因斯坦的相对论,就是新的综合。

正—反—正的关键,是正反观点都考虑。至于论文论述正和反的顺序,可以根据情况变化。叙述方式和顺序不很重要。

我们会在批判性写作一讲中说明,在学术论文和决策报告中,应该认真实现这一批判性思维的要求:论述要遵循"正—反—正"的格式。这个格式促使思考达到全面观点。

9.3.2 调整:将结论限制在条件和论据之中

综合判断时,调整论证的结论,是一个常见的加强论证合理性、避免被否定的办法。论证被发现不合理,常常指的是:结论超出了证据的力度。

调整结论的办法有两种:

一、调整前提支持结论的强弱程度:从必然到或然

二、调整结论的适用范围和程度：从所有到有些

表述结论的强度和程度的词语：

- 量词：表数量和范围，如全部、所有、一些、很多、大部分、多数、个别、某个……

- 时态：表时间的长短和出现频率，如永远、总是、一贯、有时、一段时期……

- 程度：最好、唯一好、最好之一、较好、好的……

- 模态：(演绎)这一定是、这必然是、这当然是、这意味着、这包含着、这证明了……

  (归纳)或然地、可能地、提示、似乎、明显地支持……

① 20 世纪 80 年代的容志行是迄今为止最好的中国足球运动员，② 因为他有一流的技术，③ 而且在场上有优良的风格。

由于结论是"容志行是迄今为止最好的中国足球运动员"，那么两个理由只有合起来才能较好地支持这个结论，就是说这个论证是相互依赖的多前提结构：

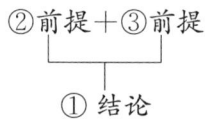

反驳这个论证，只要指出其中一个前提不真，这个推导就垮了。

不过，如果把结论弱化，调整为"20 世纪 80 年代的容志行是一个好的中国足球运动员"，论证便成为独立的多前提结构，一个就可以支持。

如果进一步弱化，改模态"肯定"为"可能"，论证就更难反驳。

不过，不要忘记，也不要为了可靠而尽量减少内容、弱化论点。论证的目的，是增加知识，如果为使论证的"保险"而走到重申前提那样，就是空洞、没有新内容。

根据证据的力度选择结论

CNNIC 统计数据显示,中国青少年网络游戏用户规模大致呈逐年增长趋势,其中 2015 年增加 1 274 万,截至 2015 年 12 月,中国青少年网络游戏用户规模达 1.91 亿,占青少年网民的 66.5%,较网络游戏在全部网民中的使用率高 9.6%。(腾讯研究院,2017)

读者不妨思考,下面哪一个结论,可以从上面的叙述中得出(或者说落在上面的事实支持的范围内)?

1) 越来越多的中国青少年沉湎于网络游戏
2) 多数中国青少年不关心别的娱乐方式
3) 中国青少年网民中多数都玩过网络游戏
4) 中国青少年网民经常玩网络游戏
5) 网络游戏影响了中国青少年的学习和生活
6) 越来越多的青少年网民以网络游戏为主要娱乐方式

9.3.3 综合:摸象之后的整体构造

评估了各种观点和认知,是最后的综合和判断的时候了。综合是尽力将各部分按照本来面目形成整体,即把各种视角下的认知,有机构成一个最接近真实的整体图景。

如前所叙,"正—反—正"中的第二个"正",不管什么结果,其实都是"合"。合,不是简单的一加一,也不是大家都一样对的相对主义判断,而是把局部的认识放到各自应该的位置上,形成有机联系,互为补充。

人类认识,先要发散思路、创造不同的视角来看世界,构造不同的替代方案。这就像是发动众多的盲人去摸象,让各人摸到牙、耳、头、鼻、脚、脊、腹、尾巴等,形成众多局部感受和解释。角度不同的感知,产生不同的局部认知,比起一个视角的观点,就是一大进步。

摸象的故事，停留在人的认知的局部性、不确定性的感叹上。但人类的认知，要向更高级的阶梯走：是要把这些碎片感知组合起来，把它们互相连接，让对牙的感知放在头的感知的"前方"，耳的感知放在头的两边……各司其职，各有不同重要性和作用，最后形成一个和真实的象相对应的整体认知。

综合过程中，正确把握各部件之间关系，也是关键的认知。只有把部件按照对应、有机的关系组合起来，而不是把后腿的认识放在前腿的位置上，才算形成一个关于象的全体观。

而且，形成这样的整体，也会加深对各个部件的认识。整体构造过程是双向调整，是认识上升、超越的阶梯，从而突破我们的"盲人摸象"的困境，达到更真的认知。

例如，一些人以为，法制社会就是法律治理一切，而道德，即使说是需要，也被置于孤立、割裂和末尾的位置上。一些人呼喊"单靠道德不够，要靠法治"的口号，听起来是反对"只讲道德"的充分性，实际是否定它的必要性。"只要不违法都可做"的口号在社会流行。

但是，法治社会必须依靠法律、个人道德和社会公德三方的相互依存。这三方的作用可以在一定范围内相互调整，然而，调整是有限度的。如果某一方面太强，其他方的调整就有困难和代价，最后会走向社会危机。比如以泛道德为规则的社会，法律管辖范围被道德代替，由于道德本身的不确定性和变化，会出现既过分压制人性，犯罪行为也没有强力约束的情况。只靠道德自律，犯罪不会灭绝（凶残的人总是有的），道德也会削弱，甚至走向反面。

反过来，一个极为缺乏道德和理性的社会，是一个以邻为壑、以他人为地狱的社会。当价值观把不择手段谋利奉为光荣，把损害他人利益放在正确、正当的地位时，每个人都不觉得破坏公德公理是错误，各种侵犯他人利益和社会公德现象将防不胜防。再多再细的法律条款都跟不上违法的无限可能性，道高一尺，魔高一丈。不可能三步一哨、十步一岗来监控人向湖泊倾倒垃圾，不可能监控每一个外卖厨房炒的每一个菜。执法的成本不能承受。每个人都可以被金钱收买，也就无可依靠来执法，最后法治消亡。简言之，没有道德自律，就没有法治。

羊的法治不可能在狼群中间建立起来。

因此，需要将道德和法治放在合适位置上，让它们互相依靠和加强。人要保持良知、理性和操守，社会风气建之于上，这样，个人操守和社会价值观就能相互提升和巩固。然后，形成和运行与之相符的法治，处理违法犯罪行为，并帮助维持社会风气和个人道德。有道德自觉才有文明，它既是法治的前提，也因为有法治而完善。它们必须一起生存，各自才能生存。

全面考虑各种因素的必要性，将它们放在各自合适的位置上，理解它们之间的有机关系，这才是综合认识，它不仅更符合真实，也能指导解决问题。

思考题

1. 为什么说没有认真考虑不同的观点的论证不能算好论证？
2. 批判性思维的辩证是什么意思？人们为什么提出"十诫"？
3. 在什么意义上说批判性思维也需要创新？
4. 试用自己的语言说明审议方法的精神，它和一般的竞争、对话过程的同异。
5. 识别下面事例中违反辩证性、全面性的问题。

    1) 公司IT部门的经理提议："我们应该从秦岭公司采购新的服务器。它满足我们的需求，足以支持我们的各种应用程序，到货快，花费比我们的预算还低。"不过，后来人们发现，秦岭公司是经理的友人开办，经理和它有股份关系。它的价格高于别的地方，而且根据中立的分析报告，秦岭公司的服务器性价比排名处于同类产品的下游。

    下面哪一个是对IT经理的论证的最准确的评价？

    A. IT经理的论证是荒谬的，他列出的理由其实都是错误的。

    B. IT经理的论证看上去不错，但其实犯了掩盖事实的谬误。

    C. IT经理的论证是为了私利，所以有意做出了欺骗性的提议。

    B. IT经理的论证有合理之处，后来的发现并不能否定这一点。

    2) 有线电视公司可爱的女客服在电话中告诉你："你要是选择用有线电视，你家里的就可以收看各种不同的节目。如果选择卫星电视，每一个电视都要买一个接收解码设备,显然,有线电视更有价值。"你使用卫星电视的经验证明她说的解码设备情况是对的,鉴于此,你告诉她,你将转为她的有线电视的订户。

对你的表现,下面哪一个是合理的判断?

A. 你被女客服的言辞吸引而做出了错误决定,因为卫星电视更有价值。

B. 你转换到有线电视上是正确决定,因为现在公认有线电视更有价值。

C. 你做了一个匆忙结论,你没有考虑价格、节目、可靠性等其他信息。

D. 女客服在误导你,她是有意掩盖事实,即用挑选偏向事实来说服你。

6. 为什么说批判性思维也对创新有催化、促进作用?

7. 试用本讲第9.2.2节介绍的分析—变换—重构的方法来构造对下面论证的不同回应。

"为什么袭击美国容易?美国连身份证都没有,你说你是谁,你就是谁,编一个名字就可进入美国,再造一个假驾照什么的。在中国身份证都是防伪的,搞什么搞。"

8. 对下面的现象思考三个甚至更多可能的解释性的假说,并指出各自需要什么样的证据。

1) 你的吝啬朋友突然要请全班同学吃饭。

2) 你考试准备得很好,考后感觉也很好,但成绩只是70分,比期望的差。

3) 会议上一个外来的专家一言不发。

9. 想象一个甚至多个正当理由来反驳这样的道德要求:借人的东西应该还。

10. 假想:如果鲸进化出和我们同等的智能,这世界会出现什么情况?

11. 下面哪一个结论受到信息的最好支持。

1) 酒吧墙上挂满当地足球队的队旗和队员照片,四面电视上播放着该足球队的比赛节目。

A. 酒吧的客人中有许多喜欢当地足球队。

B. 酒吧的客人只是为看足球赛而来。

C. 酒吧的老板是当地足球队的赞助商。

D. 酒吧是当地足球队队员经常聚会的地点。

2) 酒吧一直生意兴隆。斯卡钢厂是当地的第一大企业和雇主,去年突然倒闭,只有一小部分人后来找到了低工资的工作。今年酒吧宣告破产,指出,斯卡钢厂倒闭是一主要原因。

A. 酒吧的客人中有不少是斯卡钢厂的高级管理人员。

B. 酒吧的竞争者从斯卡钢厂的倒闭获利使酒吧破产。

C. 斯卡钢厂的倒闭导致了酒吧的营业收入减少。

D. 斯卡钢厂倒闭使酒吧的老板改变了经营意愿。

第十讲
批判性写作：分析、探究和论证

> **学习目标：**
> 1. 认知：论证文受批判性思维原理的指导，是理性探究和实证的结果
> 2. 了解论证文的对象、原则、结构和表达的一般要求
> 3. 掌握分析性论文的理解、分析和表达的构成和样式
> 4. 能有意识遵循批判性思维进程来构造和写作探究性论证文
> 5. 能运用正—反—正的模式来表达论证文。
> 6. 了解图尔敏模式对论证文构思的指导

10.1 论证文写作：实现和展现批判性思维

分析和论证文的写作，虽然不一定是批判性思维教科书的必须构成，但它不但依靠批判性思维的指导、实现批判性思维的指导、实现批判性思维的结果，而且是学习批判性思维的最好途径之一。此外，它们还集中体现批判性思维的阐明和解释技能。好的论证文章，服务于认知、论证和说服的目的，代表探究、思维

和表达三方面能力的综合。然而,现实是,从历史到现在,大量学生在高中、大学甚至硕士毕业时,依然对分析和研究性的论文写作生疏如初。社会言论也显示,愿意说理的人本来就少,会说理的更是寥若晨星。这些现象凸显了教育在理性、创造和表达各方面的缺失,并长期限制了人与民族的发展。

因此,要成为未来人才,要发展,就必须学会分析性、批判性和论证性的写作。

10.1.1 写作是交流:对象有决定权

首先,应该清楚写作的目的。写文章,是表达、交流。交流,当然就要有对象。写文章有对象这一点,就像论证要有正反方一样,应该是常识,可很多人都忘记了,就像谈要结婚,却只想到有自己一样。结果,在写作课上强调这个常识,有时候像是在提倡革命。很多人要么觉得文章是给自己看的,要么觉得文章就是摆迷魂阵炫耀高明的机会。他不知道,只有没有见过世面的人,才会因为迷惑眩晕而崇拜。就是说,即使获得赞扬,也是廉价的。

所以,这一点不得不强调。读你文字的对象,不管是同学、教授、领导、客户还是大众,都是你写作的目的,你要使他们相信,你的结论是知识,是合理的决策。

因此,你需要心中有读者,你要了解他们。如果对象是你的学术同行或者导师,你要了解他们的知识背景,他们的可能立场和反对意见等。如果你的读者是感兴趣的部分公众,你应该思考他们的这些特征:教育程度、理解程度、熟悉程度、利益考虑、有关兴趣和倾向等。如果读者是接受你的提议的同事和上司,你应该关心他们的需求,比如这提议对他们的利益和发展的影响和他们目前的困难和关切的关系等。

了解了这些,你可以尽量从读者的角度去写你的文章,你知道怎样吸引他、如何接近他、如何找共同点、该用什么样的开头和例子,等等。你会从他的立场出发,从他最关切的地方入手,比如论述对增加他的生活水平或者对他孩子的成长有好处。你决定用什么样的对话和劝说方式,是亲切的,还是正式的。你知道选择什么样的语言,是专业的还是大众的。你知道是需要介绍问题的背景还是直奔主题……这些都影响你达到交流的目的。

10.1.2 论证文是认知和论理

还有一点，本来也是自明的，但很多人也不清楚：论文，是论证文，是说理，而不是炫耀文采或者宣泄情感。语文特级教师余党绪指出，在议论文中更重视"文采、气势和技法"，偏爱"审美趣味与艺术品位"的人很多，"这种膜拜空洞的文采与技法的'文人情结'，已经成为一种深层无意识，盘踞在一些语文教师的心中，根深蒂固，难以撼动"。（余党绪，2018）

余老师的判断准确深刻，所以令人沉重。我们的语文教育，即使在有限的训练认知和理性能力的时间，也是在训练抒情和文笔。这和学生在创造知识、合理思考上的一贯薄弱直接相关。

所以，历史和现状是：美国学生探究认知问题的答案，中国学生背诵美国学生的答案。

突破这样的被动格局的出路，只能是中国的学生也能去探究、实证而创造知识。

这需要各级教育、各类学科的共同努力。语文教育是主要方面军，阅读和写作是突破口。

为此，我们一贯提倡和强调，一个论证文，应该是研究的结果，是经过探究实证过程的论证文。它从探索主题、问题开始，经过搜索和评估各方经验、事实和观点等阶段，到最后的综合、平衡的论证为止。它应该在批判性思维过程图（图2.1.6.1）的八大方面达到了高标准。

换句话说，本书在前面讨论的分析、评估论证的各原则，也是论文写作的原则。当你分析他人论证时，既然受过良好训练，你就会从问题分析开始，然后从概念、前提、假设、推理、辩证五个方面来入手；自然，你应该一样按这五个方面来锤炼自己的论证。

一旦这样的论证成形，你的论文的"牛肉"部分烤好了，接下来是加面包、生菜和酱，就是如何清楚、明确和悦目地包装和传递它。这是文章结构、文字和修辞的功夫了。

10.1.3 论证的组织和表达

西方从小学高年级开始,就写说服性、论述性的文章。一开始,这样的文章不长,结构简单。一个最简短但是符合规范的论证文,是三大部分的"五段落论文"(Five Paragraph Essay):首先,用一个段落解释论题的重要性,并明确陈述立场;然后,使用三个段落来阐明正面的论证、例证,和对不同(反面)观点的回复;最后,用一个段落总结、重申结论。

这个结构或许被我们讥为小儿科的"八股"。但这是有其理论和实践根据的。这最能明白展示论证的结构,因为它就是论证的结构。这也是帮助写作者理清思路的流程,是最能有效交流的结构,因为读者最容易知道作者想说什么、为什么这样说。

当这些孩子们成年了,该写学术论文和决策论证文时,他们得心应手。因为那些论文虽然长篇大论,但逻辑结构和标准是一样的,他们从小就会了。

所以,让我们把这最基本的结构记住。如果你看到了一些新颖名称的结构、模式,如果它们也想有最好的论证和表达效果,那么和这个结构应该没有实质的区别。

"五段落论文"构成规范

- 引言段落:解释问题、议题的来源和重要性,澄清关键概念和范围。
- 论证段落:三个段落、三个论述;初学者是列三个正面理由,更好的是按正—反—正方式论述正面理由和对反面理由的回复。论述不要空洞、跑题,理由要用具体例证。
- 结尾段落:综合上述论证,概括和重申你的立场,给出限度合适的结论。

论证的表达

论证文的力量在于清楚传递你的思想。文章的文字、修辞、条理和形式都要服从这个目标。

什么是最重要的意思,就要在第一个段落,先明确表达它。只说你需要说的。

如果需要,对关键词给出说明。

语言要清晰、简洁、亲切而有说服力。不要使用对象不熟悉的艰深晦涩的词句。

文章的格式和流程，要清楚一致。可以学习和借用专业PPT的做法来安排文章的标题、段落、字体、格式、强调、图示等。

结尾的地方，概括和强调主要论点，强调重要性、可信性和紧迫性。

下面是一个十分基础的论证文的作者自我检查表，用来检查是否做到了最起码标准。

要点概括	结论部分
• 明确有条理地表述了问题、观点、决策和主要依据吗？	• 有没有再次强调观点或决定？ • 是否给读者以重要、可信印象？
导言部分	全文内容
• 第一部分对给读者显示了报告要说的是什么吗？ • 第一部分里包含了对问题、观点和决策的清楚明确的说明吗？	• 是否遗漏了重要的其他考虑？ • 论证是否紧扣论题和观点？ • 内容是否对读者有吸引力？ • 例证、细节叙述是否适应读者？
论证部分	全文形式
• 概念、关键词清楚、具体、一致？ • 信息、理由准确、来源可靠？ • 隐含前提得到说明和支持吗？ • 推理的前提都相关和有力？ • 考虑了反例、反方和替代观点？ • 最佳选择是综合平衡论证结果？	• 论证结构是不是正—反—正模式？ • 表达是否清楚、一致、具体？ • 语气是否符合读者身份、习惯？ • 句子是否直接、明确、易懂？ • 语法、标点符号和文字都对？ • 文体、格式、图表都整齐美观？

10.2 分析性写作：理解和评估

虽然各个领域的文章有所不同，比如在自然科学、社会科学中有学术著作、期刊论文、博士论文等；在政治、商务和社会领域有分析、判断、决策和论证文章，但是它们本质就是两类：

（1）分析性写作：分析已有的信息、叙述、观念、论证甚至文艺作品。这里是分析已有的论证和其他说服手段，评估它们的优缺点，判断其整体质量。

（2）论证性写作：阐述和论证自己的观点、思想和理论，要让读者相信和接受。

这两类文章是各个领域文章的核心，写作它们的能力是写其他文章的基础。其他的文章只是在具体学科的目标、使用的知识、收集证据的方式、运用具体的工具上不同。

两类论证文章的写法，都遵循批判性思维的原理。下面对它们举例说明。

10.2.1 如何进行分析性写作？

分析性写作是分析、评论他人的文章。分析，是分析文章的主题、要素、关系、作用等。文章有不同文体，论证文主要是说理论证。其他类型的文章，比如报纸杂志上的报道性、评论性文章，它们的领域从科学到文化、艺术、生活等都有，作者们面对大众，会用说理、叙述、抒情、修辞、图文并茂等手法来影响、说服读者。

因此，对不同的文体，依据它包括的内容和手法，分析范围有所不同。有的只需要聚焦在论证分析和评估上，有的还需要考察文中的修辞、抒情、故事等其他表现手法，评估它们的说服效果。不过，分析的目的依然是：一、理解作者意图和达到意图的手法；二、评估这些手法的合理性、有效性，判断这些手法是否让作者达到了他的目的。

所以，对分析性写作的要求，有阅读理解、分析论证和写作表达三方面。

理解和评估论点和论证

论证分析和评估，是分析性文章的共同任务。第三讲谈到的批判性阅读，就是分析性写作在最后落笔之前的工作。它经过理解和评估发展两大阶段。理解首要的是分析原文中的论证，指出作者的意图和主要论点、论证的证据、推理、风格和其他用来说服读者的手法。在这个解读阶段，你应该忠实原文，客观表达原文的内容，描述原文建立和支持其论点的所作所为，表达论据和论点的关系等，力求对全文有一个整体的理解。

然后，在评估阶段，你提出对原文的质量的评价，就是判断其中的论证的合理性和效力，表述这些要素是否有效地达到作者说服的目的，是否合理有力。

概括地说，要从论证、结构、修辞等来评估一个论证文章。对论证的评估首先是概念清晰、证据可信、推理合理、假设可靠、辩证论证的五大方面。但是不要忘记论证针对的论题（问题），它构成论证的来源和背景，也是评判论证的最终依据（即是否有助于解决问题）。在研究性的论证文中对问题的理解和分析更是重要。

其次，评估文章结构：文章是否有序、有条理，读者能否理解作者的论述关系等。

第三，评估文章的文字和修辞手法，考察作者是否有效达到交流和说服的目的：是否清楚、明确、一致甚至有感染地传递论证，表达是否清楚、易懂、有力、有趣？使用的例子是否和读者的兴趣和利益相关？叙述口气和情绪的运用是否有助于打动读者？等等。

实证：忠实文本

要注意，你对原文的理解和评估，需要忠实原文的意思。你可以对原文做不同旁人的解释，可以标新立异，但你必须从文章找到证明，要符合原文的核心精神，要引用原文的叙述来支持你的理解、解释和评估。人们说一千个读者有一千个哈姆雷特，这是可能的，但是你眼中的那个哈姆雷特是要有引证依据的，不然是凭空想象。

分析性文章也必须表现出良好的实证精神。

有条理地表述分析思考

有了完整、清楚的理解和评估，最后要把这些表达出来，写成分析文，你要注意自己的表达质量。文章的结构、流程和表达的清楚明白是两个注意点。分析文的流程可以有多种。比如：

1) 按照论证分析和论证评估的流程，先叙述原文的观点和论证要素，然后给予评估。这样前后逻辑关系分明有序。

2) 夹叙夹议的进程，先对原文论点论证作一个简略的概括，然后按照原文的进程，对论证的要素（证据、推理）边叙述、边评估，最后对原文的质量和效果作整体的判断总结。

3) 更有选择性的叙述和评估，不进行详细和系统的叙述和评估，而是针对原文的主要论点,挑出它的主要优点和缺点来进行叙述和评估。

10.2.2 分析写作范例

我们来看一个分析性文章的例子。

2016年2月,一次高铁列车出故障,中途停车,车厢闷热引起旅客不适甚至个别昏厥。下面节选自一篇评论文章"高铁故障闷热暴露服务观念滞后"(光明网-时评频道,2016):

> 2月8日下午,多名网友微博爆料,称从北京西开往宜昌东的高铁G555在河北境内两次停车,致使高铁晚点1小时24分。因车厢闷热,发生乘客昏厥状况。
>
> 从事情的经过来看,应当说在技术方面并不缺应急机制。因为在乘客的要求下,车厢内的温度后来低了下来。但一个问题则是,何以没有在一出现故障之后就启动应急机制,何以未能在气温升高的情况下,就采取措施去降温,又何以未能主动预判并作出处理,非得等到引发冲突和激发矛盾的情况下,才姗姗来迟?表面上的应急机制运行滞后,从根本上讲还是服务观念落后,未能真正把"乘客利益放在第一位",从而才有了后知后觉的表现。所以,不要小看服务的取向性问题,因为这才关乎最根本的发展导向机制。
>
> 其实,个案的背后往往是整体形态的浓缩。垄断经营的"铁老大",服务观念滞后、服务方式落后早成诟病,也是被人称为"伪市场化"的原因所在。真正的市场化主体,必须以顾客的利益作为第一位,不仅要考虑到大多数人的利益诉求,还会在细分化的原则下进行区别性对待,根据个体的需求不同而进行量体裁衣式的处理。

如前所述,分析性论文的策略,就是先批判性阅读,然后把阅读的结果有条理地表达出来。

这篇论证文是对这个事件提出一个解释,并予以论证。作者的解释是,因为铁路部门没有真正市场化,所以它的服务观念滞后于顾客的需要,所以造成了这个事件。然后作者论证为什么这样解释，提出了对这个因果解释的论证。下面就是按照先对原文的论证进行分析，然后对这个论证进行评估的要求写出的分析性论文。

评论文"高铁故障闷热暴露服务观念滞后"对高铁 G555 停车，因车厢闷热，发生乘客昏厥事件的原因提出了看法，认为这是铁路部门没有市场化所以服务观念滞后所致。作者的根据有两点。首先，表面上看这是应急机制运行滞后，其实是因为"服务观念落后，未能真正把'乘客利益放在第一位'"。因为在产生了冲突和矛盾、在乘客的要求后，车厢内的温度低了下来，所以这不是技术上不能，而是人的问题，是人的服务观念落后问题。

其次，作者指出，铁路部门服务观念滞后，早已被人议论，这是由于它是垄断经营的"铁老大"，没有真正市场化。如果市场化，就不会有服务观念滞后。因为，作者断言：市场化的主体，会把顾客的利益作为第一位，不但照顾大多数人，而且对每一个人的需要都会"进行量体裁衣式的处理"。作者意含着这次事件反过来也是证明铁路部门是"伪市场化"的一个证据。

所以，作者的结论是，因为铁路部门没有市场化，因而没有全面、细致、个性化服务顾客的观念，结果导致了这场事件。

高铁闷热事件是不幸的，列车确实应该加强停电或故障时的通风系统，作者的"服务观念落后"的解释也有其理由。不过，作者的论证有明显缺陷，减弱了其可信性。首先，作者从否定技术能力不足就推断是人的服务观念问题，这是在只有这两种可能的假设之下才能成立。但是，别的可能是可以合理想象的，包括训练、经验和沟通的不足。即使有好的服务态度，也不等于就不会有困难和失误，或者就有了周全的预案和策略。比如因顾虑应急备用电源功率不足，所以不敢开车厢照明和空调；因为安全因素而不敢开门窗（高铁沿线环境特点）、更不能让人下车（列车员也提到这个原因）等，均可以影响列车人员的决定和行动。作者根据后来温度降下来（待查这是否因为后来能正常供电）便排除技术能力问题，随即便断言这是人的服务观念落后（据旅客称，工作人员一直在车厢内为旅客忙碌），这是建立在没有论证的假设之上,更由于没有考虑其他的可能性,所以这个论证是不充分的。

其次,即使是服务观念问题,也不一定等于因为没有真正市场化。虽然服务不好是许多"非市场化的主体"的毛病,但许多事实也表明,一些非营利组织、义务服务机构,甚至一些政府服务部门,也可以提供比以营利为目标的市场主体更好的服务。后者对客户的服务最终是以服从营利为目的,在一些情况下这个目的会牺牲顾客利益。美国联合航空公司把顾客拖下飞机的事例只是一个表现恶劣的例子。可见,作者的因果论证的主要前提(市场化的主体就不会有这样的服务观念落后问题)未能考虑明显的反例、反驳,不能成立;这不是一个辩证、全面的论证。因此,作者对事件的解释不能令人信服。

可以看出,这篇分析性论文做的工作有:分析论证、判断论证类型、考察和评估隐含前提、评估因果论证的充分性、指出前提的反例、评估论证的辩证性等。这就是运用分析和评估论证的技能进行批判性阅读,然后,按照批判性阅读的先分析(理解)、后评估(判断)的自然流程,把这些清楚、有条理地写出来。这就是一篇合格的分析性论文。

因为原文也是论证文,所以对它的分析文章只需关注其论证方面。如果原文是不同文体,比如包含着明显的叙述、修辞、抒情等,分析文章也就要讨论这些方面的作用和有效性。

10.3　论证性写作:探究和实证

论证文,包括学术论著、博士论文、社会研究报告、商务发展提案等,也常含有分析他人的论证的部分,但是它还包括从议题的研究到论证自己观点的部分。它涵盖探究实证的全过程。

10.3.1　论证写作是探究实证的实现

学生可以在教室里靠记忆中的信息和证据来写一篇论证文,但是,除了锻炼写作技巧,这篇文章很难会有好的价值,因为它很可能没有包括很多和议题有关的信息和材料,这个论证文不是充分完全的,不会有一个可以信赖的结论。

如果论证文要证明新的认知、作出合理判断,那么它必须是研究的结果,它的理由和证据应该从课堂外面的活动中来,它要和解决问题的研究活动结合在一起,它是探究式的论证文。这就是本书的批判性思维过程图(图 2.1.6.1)和学术研究过程图(图 1.3.3.1)所展现的步骤。它要有这么几个大的阶段:

1) 提出、确定和分析问题,了解主题和问题,明确问题和研究范围。
2) 探究:搜寻对问题的现有观点和信息,从观察、实验等各种来源收集更多信息。
3) 分析、评估各种观点和信息,以此提出自己的判断或观点。
4) 构造自己的论证:多方辩证自己的判断或观点。
5) 进入写作、表达阶段。

这五个阶段当然也是可以交替进行的,可以边写作、边研究、边思考。

10.3.2 探究性写作实例:如果想有光明的未来……

我们这里展示一个探究性写作进程的简要形式。假如你要写一篇讨论这样论题的论文:

"如果想有光明的未来,你就得好好读书"!

如何进行这样的探究性研究和写作?该从哪里开始,如何进行?这是我们建议的几个步骤:

探究始于提出、明确和分析问题

既然有这样一个议题,我们先对它进行分析,了解它的对象和认知的性质,以便确定内容、构成、范围、方向等等,甚至确定问题的表达形式。这个问题是关于读书和"光明未来"(成功)关系的议题,我们先分析这个议题所涉及的方方面面。

问题分析：对象方面要素

维　度	例　　子
1.1 对象、构成	读书、"光明的未来"的内涵、构成，比如读什么书，什么是光明的未来？有哪些要素、标准等
1.2 属性、关系	要素及其关系的各方面：具备什么算读书？好好读：考试成绩好算好好读吗？从实践中学算好好读吗？
1.3 原因、机制	"读书"如何走向"光明未来"？是必要的还是充分的关系？它们的作用机制是什么？别的因素如何？
1.4 存在、运行	社会中读书的机制、体制，比如学制、考试制度，教育的目标和手段，职业、社会发展需求，它们的关系，等等
1.5 环境、条件	读书和成功的个人努力、条件和社会环境的各种因素，它们的制约性，职业多样性和差异性，标准的多元，等等
1.6 演变、其他	比如，电脑和人工智能对学用知识的影响；什么算作学习，什么是需要学习的知识，职业对知识的需要的变化；等等

问题分析：认知方面要素

维　度	例　　子
2.1 表达、类型	重要的生活和社会中因果关系问题，读书、"光明的未来"等关键词，因果关系的澄清是关键工作
2.2 背景、假设	现代社会和全球化的背景下对读书和"光明未来"及其关系的看法，对教育、社会和人生的观念、假设
2.3 过去、未来	过去的"读书"和"光明未来"的观念，它们的演化历史、演化的动力原因、未来的发展等
2.4 信息、推理	根据因果关系及其解读，寻求相关的信息、论证，构造包括正反因素的综合最佳论证，注意限定条件
2.5 观点、替代	对读书、"光明未来"的关系、因素、标准等等的多元看法，对作用的因素、机制的争论，替代观点，等等
2.6 价值、其他	读书、"光明未来"的观点取决于人和社会的价值观，需要阐明和反思这些价值观

确定问题和论证的类型

这样一分析后认识到，原来的问题太大，光是什么是"好好读书""光明的未来"就无法把握和进行具体的研究(记住好问题的八个标准)。所以,我们应该改造问题,只有限定具体范围和所指,才能研究。比如,仅讨论某种大学学习和商企行业之间以领导地位、经济收入为标志的"光明未来"的关系;或者关于在今天人工智能发展的情境下,学习(什么)知识对人的(什么)职业发展的影响等。这也是关于读书和"光明未来"的关系,但具体和细致多了。

这样限定后,我们确定了问题和论证的类型:(限定的)读书对(限定的)"光明的未来"有因果关系。因果关系可以有不同意思:可以有"读书就可以有光明的未来",或者"只有读书才能有光明未来"的两种意思,即它有可能表达两种关系:充分或者必要:

1) 充分:好好读书能(或者最能)达到光明的未来。

2) 只有好好读书才能(或者才最能)达到光明的未来。

既然是因果关系论证,那就需要探究具体的因果机制、条件的细节,分析具体要素,即达到某项"光明未来"所需素质,按照两种可能的解释,可以有这样的关系链条:

1) 读书,就会有获得做事的能力;有了做事的能力,就能成功;成功代表光明的未来。

2) 光明的未来需要做事的能力;没有能力就不会有光明的未来;得到能力需要读书。

"读书就有光明未来",作为充分条件句,意味着读书能保证获得成功所需的那些能力,如领导、交流、组织、判断、人事关系、行业技能、机会、资源等。

这些具体条件和因素,是"读书就有光明未来"断言假定靠读书就都可以满足的。这些也是这个因果断言隐含的可行性,最佳性等假设(前提)。

探究其他观点、论证和信息

探究就是尽可能获取围绕问题的多方观念和信息。

- 根据问题分析所确定的论证类型(充分或者必要),收集现有的相关各方面(正反)论证,收集它们的证据。
- 根据问题分析得到的隐含前提和推理,收集与之相关的正反信息、证据

（比如，多少成功人物是大学毕业生，是在大学学到领导才能、组织才能等等有关数据）。
- 收集时，注意信息的可靠性、相关性等品质。

评估论证和信息

评估各方观点和论证（按照评估的五大方面）。
- 评估概念和断言的对象、含义和依据。
- 评估新的信息和证据的可靠性相关性。
- 论证因果链上每一推断的合适性、它们的可能依据的原则和证据。
- 评估隐含假设和后果。

寻找反例

主动寻找反例，包括事实的和想象的，是为了实现辩证性。显然，充分条件的因果论证，是有事实反例的，并非每一个读书人都有能力获得"成功"，有些能力是需要经验、实践磨练得到的。

找反例和反驳也是实现发散思考，看看有别的可能、替代吗？比如：不读大学，也可以有领导企业的能力吗？不"好好"读书，考试不怎样，如何？读书一定可以获得所需要的能力吗？有更好的获得做某事的能力的途径吗？成功有多种解释和达到它的多种途径吗？

由此可见，读书就能满足成功所需要的实践经验、领导才能等假设是弱的，需要修正。

提出和论证自己的观点

根据上面找到和评估的正反观念和证据，进行正—反—正的综合，决定是坚持或修正原来的正方观点，还是采取反方观点，还是构造第三观点等。

到此，你的正—反—正论证文的主干已经具备了，你完成探究和实证的思想准备阶段，可以进行正—反—正论文的写作，并且注意语言、修辞、结构等的清晰和条理性。

这样的探究式写作，不仅是写了一篇文章，而且是发展了认识。这是生产知识和合理决策的过程。学生如果会这样，就能成为知识生产者，突破被动格局，成为世界的先进。

10.3.3 正—反—正论证纲要实例

既然通过探究,得到了正—反—正的论证,接下来就是表述这个的论证。最好也是最简便的办法,就是按照正—反—正的模式构造文章的流程。下面是一篇这样模式的论文的纲要,这里的意图是展示这样的模式,并不表示文中的立场是正确的。(素材取自温才妃,2018)

应该支持行业办大学吗?

I. 导言

  问题和立场:最近出现了由行业或企业筹建的大学,比如中国能源大学和中国核工业大学。对此争议纷纷。自1998年,我国将行业院校办学与中央部委脱钩,转为地方办学,它代表从学习苏联模式转为效仿美国大学模式,走综合性大学路线。现在重新出现行业办学,反对者认为这是走回头路。本文认为,为了满足专业人才培养,应该支持行业办学,但需要慎重论证和实施。

  概念澄清:行业院校指由中央部委和企业主办、以培养行业需要的人才为主的高等院校。

II. 论证

一、支持论证(正):

1. 目前综合性大学很多千校一面,大而全,落后、封闭,脱离实际、脱离发展的现象十分严重。不能满足行业所需人才。
2. 想做"万能大学",最后其实是"不能大学"。行业办学能直接贴近专业的需求,集中兵力发展优势专业,有利于发展特色。
3. 由懂得专业需要的行业人士来办学,教育将更贴近实际,改变缺乏有特色的科研和行业人才的局面,能有力支持行业发展。
4. 行业的国家级资源配备有利于学校的发展,有利于打破地方观念、资源和利益的局限。
5. 历史证明:过去划转地方的院校,贪大求全,丧失强项,不能培养人才,学校质量下降。而少数被行业保留的院校不但都保持了特色,也都跻身国内高水平大学之列。

6. 已经认识到,高水平的学校不能保证有高水平的专业,而特色鲜明的优秀学科才是培养人才的着力点,这也符合"双一流"建设理念。

7. 目前基础薄弱、需要快速突破高新技术领域紧缺专业人才的困境,对此行业院校是有力措施,这将有助于创新驱动发展战略。

二、反对论证(反):

1. 世界一流大学都是综合性大学,说明只有综合性大学才能提供高水平的教育。

2. 重新走行业主办的突出专业培养的大学是走回头路,违反历史潮流。

3. 综合性大学学科齐全,有利于培养综合性人才,这才是未来的需要。未来需要跨学科的通才,而不是狭隘的只有某一专业知识的毕业生。

4. 综合性大学人文氛围好,对人的全面成长有利。专业性大学教育内容只关注科学技术的学科知识,不但专业分工狭隘,知识面窄,而且缺乏思考和创新的素质。

5. 行业的特殊要求可以通过在职教育、继续教育满足。还可以进一步加强现有的众多职业专科院校,满足各专业需要。

6. 最理想的状态应是行业与高校合作,在现有基础上打造适合本行业的发展道路,而不必另起炉灶。这也是国际上公认的校企合作途径。应创造更多条件,鼓励高校与行业加强联系,无论从效率、资金投入上来看,都比新办院校要划算得多。

7. 行业办大学或形成一定垄断,自己培养的人才自己用,这不是一个好的方向。

三、对反对论证的回复(正的修正):

1. 行业办学并不否定综合性大学建设"双一流"的主力地位。但现状是它们许多专业重复设置而且平庸。每年毕业生数以百万计,但高质量的专业人才寥寥,拖了科技发展后腿。

2. 评估政策要立足现实,不能根据书本或者前人是否做过为准。现在的行业办学不是单纯重复过去,是更高层次的发展。

3. 行业大学确实也应该配套相关学科,合理设置课程和选课制度,使学生多学科学习。
4. 能力培养和学科学习并不矛盾。行业办学也要有人文素质熏陶,将思维和创新能力的培育结合于知识教育之中。
5. 高新技术的人才培养需要尽早从大学新生选拔开始,不能完全由在职教育、继续教育或者高职院校的教育满足。
6. 多年来,校企合作受到各种价值对立因素制约而每况愈下,强迫联姻也是有名无实。行业办学使高校与行业成为利益共同体,这样,资金和资源利用的效率其实更高。
7. 行业办学不会垄断,可以和教育部联合办学,纳入正规评估体系,为国家培养人才。

III. 结论

特别是针对基础相对薄弱、需要快速突破的战略性领域,行业院校是需要的,它可以弥补目前大学不能满足实际和发展需要的缺陷。但行业院校建设要看具体要求,不能盲目发展,也要注意配套学科设置和人文素质教育。

可以看出,这个正—反—正的综合对反方意见一一作了回复,有的是予以反驳,有的是吸取反方意见,修改原有立场,使之更谨慎和丰富。如果按照这个提纲来探索信息和证据,完成论证细节,应该可以写成一个有辩证性的论证文。

10.3.4 论证写作:图尔敏模型的指导作用

第三讲介绍过很有影响的图尔敏论证模式,论述了它的指导作用。它也可以用来构造写作纲要。下面简略列出这个纲要的骨架,详细叙述和例证请见董毓 2017a 第十章。

1. 对主题和问题的介绍

    1.1 介绍引起读者注意的内容

1.2 表述主题和问题,澄清关键概念

1.3 表述基本立场或者结论,包括表明它所适用的范围

2. 提供证据来支持论证

2.1 证据一

2.2 证据二

2.3 ……

3. 提供保证表明证据何以支持结论

3.1 保证一

3.2 保证二

3.3 ……

4. 提供支撑保证的事实理由——根据实践和理论说明保证的合理性

4.1 对保证一的支撑

4.2 对保证二的支撑

4.3 ……

5. 回答反驳和反例

5.1 反驳一

5.2 对反驳一的回答

5.3 反驳二

5.4 对反驳二的回答

5.5 ……

6. 结论

6.1 概括论证和结论要点,指出论证的意义,强调使读者印象深刻

思考题

1. 请用自己语言说明分析性写作的理解、分析和写作三个方面的目的、做法和标准。

2. 网络搜索一篇文章,在批判性阅读的基础上,写一篇约 800 字的分析文。下面是一些例子。

   1) 4 000 点是合理估值区域。(姜韧 2015 年 4 月 16 日《上海证券报》)
   2) 争鸣:"冷血护士"因言获罪你开心吗?(罗军 2011 年 2 月 28 日 新华网)
   3) 传承文化该不该"原汁原味"。(李宝元 2011 年 1 月 8 日 人民网)

3. 为什么论证自己观点的论证文要有探究性和辩证性?

4. 寻找、分析一个议题,并构思探究性写作的纲要(参见 10.3.2 节)。下面是一些例子。

   1) 互联网、电子游戏等怎样对青少年的学习、生活、性格等成长产生影响?
   2) 青少年体质下降与现代生活和学习诸因素有什么关系?
   3) 手机的使用对学生的学习能力带来了什么好处和挑战?
   4) 一个行业的发展潜力会如何影响人的职业生涯的发展?
   5) 如何看待"又一女大学生'暴雨梨花'式报警:请警察抓老鼠"这类现象?

5. 根据第二讲中的思维图说明批判性思维怎样指导分析性和论证性写作。

6. 寻找一个议题,构造一篇正—反—正论文纲要(参见 10.3.3 节)。下面是一些例子。

   1) 文理分科好吗?
   2) 大学生就业难的原因?
   3) 学习环境和自身努力哪个更重要?
   4) 物质待遇是否体现人才价值?
   5) 风水课是传统文化还是迷信?
   6) 房地产价格是否总是上涨?
   7) 越自由的市场越有效率?
   8) 个人利益和群体利益是否可以两全?

7. 针对下面的 GRE 写作例题中的论证写一篇约 800 字的分析性短文。

   下面是"高级剪发"理发沙龙的经理的通知中的一段:

   "根据全国人口统计调查,如今越来越多的人从郊区向市中心迁移。为了扭转'高级剪发'的利润下降趋势,我们应该追随这个趋势,将本店从现在的郊区商业点移到阿普顿的市中心区去，保持本店已成型的高标准风格不变。另外，我们这里的主要竞争对手，'一流理发'，刚刚搬到了市中心，并在那里生意兴隆；而且，旁边城市布赖恩纳德最赚钱的理发店也是坐落在城中心。如果我们也拥有像这些成功的理发店一样的地点，'高级剪发'肯定也会吸引更多的顾客。"

参考资料

[1] ACOCK M. 1985. *Informal Logic Examples and Exercises*. Belmont, CA: Wadsworth.

[2] BALDONI J. 2010. How Leaders Should Think Critically [J/OL]. *Harvard Business Review*, 2010-01-20. https://hbr.org/2010/01/how-leaders-should-think-criti.

[3] BROOKFIELD S. 2011. *Teaching for Critical Thinking*. CA: Jossey-Bass.

[4] CHURCHILL R. 1986. *Become Logical: An Introduction to Logic*. New York: St. Martin's Press Inc.

[5] DEWEY J. 1910. *How We Think*. Boston: D.C. Heath & Co.

[6] DEWEY J. 1933. *How We Think: a restatement of the relation of reflective thinking to the educative process*. Boston: D.C. Heath & Co.

[7] ENNIS R. 1987. A taxonomy of critical thinking skills and dispositions [M] // Baron J B. Sternberg R J. *Teaching thinking skills: theory and practice*, New York: Freeman, 9-26.

[8] ENNIS R. 1993. Critical Thinking Assessment 批判性思维测试[J/OL]. 都建颖,李旭译.批判性思维与创新教育通讯. 2016(3): 2-8.

[9] ENNIS R. 2018. The Nature of Critical Thinking: Outlines of General Critical Thinking Dispositions and Abilities[EB/OL]. criticalthinking. net. http://criticalthinking.net/index.php/longdefinition/.

[10] FACIONE P. 1990. Critical thinking: A statement of expert consensus for purposes of educational assessment and instruction. Newark: American Philosophical Association (ERIC Document No. ED315423). http://www.asa3.org/ASA/education/think/critical.htm.

[11] FACIONE P. 2015. Critical Thinking: What It Is and Why It Counts [EB/OL]. Measured Reasons LLC, Hermosa Beach, CA. https://www.scribd.com/document/357190993/facione-2015-critical-thinking-what-it-is-and-why-it-counts-pdf.

[12] GATES B. 2016. America's Secret Weapon[EB/OL]. Reuters. 2016-04-18. https://www.reuters.com/article/us-innovation-gates-idUSL2N17L0D5.

[13] GOODWIN R. 2010. Men are sexier with an iPhone[EB/OL]. Know Your Mobile. 2010-04-21. http://www.knowyourmobile.com/products/8714/men-are-sexier-iphone

[14] GOVIER T. 2005. *A Practical Study of Argument*. 6th ed. Belmont, CA: Wadsworth.

[15] GUO OWEN. 瞄不准的腋窝：为什么除臭香体露在中国不受欢迎[N]. 纽约时报中文网, 2018-02-05. https://cn.nytimes.com/business/20180205/china-consumers-deodorant/.

[16] GRE—Answers to the Real Essay Questions. http://www.west.net/~stewart/grewa/waargum1.htm

[17] HITCHCOCK D. 1983. *Critical Thinking: A Guide to Evaluating Information*. Toronto: Methuen.

[18] HITCHCOCK D. 2007. *Informal logic and the concept of argument*[M] // Dale Jacquette (ed.), *Philosophy of Logic* (Volume 5, Handbook of the Philosophy of Science), Amsterdam: Elsevier: 101-129.

[19] HITCHCOCK D. 2012. Critical thinking as an educational ideal. (translated by Zhang Yifan & Zhou Wenhui), *Journal of Higher Education*, Vol.33, No.11: 54-63.

[20] HITCHCOCK D. 2017. On Reasoning and Argument. *Springer International Publishing*.

[21] HUNTER D. 2009. *A Practical Guide to Critical Thinking: Deciding What to Do and Believe*. Hoboken NJ: John Wiley & Sons, Inc.

[22] HUTCHESON P. & JOY G. 1986. *Study Guide to Becloming Logic*. New York: St. Martin's Press.

[23] HYATT D. 2006. Ethical Considerations of Reproduction Technologies in the Music Industry. *Management Ethics*. Fall 2006, pp.1-2. http://www.ethicscentre.ca/EN/resources/Manage Ethics_Fall%2006_final.pdf.

[24] KELLER J. and WATKINS D. 2016. How Officials Distorted Flint's Water Testing. 2016-04-21. *New York Times*.

[25] MARTIN D. 1998. *How to Be a Successful Student*. New York: Martin Press.

[26] McKAY T. 2000. *Reasons, Explanations and Decisions: Guide for Critical Thinking*. Toronto: Wadsworth.

[27] POPPER K. 1959. *The Logic of Scientific Discovery*. Hutchinson.

[28] POSSIN K. 2003. Critical Thinking: A computer-assisted introduction to critical thinking, informal logic, and logic[EB/OL]. The Critical Thinking Lab. http://critical-thinking-lab.com/.

[29] ROCKWOOD R. 2004. The Focus Investing Series Part3: The Munger Network of Mental Models[EB/OL]. http://www.focusinvestor.com/FocusSeriesPart3.pdf.

[30] Scriven M. 2009. Probative Inference [EB/OL]. OSSA Conference Archive. 147. https://scholar.uwindsor.ca/ossaarchive/OSSA8/papersandcommentaries/147.

[31] SMITH G. 2003. Beyond Critical Thinking and Decision Making: Teaching Business Students How to Think. *Journal of Management Education*. Vol. 27(1): 24 - 51.

[32] THOMAS L. 2017. United CEO says airline had to 're-accommodate' passenger, and the reaction was wild. *CNBC*. 2017 - 04 - 10. https://www.cnbc.com/2017/04/10/united-ceo-says-airline-had-to-re-accommodate-passenger-and-twitter-is-having-a-riot.html.

[33] VAN EEMEREN F.H., et al. 2002. *Argumentation: Analysis, Evaluation, Presentation*. Mahwah, NJ: Lawrence Erlbaum Associates.

[34] VAN Hare H. 2017. The Daily Meal 20 Surprising Reasons You're Always Tired[EB/OL]. 2017 - 08 - 03. https://www.thedailymeal.com/healthy-eating/20-surprising-reasons-you-re-always-tired.

[35] WALKER T. 2012. Top Ten Worst Mitt Romney Political Messages That Made Him Lose The Election[J/OL]. Forbes. 2012 - 11 - 06. http://www.forbes.com/sites/tjwalker/2012/11/06/top-ten-worst-mitt-romney-political-messages-that-made-him-lose-the-election/.

[36] WALSH B. 2008. Beijing Pollution's Effect? It's Unclear[J/OL]. Times. 2008 -08 - 14.

[37] WALTON D. 1990. *Practical Reasoning*. Savage, Maryland: Rowman & Littlefield.

[38] WARNICK B. & INCH E. 1994. *Critical Thinking and Communication: The Use of Reason in Argument* (2nd edition). New York: Macmillan.

[39] WIKIPEDIA. 2018. Shapiro time delay[EB/OL]. 2018 - 10 - 01. https://en.wikipedia.org/wiki/Shapiro_time_delay.

[40] WORLD ECONOMIC FORUM. 2016. Global Challenge Insight Report: The Future of Jobs: Employment, Skills and Workforce Strategy for the Fourth Industrial Revolution[EB/OL]. World Economic Forum. January 2016. http://www3.weforum.org/docs/WEF_Future_of_Jobs.pdf.

［41］阿波罗新闻网.硅谷华裔枪杀3主管事件：大饥荒文革致创伤［EB/OL］.2014-12-09.http://www.aboluowang.com/2014/1209/483616.html.

［42］北京市环保局.北京市PM2.5来源解析正式发布［EB/OL］.2014-04-16.http://www.bjepb.gov.cn/bjhrb/xxgk/jgzn/jgsz/jjgjgszjzz/xcjyc/xwfb/607219/index.html.

［43］财新网.特稿|失算煤改气：一场处处失利的环保战役［EB/OL］.2017-12-09.http://china.caixin.com/2017-12-09/101182801.html.

［44］财新网.研究：自主招生选拔出更优秀的学生了吗？［EB/OL］.2017-12-26.http://china.caixin.com/2017-12-26/101189856.html.

［45］陈宗伦.研究发现屁股大的女人记性差 人民网—《生命时报》［J/OL］.2010-07-20.http://scitech.people.com.cn/GB/12192465.html.

［46］陈志武.单极秩序对中国经济发展最有利［EB/OL］.爱思想.2004-08-30.http://www.aisixiang.com/data/3974-2.html.

［47］重庆晚报.大学问卷调查：超3成女学生自认是女神［N］.2014-09-28.http://edu.people.com.cn/n/2014/0928/c1053-25750262.html.

［48］董毓.批判性思维的探究本质和对创新的作用［J］.工业和信息化教育，2017(5)：27-37.

［49］董毓.批判性思维原理和方法——走向新的认知和实践［M］.北京：高等教育出版社，2017.

［50］董毓.明辨力从哪里来——批判性思维者的六个习性［M］.上海：上海教育出版社，2017.

［51］董毓.批判性思维二元问题分析法初探［J］.工业和信息化教育，2018(5)：22-33.

［52］饭财经.太荒唐了！专家：中国目前生育率低和强奸率低有关系［EB/OL］.网易.2018-10-14.http://3g.163.com/dy/article/DU342TKI0519X3J8.html.

［53］费曼.别闹了，费曼先生［M］.吴程远，译.北京：生活·读书·新知三联书店.1997.

[54] 观察网. 联合国教科文组：中国成文化产品最大出口国 2013年达601亿美元[N]. 2016-03-11. http://www.guancha.cn/america/2016_03_11_353663.shtml.

[55] 观察者网. 幼儿园园长回应：钢管舞能上世锦赛，为啥不能向孩子们介绍？[N]. 2018-09-04. https://www.guancha.cn/society/2018_09_04_470722.shtml.

[56] 观察者网. 比南大梁莹还狠！国际会议撤上千篇论文 大多来自中国[N]. 2018-11-07. https://www.guancha.cn/society/2018_11_07_478704.shtml.

[57] 光明网—时评频道. 高铁故障闷热暴露服务观念滞后[EB/OL]. 2016-02-09. http://guancha.gmw.cn/2016-02/09/content_18837281.htm.

[58] 广州日报. 悉尼大学400多中国留学生挂科 被疑故意刁难[N]. 2015-08-18. http://news.sohu.com/20150818/n419109146.shtml.

[59] 杭慧喆. 为"批判"正名：专访教育部高等学校文化素质教育指导委员会主任委员杨叔子院士[J/OL]. 批判性思维和创新教育通讯, 2014(15)：2-3.

[60] 华声在线. 小学生神级作文网络走红 逻辑强大叹为观止（图）[EB/OL]. 2012-11-19. http://www.xinhuanet.com/politics/2012-11/19/c_123968284.htm.

[61] 黄宗智. 我们要做什么样的学术——国内十年教学回顾[EB/OL]. 爱思想. 2012-01-12. http://www.aisixiang.com/data/49162.html.

[62] 京华时报. 药家鑫案，问卷调查并非量刑公正之良方[N]. 2011-03-25. http://www.people.com.cn/GB/32306/33232/14308373.html.

[63] 科技日报. 日常生活中二氧化碳是怎样产生的？[N]. 2006-09-04. http://www.gov.cn/fwxx/kp/2006-09/04/content_376826.htm.

[64] 科技日报. 从韩春雨被指涉买卖论文说起：没科学精神就没了底线[N]. 2018-09-12. http://www.stdaily.com/index/kejixinwen/2018-09/12/content_708147.shtml.

[65] 快科技. 这条裙子到底是什么颜色？[EB/OL]. 2015-02-27. https://

www.cnbeta.com/articles/373195.htm.

[66] 李虎军. 关于所谓院士建议征收呼吸税报道的反思[EB/OL]. 博客 2008-11-21. http://blog.sciencenet.cn/blog-3598-47708.html.

[67] 李泰格."'呼吸税'风波"[EB/OL]. 中外对话. 2009-09-01. https://www.chinadialogue.net/article/show/single/ch/2671-A-tax-on-breathing-.

[68] 刘亚东. 除了那些核心技术,我们还缺什么?[N]. 科技日报,2018-06-22. http://stdaily.com/index/kejixinwen/2018-06/22/content_683428.shtml.

[69] 毛克疾. 什么?印度在强奸案发率排行榜中垫底?[N]. 观察者网. 2015-03-13. https://www.guancha.cn/MaoKeJi/2015_03_13_312004.shtml.

[70] 澎湃新闻. 专访数学家丘成桐:如果我没得过菲尔兹奖,早就被打垮了[N]. 2016-01-16. https://www.thepaper.cn/newsDetail_forward_1418181?_da0.8759595065546938.

[71] 人民网—《人民日报》. 收视率造假追踪:我是如何"配合"电视台的[N]. 2010-07-05. http://culture.people.com.cn/GB/87423/12050311.html.

[72] 人民网. 人民网评:不能让所谓的收视率愚弄观众[N]. 2018-09-16. http://opinion.people.com.cn/n1/2018/0916/c1003-30295717.html

[73] 日本小智. 微博[EB/OL]. 2018-10-01. https://m.weibo.cn/detail/4290456525139534.

[74] 孙骁骥. 被"逼上梁山"的大学生创业靠不靠谱[EB/OL]. 美国华裔教授专家网. 2015-09-08. http://scholarsupdate.hi2net.com/news.asp?NewsID=18427.

[75] 孙武. 太丢人!中国学者集体欺骗国际医学期刊 被撤稿107篇论文[N]. 观察者网. 2017-04-21. https://www.guancha.cn/TMT/2017_04_21_404716.shtml.

[76] 腾讯研究院. 中国青少年网络游戏行为与保护研究报告(2017)[EB/OL]. 2017-04-19. http://www.sohu.com/a/135039219_455313.

[77] 网易健康综合."怕老婆"的男人更长寿 心理更健康[EB/OL]. 2016-

08-01. http://jiankang.163.com/16/0801/17/BTDBTC3J00380030.html.

[78] 维基百科. 重力时间延迟效应[EB/OL]. 2014-10-24. https://www.weijibaike.site/wiki/%E5%BC%95%E5%8A%9B%E6%97%B6%E9%97%B4%E5%BB%B6%E8%BF%9F%E6%95%88%E5%BA%94.

[79] 温才妃. 行业办学成为新风潮？盲目兴建成为最大担忧[N]. 中国科学报, 2018-09-25. http://news.sciencenet.cn/htmlnews/2018/9/418005.shtm.

[80] 习近平. 习近平关于科技创新论述摘编[M]. 北京：中央文献出版社, 2016.

[81] 谢作诗. 莆田系有问题，但比公立好太多了[EB/OL]. 博客. 2016-05-06. http://blog.sina.com.cn/s/blog_4cb56c160102wr7s.html.

[82] 新华网. 任志强：北京不必抑制房价 连农民工都买得起[N]. 2010-01-24. http://finance.people.com.cn/GB/10830600.html.

[83] 新华网. 西门庆故里之争追踪：文化旅游"低俗之风"何时休[N]. 2010-05-06. http://www.chinanews.com/gn/news/2010/05-06/2266948.shtml.

[84] 新华网. 那些年官员们的"神回复"[N]. 2013-08-26. http://fanfu.people.com.cn/n/2013/0826/c64371-22690556.html.

[85] 新华网. 专访京都大学教授本庶佑："看到患者获救，比获诺奖更开心"[N]. 2017-09-30. http://www.xinhuanet.com/world/2017-09/30/c_129715179.htm.

[86] 新京报新媒体. 新京报严正声明：个别网络媒体断章取义、造谣传谣 专家从未"建议"北京老人外迁户籍[N]. 2015-12-09. http://www.bjnews.com.cn/news/2015/12/09/387328.html.

[87] 新浪科技. 研究发现人类常被自己虚假记忆愚弄（图）[EB/OL]. 2010-09-20. http://tech.sina.com.cn/d/2010-09-20/09554677029.shtml.

[88] 下层人世界. 中科院院士建议收每人每月20元"呼吸税"[EB/OL]. https://mp.weixin.qq.com/s/ptJ8CvNzhbIds0UqVSfCiw.

[89] 徐乾昂. 21世纪来日本年均1个诺贝尔奖，得奖的都是谁？[N]. 观察者网. 2018-10-02. https://www.guancha.cn/industry-science/2018_10_02_474164.shtml.

［90］央广网. 数百名中留学生挂科　联合投诉悉尼大学［J/OL］. 2015-08-09. http://info.vanpeople.com/m/article.php? itemid=465526.

［91］余党绪. 上海卷一枝独秀,秘密就在说理与思辨［J］. 语文学习. 2018-06-15. http://gaokao.eol.cn/shang_hai/dongtai/201806/t20180615_1609932.shtml.

［92］约克论坛. 股市暴跌跳楼成常态　尸体躺了数小时无人管［EB/OL］. 2015-07-18. http://m.yorkbbs.ca/news/world/1568593.html.

［93］约瑟夫·斯蒂格利茨. 我从世界经济危机中学到了什么［EB/OL］. 新浪财经. 2000-09-29. http://finance.sina.com.cn/2000-09-29/15075.html.

［94］中国科普博览. 为什么说日本屡次拿下诺奖和所谓工匠精神压根儿没关系？［N］. 观察者网. 2018-10-11. https://www.guancha.cn/ZhongGuoKePuBoLan/2018_10_11_475004_s.shtml.

［95］中国侨网. 留学生持假护照六次代考　美媒：是什么诱惑他们作弊［N］. 2018-01-25. http://www.chinaqw.com/hqhr/2018/01-25/176600.shtml.

［96］中国青年报. 百家讲坛称袁腾飞未抄袭　读者的历史认知混乱？［N］. 2009-09-16. http://media.people.com.cn/GB/40606/10063708.html.

［97］中国青年报. 中国学生"过于听话"阻碍创新［N］. 2010-07-11. http://zqb.cyol.com/content/2010-07/11/content_3319471.htm.

［98］中国新闻网. 喝骨头汤≠补钙　专家称大量喝骨头汤易致钙流失［N］. 2012-09-03. http://news.sina.com.cn/o/2012-09-03/154925091350.shtml.

［99］周怀宗. 孙立群告诫陆川别误导：把项羽说成华盛顿很危险！［N］. 北京晨报. 2010-11-29. http://culture.people.com.cn/GB/22219/13341424.html.

图书在版编目(CIP)数据

批判性思维十讲:从探究实证到开放创造／(加)
董毓著. —上海:上海教育出版社,2019.5(2020.7重印)
(白马湖书系)
ISBN 978-7-5444-9023-8

Ⅰ.①批… Ⅱ.①董… Ⅲ.①思维方法—教材 Ⅳ.
①B804

中国版本图书馆 CIP 数据核字(2019)第 083800 号

责任编辑　易英华
封面设计　王　捷

批判性思维十讲
——从探究实证到开放创造
[加] 董毓　著

出版发行　上海教育出版社有限公司
官　　网　www.seph.com.cn
地　　址　上海永福路 123 号
邮　　编　200031
印　　刷　启东市人民印刷有限公司
开　　本　700×1000　1/16　印张 16.75　插页 2
字　　数　255 千字
版　　次　2019 年 5 月第 1 版
印　　次　2020 年 7 月第 3 次印刷
书　　号　ISBN 978-7-5444-9023-8/G·7466
定　　价　45.00 元

如发现质量问题,读者可向本社调换　电话:021-64377165